DELIUS KLASING

WILFRIED KRUSEKOPF

# Der Yachtskipper

## Training für die optimale Schiffsführung

Delius Klasing Verlag

Von Wilfried Krusekopf ist im Delius Klasing Verlag
darüber hinaus folgender Titel lieferbar:
*Praxiswissen für Chartersegler*

Bibliografische Information der Deutschen Nationalbibliothek
Die Deutsche Nationalbibliothek verzeichnet diese Publikation
in der Deutschen Nationalbibliografie; detaillierte bibliografische
Daten sind im Internet über http://dnb.dnb.de abrufbar.

Der Verlag macht darauf aufmerksam, dass dieses Buch
bislang unter der ISBN 978-3-87412-191-0 erschienen ist.

2., überarbeitete Auflage
ISBN 978-3-667-10398-7
© Delius Klasing Verlag GmbH, Bielefeld

Lektorat: Felix Wagner, Kerstin Hug
Titelfoto: Wilfried Krusekopf
Fotos: alle Wilfried Krusekopf, außer Seiten 10, 173,
179 (Pantaenius) und Seite 29 (Hallberg-Rassy)
Abbildungen: Wilfried Krusekopf
Layout: Gabriele Engel
Umschlaggestaltung: Buchholz.Graphiker, Hamburg
Lithografie: scanlitho.teams, Bielefeld
Druck: Kunst -und Werbedruck, Bad Oeynhausen
Printed in Germany 2016

Delius Klasing Verlag, Siekerwall 21, D - 33602 Bielefeld
Tel.: 0521/559-0, Fax: 0521/559-115
E-Mail: info@delius-klasing.de
www.delius-klasing.de

# Inhalt

# Vorwort

## Für wen ist dieses Buch geschrieben?

Das vorliegende Buch wendet sich an in Navigation und Seemannschaft bereits grundlegend ausgebildete Segler, die nicht mehr nur als Crewmitglied segeln wollen, sondern sich auf die Führungsrolle als Skipper vorbereiten möchten, sei es auf einer Charteryacht oder auf dem eigenen Schiff. Es ist somit keine allgemeine Einführung in das Yachtsegeln, sondern dient – aufbauend auf bereits vorhandenen Segelkenntnissen – als Hilfe für den Einstieg in die Skipperrolle.

Zwar bilden zahllose Segelschulen jährlich Tausende von zukünftigen Seglern aus, um anschließend in der Crew einer Segelyacht mitwirken zu können, doch ist es erheblich schwieriger, eine gute Ausbildung und Vorbereitung auf den Einsatz als Skipper einer Yacht zu erhalten. Für das kompetente und verantwortungsbewusste Führen einer Segelyacht bedarf es erheblich mehr als das Papier eines Küsten- oder Hochsee-Segelscheins. Umfassende Praxis und mehrjährige Erfahrung auf See, konkret angewandte Theorie, Kompetenz im Umgang mit der Crew, aber auch die vertiefte Lektüre nautischer Literatur, bilden unumgängliche Voraussetzungen für das verantwortliche Führen eines jeden Seeschiffes.

In dem Buch Yachtskipper werden häufig auftretende Probleme in der Törn- und Schiffsvorbereitung ebenso gründlich behandelt wie zwischenmenschliche Aspekte der Schiffsführung. Insbesondere wird auf diejenigen Bereiche aus Navigation und Seemannschaft vertieft eingegangen, die in der Segelausbildung oft zu kurz kommen wie Schiffshandling, Hafenmanöver, Ankern, Segeltrimm, Segeln bei Nacht, Einhandsegeln, gefährliche Wetterlagen und Notsituationen. Viele der angesprochenen Schwierigkeiten lassen sich mithilfe dieses Buches im Vorhinein vermeiden und so trägt die Lektüre von Yachtskipper zu einem gelungenen Törn bei.

# 1. Was ist ein guter Skipper?

»The Captain's word is law« (Das Wort des Kapitäns ist Gesetz), so oder ähnlich hieß es früher auf den Fracht fahrenden Segelschiffen mit professioneller Besatzung. Doch wie steht es um den Skipper auf einer freizeitorientierten, modernen Segelyacht? Welche Kompetenzen, Fähigkeiten, Charaktereigenschaften sollte der »optimale Skipper« besitzen, um im positiven Sinn eine Autorität darzustellen und seine Aufgaben zu erfüllen?

Auf die rechtliche Lage des Skippers wird in Kapitel 1.1 eingegangen. In den Kapiteln 1.2 bis 1.6 werden die wesentlichen Kompetenzbereiche, die ein guter Skipper beherrschen sollte, komprimiert dargestellt. Ausführlichere Beschreibungen folgen in den Kapiteln 2 bis 6.

## 1.1 Die rechtliche Lage des Skippers

Notwendigerweise ist der Skipper derjenige, der als erster angesprochen wird, wenn sich eine Problemsituation anbahnt. Und natürlich ist er es, der zur Rechenschaft gezogen wird, wenn es an Bord gar zu einem Unfall kommt.

Wenn etwas schiefläuft, ist der Skipper gefragt: Dies beginnt im Kleinen mit der Diskussion um die zu bunkernden Lebensmittel und endet im Großen möglicherweise mit einer Seeamtsverhandlung nach einem missglückten Mensch-über-Bord-Manöver, bei dem ein Besatzungsmitglied ertrunken ist. Der Skipper verantwortet den Zustand des Bootes und der Ausrüstung, die Aufgabenverteilung unter der Mannschaft und natürlich alle seemännischen und navigatorischen Entscheidungen. Er ist es, der entscheidet, ob das Boot und die Besatzung auslaufen können. Er ist es, der die Konsequenzen einer eventuell von der Crew geforderten und von ihm akzeptierten Handlung juristisch verantworten muss.

Ob beispielsweise nach einer Windrichtungsänderung der geplante Zielhafen aufgegeben und ein neues Ziel angesteuert wird, sollte natürlich mit der Crew diskutiert werden. Doch wenn es dann möglicherweise zu einer seemännisch gefährlichen Situation kommt, weil der Skipper gegen seine Überzeugung den Wunsch der Crew akzeptiert hat, so kann er sich nicht damit herausreden, dass er es ja anders geplant hatte. Der Skipper trägt juristisch gesehen in jedem Fall die Verantwortung für die Schiffsführung und deren Konsequenzen.

Selbst wenn er in der Koje liegt und schläft, während die Wache stellvertretend den Kurs hält und die Segel bedient, so wird er beispielsweise gegenüber einem Vercharterer und bei weiterreichenden Personen- oder Sachschäden auch in einer Seeamtsverhandlung als Verantwortlicher zur Rechenschaft gezogen. Gerichtsstand ist in der Regel im Land der Schiffsregistrierung.

*Strandung durch Navigationsfehler. Foto von Pantaenius*

Inwieweit diese Verantwortlichkeit im Schadensfall eine finanzielle Haftung des Skippers nach sich zieht, kann im Einzelfall gerichtlich sehr unterschiedlich entschieden werden. Es bietet sich darum an, eine sogenannte »Skipperhaftpflichtversicherung« abzuschließen, so wie sie von vielen Yachtversicherern angeboten wird

Manche Skipper schließen vor Törnbeginn mit der Crew eine sogenannte »Mitseglervereinbarung« ab, die vor Ansprüchen untereinander bei nicht vorsätzlich verursachten Schäden schützt, falls die Versicherung nicht greifen sollte. Doch Vorsicht: Die gegenseitige Haftung bei Sach- und Personenschäden, die durch eine grobe Fahrlässigkeit des Skippers oder Crewmitglieds hervorgerufen werden, kann nach BGB §§305ff nur durch eine sogenannte Individualvereinbarung ausgeschlossen worden sein, der keine vorformulierten Vertragsbedingungen zugrunde liegen.

Was im konkreten Fall als leicht fahrlässig, was als grob fahrlässig beurteilt wird, entscheidet letztendlich das Gericht. Das folgende Beispiel für eine Mitseglervereinbarung kann darum nur als Vorschlag dienen und muss individuell formuliert werden.

### Beispieltext einer Mitseglervereinbarung

entnommen aus: Yachtcharter, Mitseglervereinbarung regelt Kosten und Haftung (2002 Yacht online – Delius Klasing Verlag) unter http://www.yacht.de/service/service16.html (abgerufen am 16.10.2012). Der Text unter Punkt 5 »Haftungsausschluss« wurde aktualisiert.

## Mitseglervereinbarung

für den Segeltörn vom . . . . . . . . . . bis zum . . . . . . . . . . . . . . . . . . . .
auf der Segelyacht . . . . . . . . . . . . . . . . . . . . . . . . . . . . . . . . . . . . . . .
mit Ausgangshafen . . . . . . . . . . . . . . . . . . . . . . . . . . . . . . . . . . . . . . . ,
bei dem die aufgeführten Personen Mitsegler sind.
1. . . . . . . . . . . . . . . . . . . . . . . . . 5. . . . . . . . . . . . . . . . . . . . . . . . . .
2. . . . . . . . . . . . . . . . . . . . . . . . . 6. . . . . . . . . . . . . . . . . . . . . . . . . .
3. . . . . . . . . . . . . . . . . . . . . . . . . 7. . . . . . . . . . . . . . . . . . . . . . . . . .
4. . . . . . . . . . . . . . . . . . . . . . . . . 8. . . . . . . . . . . . . . . . . . . . . . . . . .

### 1. Chartervertrag

Der zwischen . . . . . . . . . . . und dem Vercharterer . . . . . . . . . . . . . . .
geschlossene Chartervertrag vom . . . . . . ist Grundlage dieser Vereinbarung. Jeder Mitsegler hat eine Kopie dieses Chartervertrages erhalten und ist mit den insoweit zugrunde gelegten Regelungen einverstanden.

## 2. Törnkosten

Die Mitsegler tragen sämtliche Törnkosten gemeinsam zu gleichen Teilen. Dies sind insbesondere die Charterkosten und die Bordkasse (zur Bordkasse gehören Kosten für Verpflegung und Getränke an Bord, Kosten für Diesel, Hafengelder, Gebühren etc.). Ferner sind dies aber auch Kosten, die sich aus der Nichterfüllung des Chartervertrages ergeben können und etwaige Kosten im Schadensfall, soweit dafür keine Versicherung eintritt und ein Schaden nicht vorsätzlich von einem Mitsegler verursacht wurde.

Die Charterkosten betragen . . . . . . . Jeder Mitsegler verpflichtet sich, die auf ihn entfallende erste Rate in Höhe von . . . . . . . . bis zum . . . . . . . . an den Schiffsführer zu entrichten. Die übrigen Kosten werden frühestens bei Törnantritt fällig.

Bei Reiserücktritt eines Mitseglers, gleich aus welchem Grund, zahlt dieser seinen Anteil an den Charterkosten, soweit dafür nicht eine Reise-Rücktritts-kosten-Versicherung eintritt oder die übrigen Mitsegler darauf ausdrücklich verzichten.

## 3. Schiffsführer

Verantwortlicher Schiffsführer ist . . . . . . . . . . . . . . . . . . Der Schiffsführer versichert, dass er die notwendigen Erfahrungen, Kenntnisse und Qualifikationen besitzt, um die Yacht unter Segel und Motor sicher zu führen. Er weist die Mitsegler in die Bedienung der Yacht ein und führt eine gründliche Sicherheitseinweisung durch.

## 4. Pflichten der Mitsegler

Jeder Mitsegler beachtet die Anweisungen des Schiffsführers und informiert ihn beziehungsweise den jeweiligen Wachführer.

Jeder Mitsegler achtet selbst auf seine persönliche Sicherheit und trägt bei Bedarf und in jedem Falle auf Anweisung des Schiffsführers Rettungsweste und Lifebelt.

## 5. Haftungsausschluss

Jeder Mitsegler fährt auf eigene Gefahr mit und verzichtet auf Ersatzansprüche aus allen rechtlichen Gesichtspunkten gegen den Schiffsführer, die anderen Mitsegler und den Eigner, wenn der Schaden auf fahrlässigem Verhalten beruht. Dieser Haftungsausschluss gilt nicht, soweit Schäden vorsätzlich oder grob fahrlässig verursacht wurden und auch nicht für Schadensersatzansprüche für jede schuldhafte Verletzung von Leben, Körper und Gesundheit. Der Haftungsausschluss gilt auch nicht, soweit Schäden von einer Haftpflichtversicherung, auch Skipperhaftpflichtversicherung, gedeckt sind.

## 6. Salvatorische Klausel

Sollten Teile dieser Vereinbarung ungültig oder undurchführbar sein oder werden, soll dies die Wirksamkeit der anderen Teile dieser Vereinbarung nicht beeinträchtigen. Gleiches gilt, wenn sich herausstellt, dass die Vereinbarung eine Regelungslücke enthält. Anstelle des unwirksamen/undurchführbaren Teils oder zur Ausfüllung der Lücke soll diese Vereinbarung so ausgelegt werden, dass sie dem beabsichtigten Zweck möglichst nahe kommt.

## 7. Nebenbestimmungen

Streitigkeiten beurteilen sich nach deutschem Recht. Mündliche Nebenabreden sind nicht getroffen. Änderungen und/oder Ergänzungen dieser Vereinbarung bedürfen der Schriftform. Dies gilt insbesondere auch für eine Aufhebung des Schriftformerfordernisses. Jeder Mitsegler bestätigt, eine Ausfertigung dieses Vertrages für seine Unterlagen erhalten zu haben.

. . . . . . . . . . . . . . . . . . . . . . . . . . .
Ort, Datum

Unterschriften der Mitsegler

1. . . . . . . . . . . . . . . . . . . . . . . .    5. . . . . . . . . . . . . . . . . . . . . . . .

2. . . . . . . . . . . . . . . . . . . . . . . .    6. . . . . . . . . . . . . . . . . . . . . . . .

3. . . . . . . . . . . . . . . . . . . . . . . .    7. . . . . . . . . . . . . . . . . . . . . . . .

4. . . . . . . . . . . . . . . . . . . . . . . .    8. . . . . . . . . . . . . . . . . . . . . . . .

# 1.2 Seglerische Kompetenz

Der »gute Skipper« muss zuerst einmal navigatorisch und seemännisch gut ausgebildet und praxiserfahren sein. Dies lässt sich nicht einfach an einem Segelführerschein und an einer Zahl gesegelter Seemeilen festmachen. Sicherlich ist beispielsweise der bestandene deutsche Sportküstenschifferschein (SKS) oder auch Sportseeschifferschein (SSS) zwar eine unbedingt notwendige, aber nicht selbstredend eine hinreichende Grundlage für die Skipperrolle. Rechtlich gesehen gilt auf Yachten, die professionell beziehungsweise kommerziell unter deutscher Flagge fahren, dass der Skipper den Sportseeschifferschein (SSS) besitzen muss (in der Schweiz und in Österreich den »Hochseeschein«). Die Ausbildungsstruktur dieser Scheine bringt es mit sich,

dass der Absolvent mehr als 3000 Seemeilen in seinem Kielwasser hat, was nicht wirklich viel ist.

Bevor sich der frisch examinierte »Sportseeschiffer« für die Skipperrolle auf einer Segelyacht entscheidet, sollte er als Co-Skipper mehrere Törns in möglichst unterschiedlicher Umgebung und zu verschiedenen Jahreszeiten auf unterschiedlichen Schiffen und mit wechselnden Besatzungen segeln. So erlangt er die fachliche Reife und seglerische Flexibilität für einen verantwortungsbewussten Umgang mit Schiff und Mannschaft.

Es muss allerdings deutlich darauf hingewiesen werden, dass nicht allein eine große Zahl an gesegelten Seemeilen einen ausreichenden Erfahrungshintergrund garantiert. Beispielsweise wird auf einer Atlantiküberquerung im Passat von Teneriffa nach St. Lucia in die Karibik in der Regel nicht viel mehr getan als geschlafen, gegessen, das GPS abgelesen und dem Autopiloten bei seiner Arbeit zugesehen, vielleicht abgesehen von zwei oder drei Reff-Manövern. Navigatorisch, segeltechnisch und meteorologisch gesehen ist eine solche 2700-Meilen-Ozeanreise eher von geringem Anspruchsniveau.

Hingegen bringen drei Ostseetörns, eine Korsika-Umrundung, zwei Englandtörns, ein Starkwindtörn im Mistral vor der Küste Südfrankreichs und eine Biskaya-Überquerung im Herbst vielleicht nicht ganz so viele Seemeilen, dafür aber mit Sicherheit mehr Erfahrungsgewinn als eine Transatlantikreise auf der Barfußroute.

Menschlich hingegen – im Hinblick auf Konfliktsituationen in der Bordatmosphäre – kann eine mehrwöchige Segelreise im Passat zweifellos einen erheblichen Erfahrungsgewinn mit sich bringen. Doch dazu mehr im Kapitel 1.4.

Auflistung der seglerisch und navigatorisch wichtigen Kompetenzbereiche, in denen der Skipper sattelfest sein muss:

▶ Hafenmanöver, An- und Ablegen (Details dazu in Kapitel 4),
▶ Segelbedienung, Segeltrimm, Reffen,
▶ alle Kurse zum Wind sauber steuern,
▶ Schwerwettertaktiken,
▶ Ausweichregeln, Havarievermeidung,
▶ Ankern, auch unter erschwerten Bedingungen,
▶ klassische Navigation mit Seekarte, Stechzirkel, Kompass, Lot und Logge,
▶ computergestützte Navigation: GPS, Plotter, AIS, Radar,
▶ Umgang mit dem Seefunkgerät (mindestens SRC),
▶ Identifizieren von Seezeichen am Tag und bei Nacht,
▶ Lesen und Verstehen nautischer Literatur auf Englisch.

# 1.3 Technische Kompetenz

Ein Skipper darf handwerklich keine zwei linken Hände haben. Zu zahlreich sind die technischen Herausforderungen auf einer Segelyacht, die auf Törn nicht von geschultem Werftpersonal gewartet und eventuell repariert werden können. Insbesondere auf Charteryachten ist der technische Zustand leider keineswegs immer zufriedenstellend. Aufgrund des Zeitdrucks beim fliegen-

den Wechsel der Chartercrews am gleichen Tag kommt es nicht selten zu Nachlässigkeiten in der Wartung. Auch kommt es vor, dass Chartercrews bei der Rückgabe der Yacht nicht ganz ehrlich sind und den zeitweise überhitzten Motor, das angerissene Reffauge im Groß-

segel oder das kleine Leck im Beiboot verschweigen, um die Rückerstattung der eigenen Kaution nicht zu gefährden.

Der zukünftige Skipper sollte sich fragen, ob er in folgenden Bereichen wirklich fit ist:

## Motor und Antrieb
▶ Prüfen von Öl in Maschine und Getriebe,
▶ Prüfen und eventuelles Einstellen der Keilriemenspannung,
▶ Prüfen des Kühlmittels,
▶ Filterwechsel für Diesel, Öl und Kühlwasser,
▶ Impellerwechsel der Kühlwasserpumpe,
▶ Propeller unter Wasser eventuell von eingefangenen Leinen oder Plastiktüten befreien.

## Rigg und Segel
▶ Umgang mit den Rollanlagen,
▶ Einbinden der Reffs,
▶ Masttrimm: Nachspannen der Drähte, Wanten und Stagen im Rigg,
▶ Anschlagen des Schwerwetterstags und der Sturmfock,
▶ Benutzung des Bootsmannsstuhls, um bei Bedarf in den Mast hinaufgezogen zu werden,
▶ Einziehen von Ersatzleinen in den Mast, beispielsweise bei gerissenen Fallen,
▶ provisorisches Segelflicken.

## Elektrik
▶ Berechnung des Stromverbrauchs aller vorhandenen elektrischen Geräte,
▶ Umgang mit den Hauptschaltern und den Sicherungsautomaten an der Service-Schalttafel,
▶ Benutzung eines Voltmeters und eines Amperemeters,
▶ Prüfen der Batteriespannung,
▶ Wechsel von Glühlampen an Deck und unter Deck,
▶ Umgang mit dem Autopiloten,
▶ Umgang mit der Ankerwinsch.

## Sicherheitsausrüstung
▶ Umgang mit der Rettungsinsel,
▶ Gebrauch der Rettungswesten, Lifebelts, Lifelines,

- ▶ Bedienung des Feuerlöschers,
- ▶ Einsatz der Mensch-über-Bord-Ausrüstung,
- ▶ Gebrauch der Seenotsignale (Handfackeln, Raketen),
- ▶ Einsatz der Mittel zur Leckbekämpfung.

**Tanks und Pumpen**
- ▶ Funktionsprüfung aller Pumpen an Bord (Diesel, Trinkwasser, Toilette, Leck),
- ▶ Reinigung der Toilettenpumpe,
- ▶ Säubern eines verschmutzten Dieseltanks,
- ▶ Reinigen eines Wassertanks,
- ▶ provisorisches Abdichten eines abgerissenen Seeventils,
- ▶ Funktionsprüfung der Gasanlage, Wechsel der Gasflasche.

**Decksausrüstung**
- ▶ Beurteilung der Brauchbarkeit des Ankergeschirrs und sein Einsatz,
- ▶ Festigkeitsprüfung der Seereling, Bugkorb und Heckkorb,
- ▶ Funktionsprüfung aller Fallen, Strecker, Niederholer usw.

Auf den ersten Blick mögen die oben formulierten Anforderungen übertrieben erscheinen, aber die Fähigkeit zur richtigen Diagnose und Bewältigung technischer Probleme macht aus einem Skipper einen guten Skipper.

Die selbstkritische Einschätzung der technischen Kompetenzen sollte bei der Törnplanung immer ein Faktor sein. Wenn man zu sehr (auch bei Kleinigkeiten) auf einen Techniker oder Handwerker angewiesen ist, sollte man ihn auch immer in erreichbarer Nähe haben.

# 1.4 Soziale Kompetenz

Der optimale Skipper ist als Teamchef ein Alleskönner: Neben der selbstverständlich zu fordernden Kompetenz in Navigation und Seemannschaft (siehe oben) muss er vor allem über »soziale Kompetenz« verfügen. Damit ist die Fähigkeit gemeint, mit Fingerspitzengefühl auf die menschlichen Besonderheiten jedes einzelnen Crewmitgliedes eingehen zu können, ohne den Blick für die gemeinsame Sache, nämlich den für alle Beteiligten zufriedenstellenden Segeltörn, aus den Augen zu verlieren. Ein Segeltörn soll Spaß machen! Ob das gelingt, hat der Skipper nicht unwesentlich selbst in der Hand.

In Bezug auf den Umgang miteinander sind folgende Fähigkeiten gefordert:
▶ Kommunikationsfähigkeit im Gespräch mit der Crew,
▶ Teamfähigkeit im Zusammenwirken mit mehreren (oftmals unterschiedlich kompetenten) Crewmitgliedern,
▶ Einfühlungsvermögen, wo ein menschliches Problem erkannt wurde und besprochen werden muss,
▶ Konfliktfähigkeit, wenn es gilt Konflikte zu benennen und zu lösen,
▶ gegenseitige Achtung, die sich auch im Gesprächsstil zeigt,
▶ angemessene Toleranz gegenüber individuellen Eigenarten, Meinungen.

Die Führungsqualität des Skippers zeichnet sich durch folgende Eigenschaften aus:
▶ Verantwortungsbewusstsein beim Einsatz seiner Crew,
▶ Entschlussfähigkeit in Konfliktsituationen,
▶ umfassende Sachkenntnis bei allen Angelegenheiten der Bootsführung,
▶ Vorbildverhalten im eigenen Auftreten,
▶ Flexibilität bei guten Vorschlägen aus der Crew,
▶ Stringenz in der Verfolgung von sinnvoll gesetzten Zielen,
▶ Delegationsfähigkeit bei Aufgaben,
▶ schnelle Wahrnehmungsfähigkeit in Problemsituationen.

Niemand kann alle diese Eigenschaften in sich vereinen. Eine selbstkritische Reflexion führt die eigenen Schwächen vor Augen und könnte hilfreich sein, an den eigenen Fehlern zu arbeiten.

Die Führungsrolle des Skippers kann von der Crew nur dann anerkannt werden, wenn sie auf konkret erlebbarer Kompetenz, Leistung, Überzeugungskraft und ausgleichendem sozialem Handeln beruht. Es hat also wenig Zweck, sich als Skipper auf die juristische Rolle zu berufen, sondern man muss schon seine Führungsqualitäten im positiven Sinn unter Beweis stellen.

Die Gruppenführungsqualität beim Skipperverhalten ist nicht unwesentlich abhängig von der Wertschätzung, die der Skipper seinen Crewmitgliedern entgegenbringt. Unerfahrene Crews machen Fehler. Das ist unvermeidlich. Aber wie geht der Skipper damit um? Kritik sollte feinfühlig dosiert und konstruktiv sein, also verbunden mit einem überzeugenden Vorschlag zur Vermeidung solcher zukünftiger Problemsituationen. Und für einen gut gemachten Job sollte auch mal gelobt werden. Auf der anderen Seite macht sogar der beste Skipper selbst hin und wieder einen Fehler. Er kann dies als Chance nutzen, wirkliche Größe zu zeigen, indem er bereit ist, Selbstkritik zu üben. Das stärkt seine Glaubwürdigkeit.

Dass ein studierter Psychologe nicht zwingend ein guter Skipper ist, wird kaum jemand bezweifeln. Klar ist aber auch, dass etwas Sachkenntnis über typische gruppendynamische Prozesse in einer vorübergehend zusammenlebenden, vielleicht bunt zusammengewürfelten Menschengruppe das Skipperdasein erleichtert. Ohne jedes Zutun wird sich in einer Crew nach wenigen Tagen – vielleicht schon nach wenigen Stunden – eine soziale Hierarchie (manche nennen es »Hackordnung«) bilden, die der Skipper möglichst schnell durchschauen muss, um angemessen agieren und ausgleichen zu können. Seglerische Kompetenzen werden in der Crew vermutlich ebenso bunt gemischt sein wie Kommunikationsfähigkeit und die Beherrschung zwischenmenschlicher Konfliktstrategien. Der wirklich erfahrene Skipper durchschaut es, wenn der Newcomer unter den ironischen Bemerkungen des grönlanderfahrenen »Salzbuckels« leidet und wird versuchen, durch geschickt formulierte Aufmunterungen die Verunsicherungen zu beseitigen. Auch durchdachtes Delegieren von Aufgaben kann Konfliktsituationen entschärfen.

Apropos Delegationsfähigkeit: Ein Skipper mit Menschenkenntnis wird nach der Einweisung in die Schiffstechnik und in das Bordleben möglichst schnell versuchen, besondere Kompetenzen in der Crew zu nutzen, um Aufgaben sinnvoll zu verteilen. Er muss nicht immer und überall selbst alles in die Hand nehmen, sofern denn jemand in der Besatzung in der Lage und Willens ist, bestimmte Aufgaben kompetent zu übernehmen. Der segelnde Kfz-Meister übernimmt die tägliche Motorkontrolle (Öl, Keilriemenspannung, Kühlflüssigkeit) und die Journalistin übernimmt die Kommunikation mit den Hafenbehörden.

Manchmal kann es aber auch umgekehrt gut sein: Der Techniker kommuni-
ziert und die Journalistin kontrolliert den Motor. Eine geschickte Rollenverteilung zu initiieren, ist ein wesentliches Merkmal guter Menschenführung.
Damit der Skipper seine Rolle optimal ausfüllen kann, sollte er einige Informationen über die Crew besitzen:

▶ Welche seemännischen Erfahrungen, welche Ausbildung bringt jedes einzel-
ne Crewmitglied mit?
▶ Auf welchen Schiffen und in welchen Revieren hat die Crew bisher gesegelt?
▶ Mit welchen Wunschvorstellungen hinsichtlich der Törngestaltung kommen
die Crewmitglieder an Bord?
▶ Können besondere Fähigkeiten beziehungsweise Stärken einzelner Besatzungsmitglieder irgendwie nutzbringend für den Törn sein?
▶ Gibt es bei Einzelnen in der Crew irgendwelche körperlichen Handicaps, die
den Einsatz an Deck einschränken?
▶ Müssen Besonderheiten einzelner Crewmitglieder hinsichtlich der Ernährung
berücksichtigt werden?

## 1.5 Kommunikation zwischen Skipper und Crew

Auf See bleibt oft in einer kritischen Problemsituation keine Zeit, mit der Crew
lange zu diskutieren, welche Lösungswege zur Beseitigung des Problems möglich sind. Es muss zwar überlegt, aber dennoch schnell entschlossen und dabei
kompetent entschieden werden. Diskussionen mit anschließender Abstimmung
sind am Steg im Hafen nicht aber in kritischen Entscheidungssituationen auf

See möglich. Unter diesem Entscheidungsdruck entwickelt leider manchmal der eine oder andere (überforderte) Schiffsführer ein Verhalten mit formal-autoritär geprägten Kapitänsallüren, die das Zusammenleben an Bord unerträglich machen können.

Die situationsangemessene Kommunikation zwischen Skipper und Crew ist ein ganz wesentlicher Faktor für das Gelingen eines Segeltörns. Weil an Bord die Situationen sehr unterschiedlich sein können, muss es automatisch unterschiedliche Kommunikationsstile geben. Das reicht vom laut und deutlichen Kommando über ein erklärendes Gespräch bis zur kontroversen Diskussion. Es gilt: alles zu seiner Zeit!

Hier einige Leitpunkte für die Kommunikation:
▶ Zuerst einmal muss sich der Skipper Zeit nehmen für eine gründliche Einweisung der Crew in die Details der seemännischen und technischen Handhabung des Schiffes.
▶ Hafenmanöver sollten genauso wie Segelmanöver auf See früh genug und in Ruhe mit der Crew vorbereitend durchgesprochen und die Aufgaben verteilt werden, bevor es wirklich zur Sache geht.
▶ Die Crew muss Gelegenheit haben, Fragen zu Abläufen an Bord zu stellen und der Skipper sollte diese geduldig und sachlich beantworten.
▶ Insbesondere nach Hafenmanövern sollte in einer kurzen Besprechung noch an Deck geklärt werden, was gut und was schlecht gelaufen ist (sogenannte Manöverkritik). Verbesserungsvorschläge sind willkommen und der Skipper redet nicht ungeduldig dazwischen, wenn ein Crewmitglied vielleicht etwas weniger Brauchbares sagt.
▶ Bei misslungenen Manövern hilft konstruktive Kritik sicherlich besser weiter als Schuldvorwürfe oder gar Schreierei.

**Ein Wort zum Thema Höflichkeit an Bord**

Eine aktiv auf See gesegelte Yacht ist keine Umgebung für Höflichkeitsformeln. Wenn vor Anker oder im Hafen rund um den Salontisch durchaus höfliche Umgangsformen angebracht sind oder locker und vielleicht wortreich palavert wird, bei Segelmanövern auf See ist eine klare, prägnante, abgekürzte Sprache ohne Höflichkeitsschnörkel sachlich notwendig und üblich!

Sofern sich der Skipper also unsicher sein sollte, ob die Crew an eine klare Manöversprache gewöhnt ist, sollte er zu Törnbeginn darauf hinweisen, dass beim An- und Ablegen, beim Setzen und Bergen der Segel sowie beim Wenden und Halsen, beim Reffen und beim Anker ausbringen die Anweisungen in einer klaren, abgekürzten Sprache üblich und notwendig sind. Dies hat absolut nichts mit mangelnder Höflichkeit zu tun!

# 1.6 Vorausschauende Problemvermeidung

Zu den wünschenswerten Kompetenzen eines guten Skippers gehört ganz wesentlich die Fähigkeit des Antizipierens, das heißt des vorausschauenden Denkens zur Vermeidung von möglicherweise in Zukunft auftretenden Problemen. Sei es in navigatorischen, technischen oder menschlichen Bereichen.

Diese Fähigkeit setzt ein hohes Maß an Erfahrung voraus, denn mögliche Probleme können nur vorhergesehen werden, wenn man sie entweder bereits einmal erlebt hat, oder wenn man sie aus gegebenen Umständen als mögliche Folge erschließen kann. Andererseits kann von keinem Skipper erwartet werden, dass er in seinem Seglerleben bereits alle Problemsituationen kennengelernt hat. Zum Glück kommen Havarien wie Mastbruch, schwerer Wassereinbruch oder Feuer im Schiff sehr selten vor.

Also muss die Fähigkeit zur vorausschauenden Problemvermeidung zum großen Teil geschult werden: Gespräche mit erfahrenen Segelkollegen, aber vor allem die Lektüre von einschlägigen Fachbüchern in Verbindung mit den eigenen Erfahrungen auf See sind wertvolle Hilfen.

**Ein konkretes Beispiel:**

Die Crew einer Charteryacht läuft einen ihr unbekannten Hafen an. Über UKW meldet sich der Skipper beim Hafenmeister und bittet um Zuweisung eines Liegeplatzes. Am Ponton Y mit mehreren Fingerstegen wird der Platz 27 zugewiesen, »Festmachen an Steuerbord« lautet die Order vom Hafenmeister. Die

Crew macht Vor- und Achterleine sowie vier Fender an Steuerbord klar während sich das Schiff dem noch nicht erkennbaren Liegeplatz nähert. Erst etwa zwei Bootslängen vor dem Erreichen des Liegeplatzes wird dem Skipper klar, dass der kräftige ablandige Seitenwind von etwa Beaufort 6 ein sauberes Anlegen mit Steuerbord unmöglich macht. Der nicht ausreichend erfahrene Rudergänger hingegen bemerkt nicht die Problematik, und bevor der Skipper noch eingreifen kann, liegt das Ruder schon hart Steuerbord, um in die Box hineinzufahren. Der ablandige Wind drückt allerdings den Bug des Schiffes mit einer solchen Kraft nach Lee, weg vom Steg, sodass kein Ruderlegen mehr hilft. Das Schiff treibt ohne Ruderwirkung auf den Nachbarn an der Backbordseite zu. Hektisch springt der Skipper ans Ruder und versucht im Rückwärtsgang vom Nachbarn frei zu kommen, doch es ist bereits zu spät. Dummerweise zieht zusätzlich der Radeffekt des Propellers im Rückwärtsgang ebenfalls zur ungewünschten Seite. Ohne einen einzigen Fender an der Backbordseite kratzt die Yacht an der Bordwand des Nachbarschiffes entlang, auf dessen Heckkorb unglücklicherweise auch noch der Außenborder vom Beiboot ungeschickt nach außen gedreht festgemacht ist. In weniger als drei Sekunden sind zwei Relingsstützen ausgebrochen, beide Bordwände beschädigt und der Außenborder liegt auf dem Boden des Hafenbeckens.

**Wie wäre dies vermeidbar gewesen?**
Zuerst einmal sollten grundsätzlich beim Einlaufen in einen Hafen alle verfügbaren Fender auf beiden Seiten des Schiffes ausgebracht werden. Ebenso jeweils Vor- und Achterleinen auf beiden Seiten, denn es könnte im letzten Moment vor dem Anlegen irgendetwas Unvorhergesehenes (zum Beispiel ein vorher nicht gesehenes weiteres Schiff, das ebenfalls gerade manövriert) dazwischen kommen, und das noch so sorgfältig geplante Anlegemanöver muss urplötzlich völlig anders – und zwar improvisiert – gefahren werden. Im konkret geschilderten Fall wäre es sinnvoll gewesen, bei der Anmeldung beim Hafenbüro nachzufragen, wie der Wind auf den Liegeplatz steht. Manchmal kann das Hafenpersonal allerdings darauf keine Antwort geben, weil es sich in einem Büro ohne Sicht auf die Liegeplätze befindet. Dann sollte das Anlegemanöver besonders behutsam von einem erfahrenen Rudergänger gefahren, oder es muss zur Not auch früh genug abgebrochen werden, um einen anderen, geeigneteren Liegeplatz zu suchen. Sofern es die Sicherheit erfordert, kann die Order des Hafenmeisters bewusst missachtet und selbstständig gehandelt werden.
Vorausschauendes Handeln vermeidet Probleme. Das gilt auf einer Segelyacht noch mehr als im gewohnten Leben an Land. Wenn Sie mit Ihrem Auto einen Motorschaden auf der Autobahn haben, so ist das lediglich ärgerlich. Wenn Ihnen aber während einer Atlantiküberquerung 1000 Seemeilen vom nächsten

Land entfernt der Mast bricht, weil vor dem Auslaufen auf den Kanaren das Rigg nicht überprüft wurde und niemand gemerkt hatte, dass das Achterstag direkt über dem Wantenspanner schon angerissen war, so kann sich daraus eine extreme Notsituation entwickeln.

**Ein anderes Beispiel aus der Navigation in Küstennähe:**
Die Crew hat in Toulon/Südfrankreich eine Yacht gechartert mit dem Ziel, binnen zwei Wochen einen entspannten Törn nach Osten entlang der Küste der Côte d'Azur bis Nizza und zurück nach Toulon zu segeln. Am sechsten Tag des Törns – die Yacht ist inzwischen bei den Iles d'Hyères – bildet sich eine Großwetterlage mit ablandigem Wind aus Nord bis Nordwest, die mehrere Tage andauern soll. Ein Azorenhochkeil hat sich bis Südfrankreich ausgeweitet. Allerdings bildet sich auch ein kleines Tief über dem Golf von Genua. Angesichts dieser Windrichtung wird in der Crew darüber diskutiert, ob man nicht den Törnplan ändern sollte: Es herrscht idealer Wind, um nach Korsika zu segeln! Und außerdem brauchen noch zwei Leute in der Crew etwa 300 Seemeilen für einen Segelschein, sodass eine längere Segelstrecke sehr willkommen wäre. Zwar ist neben einem Übersegler keine weitere Detailkarte von Korsika an Bord, aber man hat ja den Kartenplotter. Also rüber ...

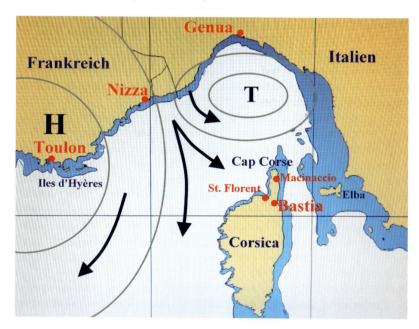

*Karte Südfrankreich–Korsika.*

In der Tat erreicht die Yacht am folgenden Abend mit steifem Nordwest die korsische Nordküste. Der Wind bläst tatsächlich stetig aus Nord, allerdings auch von Stunde zu Stunde kräftiger unter dunkel ziehenden Wolken. Leider ist im Laufe des Tages während eines Reffmanövers ein Missgeschick passiert: Der auf dem Brückendeck installierte Kartenplotter wurde beim ungeschickten Umgang mit der Winschkurbel der Großfallwinsch beschädigt und zeigt nur noch schwarz. Alle für die Ansteuerung notwendigen Detailkarten und Hafenpläne liegen elektronisch auf einem nun wertlosen Chip. Was aber schlimmer ist: Die Großwetterlage hat sich inzwischen zu einer typischen Mistrallage mit kräftigem bis stürmischem Wind aus Nordwest entwickelt und stabilisiert sich. Und das bedeutet, dass der Rückweg zur Festlandsküste ein hartes Stück Arbeit werden wird. Wenn er denn überhaupt möglich ist, denn eine Mistrallage kann durchaus eine Woche anhalten. Und dann wäre die termingerechte Rückgabe der Yacht in Toulon mehr als in Frage gestellt.

Um erst einmal unter den Schutz der Küste zu kommen, entscheidet sich der Skipper, nicht wie geplant das dem Mistral voll ausgesetzte St. Florent anzulaufen, sondern besser das Cap Corse zu umrunden und als Zielhafen das an der Ostküste einfach anzusteuernde Macinaccio zu wählen, für dessen Ansteuerung eine Detailkarte nicht notwendig ist. Erschöpft wird im Hafen festgemacht. Nun erst mal ausschlafen …
Der Wetterbericht am nächsten Morgen verheißt nichts Gutes: Wind aus Nord bis Nordwest mit Beaufort 7 bis 8, in Böen 9, voraussichtlich für mindestens zwei weitere Tage. Also sind mindestens zwei Hafentage angesagt. Wandern und shoppen statt segeln …

Inzwischen verbleiben nur noch vier Tage bis zum Rückgabetermin der Yacht in Toulon und der Wind bläst immer noch steif aus Nordwest. Der Rückweg nach Toulon wäre somit ein harter Kreuzkurs mit mindestens 40 Stunden, vermutlich eher mehr, denn die altersschwachen Segel der Yacht ermöglichen keine optimale Höhe am Wind. Außerdem gibt es neben dem Skipper niemanden in der Crew, der ausreichende Nachterfahrung im Wachsystem hat. Eine Entscheidung steht an: Auslaufen? Gegen den Starkwind zwei Tage und Nächte kreuzen mit einer unerfahrenen Crew und dem Risiko, dass der Wind sich nicht legt, vielleicht noch zulegt? Am nächsten Morgen fällt die Entscheidung nach einem Telefongespräch mit dem Vercharterer: Die Crew wird das Schiff nicht zurückbringen, sondern stattdessen die Fähre nach Nizza nehmen. Der Vercharterer hat Anspruch auf eine Ausfallzahlung von 400 Euro pro Verspätungstag und die Erstattung der Kosten für die spätere Rückführung durch eine Profi-Crew.

**Was war falsch gelaufen?**
Der Skipper hätte auf keinen Fall den Törnplan auf Drängen der Crew ändern dürfen. Die Großwetterlage beinhaltete bereits am dritten Törntag das Risiko einer Mistrallage (Tief über dem Golf von Genua). Statt nur den regionalen Wetterbericht über VHF zu hören, hätte er Vorhersagekarten für die nächsten sieben Tage aus dem Internet prüfen müssen (zum Beispiel über www.wetterzentrale.de). Außerdem hatte er nicht die mangelnde Erfahrung der Crew in seine Entscheidung mit einbezogen. Die Probleme waren vorhersehbar!

Im Folgenden werden die Bereiche genannt, über die man sich im Vorhinein Gedanken machen sollte, um Schwierigkeiten zu vermeiden:
▶ Crewzusammensetzung (Paare, Kinder, Schnarcher, Raucher, erfahrene Segler, Anfänger ...),
▶ umfassende Auswahl an Seekarten und See-/Hafenhandbüchern,
▶ meteorologische Törnplanung, mehrtägige Wettervorhersage in Kartenform,
▶ Timing im Gezeitenrevier,
▶ Erklärung der Aufgaben der Crew (Rollenverteilung) beim Ablegen und Anlegen,
▶ Wahl des Ankerplatzes in Bezug auf die Wetterlage der nächsten 24 Stunden,
▶ Stauen der Seenotausrüstung,
▶ Ersatzteile für Motor, Rigg und Segel.

# 2. Törnplanungsphase

## 2.1 Auswahl des geeigneten Schiffes

Sofern der Skipper selbst Eigner der für den Törn vorgesehenen Segelyacht ist, sollte man davon ausgehen, dass die Vorbereitungsarbeit im Hinblick auf das Schiff bereits so gut wie getan ist. Anders sieht es im Fall eines Törns auf einer Charteryacht aus. Wir wollen diesen Fall etwas genauer beleuchten:

Natürlich ist die Anzahl der Crewmitglieder ein entscheidender Gesichtspunkt bei der Wahl der Größe des Schiffs. Mindestens aber genauso wichtig ist die Frage: Kann der Skipper mit der großen Yacht überhaupt kompetent umgehen? Nur allzu häufig sieht man große Charteryachten, die während ihres »Anlege-manövers« die Pontons im Hafen in eine Chaos-Theaterszene verwandeln. Die Ursache ist fast immer die gleiche: Der Skipper hat sich selbst überschätzt und eine Yacht gewählt, die für seinen Erfahrungshintergrund zu groß ist. Grund-sätzlich gilt, je länger das Schiff desto schwieriger ist es, aufgrund seiner Trägheit und Windangriffsfläche im Hafen zu manövrieren. Es erfordert daher erheblich mehr Erfahrung und Routine.

Ein finanzieller Aspekt: Auch wenn es auf den ersten Blick paradox erscheint, so ist in der Regel das 15-Meter-Schiff mit acht Leuten belegt, finanziell günstiger als das 10-Meter-Schiff mit nur vier Personen in der Crew, und zwar pro Kopf. Darum suchen manche Skipper gern noch zwei bis drei weitere Leute für die Crew, um so den Pro-Kopf-Preis zu senken. Dass damit andere Nach-teile verbunden sind, wird manchmal übersehen: Die Auswahl an Liegeplätzen in Häfen mit Stegen oder Boxen wird umso kleiner, je größer das Schiff ist. Sie wollen doch nicht schon mittags in den Hafen einlaufen, nur um sicher zu sein, einen Liegeplatz zu bekommen? Gerade im Mittelmeer ist dies aber in der Hochsaison eher die Regel als die Ausnahme.

Auch sollte nicht vergessen werden, dass in der großen 8-Personen-Crew die Wahrscheinlichkeit des Auftretens zwischenmenschlicher Konflikte erheblich größer ist als in einer 4-Personen-Crew, was ein weiteres Argument gegen ein eher großes Schiff ist.

Ist hingegen die Anzahl der Crewmitglieder von vornherein eindeutig festge-legt (feste Crew unter Freunden, Familie), so sind folgende Fragen im Hinblick auf das passende Schiff zu beantworten:

- ▶ Wie viele Kabinen brauchen wir?
- ▶ Gibt es jemanden in der Crew, dem man besser eine eigene Kabine gibt (Schnarcher)?
- ▶ Braucht man eine separate Kabine für Kinder?
- ▶ Gibt es Paare, die für sich eine Doppelkabine beanspruchen?
- ▶ Soll der Skipper eine eigene Kabine bekommen?
- ▶ Sollten aus Kostengründen auch die Salonkojen belegt werden?

---

Je nach Situation wird es sich ergeben, dass für ...
- ▶ eine 4-Personen-Crew ein Schiff zwischen 10 und 12 Meter (34 bis 40 Fuß),
- ▶ eine 6-Personen-Crew ein Schiff zwischen 11 und 13 Meter (36 bis 43 Fuß) und
- ▶ eine 8-Personen-Crew ein Schiff zwischen 12 und 15 Meter (40 bis 50 Fuß) in Frage kommt.

---

In Segelrevieren wie der Karibik oder Polynesien mit zahlreichen Ankermöglichkeiten stellt sich ferner die Frage, ob vielleicht ein Katamaran statt eines Einrümpfers gewählt werden sollte. Bei gleicher Gesamtlänge bietet der Katamaran in der Regel mehr Kojen und mehr nutzbaren Lebensraum als der Mono. Allerdings muss bedacht werden, dass es in vielen Yachthäfen keine oder nur sehr eingeschränkte Liegeplätze für Mehrrümpfer gibt. Sofern sich die Crew aber für ein Revier mit vielen reizvollen Ankerbuchten entscheidet, kann der Katamaran durchaus die bessere Wahl sein.

Außerdem haben Katamarane den Vorteil, dass sie familienfreundlicher sind: keine Krängung auf Amwindkursen, kein Rollen vor Anker, eine »Liegewiese« zum Sonnenbaden, wenig Tiefgang und somit geeignet, in unmittelbarer Ufernähe zu ankern. Dazu erhöhte Betriebssicherheit durch zwei Motoren statt nur einem.

*Foto von Hallberg-Rassy.*

Früher hörte man manchmal das Gegenargument: Katamarane können durchkentern. Doch dazu ist ganz klar zu sagen, dass die Riggs heutiger Fahrtenkatamarane so ausgelegt sind, dass ein Durchkentern – außer unter extremsten Wetterbedingungen – praktisch ausgeschlossen ist. Der umsichtige Skipper läuft ohnehin bei Windstärke 7 und mehr – wenn er es eben vermeiden kann – nicht mehr aus.

Abhängig von der gewählten Schiffsgröße variiert natürlich auch die Ausstattung der Inneneinrichtung und die technische Ausrüstung.

Im Hinblick auf den Komfort an Bord sind folgende Aspekte wichtig:
▶ Ist entsprechend der Anzahl der Kojen auch der zugehörige Stauraum ausreichend? Jedes Crewmitglied will nicht nur seine Koje, sondern auch genügend Raum zum Stauen seiner Kleidung und Ausrüstung.
▶ Entspricht die Anzahl der Nasszellen/Toiletten der Anzahl an Kabinen?

Wenn sechs Leute morgens vor Anker aufstehen, kommt es schnell zu einem »Hygienestau«.

▶ Auf einem Törn in eher kühleren Revieren wie der Ostsee ist eine leistungsfähige Bordheizung nicht selten Gold wert. Wenn an kühlen Regentagen die Feuchtigkeit nicht durch eine Gebläseheizung nach außen befördert wird, verwandelt sich das Schiff schnell in eine Tropfsteinhöhle.

▶ In subtropischen und tropischen Revieren ist neben einem großen, leistungsfähigen Kühlschrank eine kleine Gefriertruhe keineswegs ein Luxus, sofern zu Törnbeginn entsprechende Einkaufsmöglichkeiten für Tiefkühlkost vorhanden sind.

▶ Wie groß sind die Frischwassertanks? Pro Crewmitglied sollten möglichst mehr als 50 Liter Wasservolumen in den Tanks vorhanden sein, denn nur so ist eine gewisse Autonomie während des Törns über mehrere Tage möglich. Gerade in abgelegenen Gebieten sollte eher mit 100 Liter pro Kopf gerechnet werden. So sollte zum Beispiel eine 12-Meter-Yacht belegt mit sechs Leuten mindestens 300 Liter, besser 600 Liter Wasserreserve bunkern können. Ein »watermaker«, eine Seewasserentsalzungsanlage, wäre wünschenswert, ist aber in der Regel wegen der nicht ganz unkomplizierten Bedienung nur sehr selten auf Charterschiffen zu finden.

## 2.2 Zusammensetzung der Crew

In der Regel wird der Skipper die Crew nicht auswählen. Eher ist es genau andersherum: Die Crew wählt einen geeigneten Skipper. Im kommerziellen »skippered charter« muss der Skipper die zahlende Crew akzeptieren, ob er will oder nicht.

Sofern der Skipper aber Einfluss hat auf die Crewzusammensetzung, sollte er sich folgende Fragen stellen:

▶ Kann das Schiff auch unter erschwerten Bedingungen im Hafen und auf See von der gegebenen Crew sicher bedient werden?

▶ Bin ich als Skipper in der Lage bei Totalausfall der Crew (Seekrankheit) das Schiff einhand in den nächsten Hafen zu bringen?

▶ Welche Vorerfahrungen und Segelscheine bringen die einzelnen Crewmitglieder mit? Die Törngestaltung muss auf jeden Fall die Kompetenzen der Crew mitberücksichtigen.

▶ Gibt es Leute in der Crew, die aufgrund körperlicher Handicaps nicht uneingeschränkt eingesetzt werden können? Möglicherweise ist jemand gehbehindert oder jemand hat einen Sehfehler (farbenblind?) oder jemand wird ständig seekrank?

▶ Muss auf Kinder Rücksicht genommen werden? Ob Familiencrews »funktionieren«, ist in erster Linie davon abhängig, wie gut es gelingt, die Kinder in den Bordalltag einzubinden und ihnen genügend Aktivitätsmöglichkeiten zu bieten. Meilenschinden ist dabei tabu. Das ausgewählte Revier sollte in vielerlei Hinsicht abwechslungsreich sein: Marinas mit guten Versorgungsmöglichkeiten, Fischerhäfen, die nach Teer und Tang riechen, Ankerbuchten mit schönen Sandstränden, Stadthäfen mit Geschäften, Museen und Ausstellungen ... möglichst im Radius eines halben Segeltages erreichbar.

▶ Gibt es jemanden neben dem Skipper, der als Co-Skipper stellvertretend eingesetzt werden kann und der ein Seefunkzeugnis besitzt? Auf manchen Charterbasen wird dies gefordert.

▶ Wie ist der soziale Zusammenhalt der Crew zu beurteilen? Gibt es vielleicht einen besserwisserischen Querkopf? Bin ich als Skipper in der Lage, menschliche Konfliktsituationen abzubauen? Während eines nur einwöchigen Törns gelingt es vielleicht, sehr verschiedene Menschen auf dem beengten Raum einer Segelyacht selbst in einer Gruppe von sechs oder acht Leuten einigermaßen konfliktarm miteinander segeln zu lassen. Auf einem zwei- oder mehrwöchigen Törn wird dies wahrscheinlich schwieriger sein.

▶ Ist die Crew sich einig im Hinblick auf die Törngestaltung (sportlicher Trainingstörn oder lieber entspannter Badetörn) oder müssen Kompromisse diskutiert werden? Zwar sollte eigentlich diese Frage vor Törnbeginn geklärt sein, doch ist ein unerfahrenes Crewmitglied oft nicht in der Lage, sich die konkreten Lebensbedingungen an Bord vorzustellen.

## 2.3 Das erste Vorbereitungsgespräch mit der Crew an Land

Ein gelungener Törn setzt voraus, dass alle Beteiligten das Gefühl haben, wenigstens zum großen Teil ihre Wünsche und Erwartungen an die Törngestaltung mit eingebracht zu haben. Eine gute Crew ist eine Crew, die miteinander, insbesondere mit dem Skipper kooperierend plant und dann auf See die Entscheidungen des Skippers als richtig und sinnvoll erkennt.

Während an Bord beim aktiven Segeln oft keine Zeit bleibt für breite Darstellungen durch den Skipper, so sollte hingegen vor dem Törn jede Gesprächsmöglichkeit durch den Skipper genutzt werden, mit der Crew einen vorbereitenden Gedankenaustausch zu führen.

Um für die Törnvorbereitung genügend Zeit zu lassen, sollte dieses Gespräch einige Wochen vor Törnbeginn stattfinden. Das persönliche Vorbereitungsgespräch liefert bei entsprechender Erfahrung und Menschenkenntnis auch einige unausgesprochene Informationen über die Sachfragen hinaus. Man bekommt einen ersten Eindruck. Der kann zwar täuschen und muss gegebenenfalls später revidiert werden, aber es ist zumindest ein Ausgangspunkt. Falls es aus organisatorischen Gründen nicht möglich sein sollte, sich tatsächlich gemeinsam an einen Tisch zu setzen, so sollte der Skipper wenigstens versuchen, per E-Mail und/oder Telefon einen Gedankenaustausch über die wichtigsten Fragen zur Törngestaltung zu ermöglichen.

Technisch und navigatorisch kann der Törn noch so gut vorbereitet sein. Wenn die Bordatmosphäre aus menschlichen Gründen unerträglich wird, hilft auch die beste technische Planung nichts. Der eine braucht noch 450 Meilen für seinen nächsten Segelschein, während ein anderes Crewmitglied lieber tagelang in stillen Ankerbuchten liegt. Die Konflikte sind vorprogrammiert. Darum muss vor dem Törn offen gelegt werden, mit welchen Voraussetzungen, Wünschen und Kompetenzen das einzelne Crewmitglied an Bord kommt.

### Folgende Fragen sollten gemeinsam geklärt werden:

▶ Welchen Grundcharakter soll der Törn haben? Entspannter Urlaubstörn? Ausbildungs- oder Trainingstörn in Navigation und Seemannschaft? Meilentörn? Eine gute Mischung von allem?

▶ Welche Erwartungen und Wünsche hat jedes einzelne Crewmitglied im Hinblick auf die Törngestaltung? Länge der Tagesetappen? Anzulaufende Häfen?

▶ Mit welchen seglerischen und/oder navigatorischen Kompetenzen kommen die Crewmitglieder an Bord?

- Wer hat eine Ausbildung für UKW-Seefunk (SRC = Short Range Certificate)?
- Steht jemand als Co-Skipper zur Verfügung, sofern das Charterunternehmen dies fordert?
- Wie sollen die Kojen verteilt werden?
- Gibt es notorische Schnarcher?
- Gibt es Raucher in der Crew? Soll das Rauchen an Bord akzeptiert werden?
- Soll immer an Bord gekocht werden, oder geht man lieber ins Restaurant?
- Möchte jemand gern regelmäßig für die Crew kochen, oder soll es am Herd im Rotationsverfahren reihum gehen?
- Hat jemand spezielle Essgewohnheiten, die berücksichtigt werden müssen? Sind Vegetarier dabei?
- Sollten gewisse Lebensmittel oder Zutaten besser von zu Hause mitgebracht werden?
- Wie steht es um die körperliche Fitness der Besatzung? Kann jeder schwimmen?
- Gibt es medizinische Einschränkungen, die berücksichtigt werden müssen? Diabetiker? Anfälligkeit für Seekrankheit?
- Braucht jemand eine bestimmte Zahl von Seemeilen mit Bestätigung für einen Segelschein?
- Wird erwartet, dass alle in der Crew aktiv beim Segeln mitmachen?

Darüber hinaus muss ein souveräner Skipper auf folgende Fragen, die von der Crew an ihn gestellt werden, eine überzeugende Antwort haben:

▶ Wie gut kennst du das Schiff im Hinblick auf seine Ausrüstung und seine Segeleigenschaften?
▶ Welche Alternativen für den Törnverlauf gibt es, wenn das Wetter nicht mitspielt?
▶ Wie ist die Rollenverteilung geplant hinsichtlich Schiffshandhabung, Verpflegung an Bord und eventueller Notfälle?

# 2.4 Technische Aspekte in der Törnplanungsphase

Sofern der geplante Törn auf einem Charterboot gesegelt wird, ist es unabdinglich, dass der Skipper einige Ausrüstungsgegenstände mitbringt, die in der Regel nicht oder nicht ausreichend an Bord vorhanden sind. Dazu gehören zuerst einmal Seekarten, Seehandbücher und Hafenführer.

Zwar gibt es in der Regel auf einem Charterschiff die notwendigsten Seekarten, doch sind diese oft veraltet und/oder in schlechtem Zustand. Auch fehlen häufig Detailkarten größeren Maßstabs. Hinzu kommt, dass es möglicherweise unterwegs wetterbedingt notwendig wird, Häfen anzulaufen, die ursprünglich nicht auf dem Törnplan waren. Also ist es sinnvoll, auch die Seekarten und Hafenpläne für eine alternative Planung dabeizuhaben.

Eine große Hilfe für die Planung in der Seekarte ist natürlich ein elektronisches Seekartenprogramm auf einem mobilen Kartenplotter oder auf dem Laptop. Insbesondere für Smartphones und Tabletts (zum Beispiel iPad) gibt es seit einiger Zeit sehr leistungsfähige und zudem preiswerte Seekartenprogramme inklusive Navigationssoftware.

Ob das Herunterladen von fremd erstellten Wegpunktlisten sinnvoll ist, muss jeder Skipper selbst entscheiden. Solche Listen gibt es unter anderem im Internet auf navigatorisch orientierten Websites und auch in Seehandbüchern. Abgesehen aber vom Risiko, dass sich Tippfehler in die Koordinaten eingeschlichen haben, erscheint es einem erfahrenen Segler immer etwas suspekt, fremd gesetzte Vorgaben blind zu übernehmen. Der kompetente Skipper wird sich seine Wegpunkte abhängig von den Gegebenheiten der konkreten Situation wohl eher selbst setzen wollen.

Grundsätzlich muss jeder Skipper für sich selbst entscheiden, ob er bereit ist, die Navigation an Bord ausschließlich auf einem elektronischen Gerät zu betreiben, oder ob er traditionell auf Papierkarten mitkoppelt. Die Tendenz geht heutzutage zwar eindeutig zur elektronischen Seekarte, doch muss dazu gesagt werden, dass dies mit etlichen Risiken verbunden ist. Das gilt besonders, wenn das elektronische Gerät nicht fest eingebauter Bestandteil des Cockpits ist. Bei 25 Knoten Wind und mehr, Kurs hoch am Wind auf offener See gesegelt, ist ordentliche Navigation an einem mobilen Laptop wegen der groben Schiffsbewegungen nicht mehr möglich. Und selbst wenn das Gerät mit Gummibändern oder Klettband befestigt ist, macht es Mühe, die Tastatur zu bedienen. Die gute alte Seekarte hingegen erfüllt auch bei Beaufort 8 noch ihren Zweck, sogar dann, wenn sie bei einer 30-Grad-Krängung vom Kartentisch fällt!

### Eine Bemerkung zum Gebrauch von Kartenplottern im Allgemeinen

Es kann nicht oft genug betont werden, dass die meisten Seekartenprogramme wichtige Details wie Untiefen und Tonnen zwar im Prinzip anzeigen können, dies aber keineswegs auch immer tun. Bei der Wahl eines kleineren Darstellungsmaßstabs werden meist viele Details ausgeblendet, um die Lesbarkeit der elektronischen Seekarte auf dem relativ kleinen Bildschirm nicht zu sehr zu verschlechtern. Hinzu kommt, dass wahrscheinlich nicht jedes Besatzungsmitglied sicher mit einem Plotter umgehen kann. Erscheinen im Maßstab 1:20 000 alle Tonnen und Untiefen, so ist dies keineswegs der Fall bei Verkleinerung des Maßstabs auf 1:100 000. Das kann fatale Folgen haben ...

Es folgt eine Liste der Dinge, die erfahrungsgemäß oft an Bord fehlen und die der Skipper besser selbst mit an Bord bringen sollte:
- ▶ eigene Seekarten, in die der Skipper seine persönlichen Eintragungen machen kann,
- ▶ eventuell ein elektronisches Seekartenprogramm (siehe oben),
- ▶ See- und Hafenhandbücher zum besegelten Revier,
- ▶ ein Logbuch für die juristisch notwendigen Eintragungen. Dies kann eine formlose unbeschriebene Kladde sein. Es muss nicht das Leder gebundene, vorstrukturierte Buch aus dem Fachverlag sein,
- ▶ ein Hand-GPS,
- ▶ eigenes Fernglas 7x50,
- ▶ ein Hand-UKW-Gerät (mobiles VHF),
- ▶ die persönliche EPIRB-Seenotrettungsboje,
- ▶ Kursdreiecke, Stechzirkel, Bleistifte,
- ▶ einige wasserdichte Handlampen und eine Stirnlampe,
- ▶ Mensch-über-Bord-Blitzlichter für jedes Besatzungsmitglied,
- ▶ einen Handpeilkompass für terrestrische Peilungen,

▶ einige Meter dünne Leine und Bändsel verschiedener Dicke für verschiedene Einsatzbereiche, beispielsweise um kurzfristig etwas verbinden zu können,

▶ Tape, gewebeverstärkt genauso wie Isolierband, multifunktionell einzusetzen,

▶ einige Reserveschäkel verschiedener Größen,

▶ eventuell einen Weltempfänger für Wetterberichte.

Sofern eine Nachtfahrt geplant ist, gehört auch das entsprechende Leuchtfeuerverzeichnis an Bord, um Leuchttonnen und Leuchtfeuer identifizieren zu können.

Um seiner Crew die Vorbereitung auf den Törn zu erleichtern, sollte der Skipper jedem Besatzungsmitglied folgende Checkliste anbieten:

▶ Rettungsweste, mit funktionsfähigem Auslösemechanismus,

▶ Lifebelt, in der Länge regelbar,

▶ $CO_2$-Ersatzpatrone, eventuelle Transportprobleme bei Flugreise einplanen,

▶ Ölzeug, dem Klima des Segelreviers angepasst,

▶ warme Unterkleidung in eher kaltem Segelrevier,

▶ Stiefel, sofern das zu erwartende Wetter diese erfordern,

▶ Bordschuhe mit weicher, heller Sohle,

▶ eventuell Segelhandschuhe,

- ▶ eventuell eigenes Hand-GPS,
- ▶ eventuell persönliche EPIRB-Seenotrettungsboje,
- ▶ Ladegerät für das Handy,
- ▶ eigene wasserdichte Taschenlampe,
- ▶ eigenes Kopfkissen,
- ▶ Schlafsack oder Bettdecke,
- ▶ Sonnenbrille mit Sicherungsbändsel,
- ▶ Reservebrille,
- ▶ Sonnencreme,
- ▶ eventuell Seekrankheitsmittel.

Eine absolut notwendige Frage in der Törn-Vorbereitungsphase betrifft die technische Ausrüstung des Schiffes. Zwar kann erst zum Zeitpunkt der Schiffsübernahme geklärt werden, ob alle Geräte und Einrichtungen auch wirklich funktionieren, doch sollte man sich bereits einige Wochen vor Törnbeginn darüber informieren, was prinzipiell an Technik an Bord ist, um notwendige Ergänzungen vorbereiten zu können.

Folgende Fragen zur technischen Ausrüstung sollten daher nicht erst am ersten Segeltag, sondern einige Wochen zuvor geklärt werden:
- ▶ Welche Segel sind an Bord?
- ▶ Welches Reffsystem ist vorhanden?
- ▶ Welche Maschine ist eingebaut?
- ▶ Wie groß ist das Tankvolumen für Diesel und Wasser?
- ▶ Was ist an navigatorischer Ausrüstung am Kartentisch vorhanden?
- ▶ Wie viele Kojen sind inklusive Stauraum effektiv nutzbar?
- ▶ Welches Werkzeug und welche Ersatzteile (Dieselfilter und ähnliches) sind an Bord?

# 2.5 Törnplanung navigatorisch und meteorologisch

Ob ein Törn zur Zufriedenheit aller Besatzungsmitglieder verläuft, hat wesentlich auch damit zu tun, ob die in der Planung gesetzten Törnziele erreicht wurden. Oft wird der Fehler gemacht, zu viele Häfen und Inseln, zu viele Seemeilen in die zur Verfügung stehende Zeit hineinzupacken. Ein Törn auf einer Segelyacht wird wetterabhängig gesegelt und ist somit nicht vergleichbar mit einer Auto- oder Zugreise. Eine Zeitreserve ist auf jeden Fall einzuplanen. Andererseits sollen aber »die schönsten Wochen des Jahres« optimal genutzt werden. Zwar soll der Törn auch Erholung bringen, doch möchten gleichzeitig die meisten Crews möglichst viele der Highlights auf Inseln und in Häfen »mitnehmen«. Es ergibt sich somit ein Konflikt zwischen notwendiger zeitlicher Reserve einerseits und optimaler Zeitnutzung andererseits.

Wie können diese etwas widersprüchlichen Forderungen unter einen Hut gebracht werden? In der Praxis hat sich folgendes Grundmuster als sinnvoll erwiesen:

Es wird eine Liste der Häfen, Inseln, Ankerplätze angefertigt, die den Wünschen der Crew entspricht. Die Distanzen werden ermittelt und für eine mittelgroße Yacht mit einer Durchschnittsgeschwindigkeit von etwa 4 Knoten durchgerechnet. 4 Knoten sind wenig, doch ist hier ein eher pessimistischer Wert angebracht, denn es soll ja nicht sofort der dröhnende Motor gestartet werden, sobald der Wind ein wenig nachlässt. Es wird nun ermittelt, ob die Wunschliste überhaupt zeitlich realistisch ist. Bei einem einwöchigen Törn zum Beispiel sollten in der Regel nicht mehr als fünf oder sechs Häfen oder Inseln angelaufen werden.

Der entscheidende Planungsansatz ist, dass der Törn zeitlich nicht jeweils zur Hälfte in eine Hin- und Rückreise eingeteilt wird, sondern dass man für die Hinreise EIN DRITTEL und für die Rückreise ZWEI DRITTEL der zur Verfügung stehenden Zeit einplant. Nur so lässt sich gewährleisten, dass unterwegs kein zeitlicher Stress aufkommt.

Wie lange tagsüber gesegelt wird, ist nicht nur von den Wünschen der Crew abhängig, sondern natürlich ganz wesentlich von der Richtung und Stärke des Windes. Bei einem Kreuzkurs mit wechselnden Schlägen hoch am Wind muss die geradlinig gemessene Distanz der Tagesetappe je nach Kreuzeigenschaften des Schiffes mit dem Faktor 1,5 bis 2 multipliziert werden, was dementsprechend die Segelzeit verlängert. Darum ist es auch wichtig, morgens vor dem Auslaufen den Wetterbericht zu hören, um die Notwendigkeit des Kreuzens beurteilen zu können.

*Abbildung zu unterschiedlichen Kreuzkursen mit verschiedenen Wendewinkeln und den Streckenverlängerungen.*

## Karten- und Bücherstudium

Aktualisierte, amtliche Seekarten vom BSH (Bundesamt für Seeschifffahrt und Hydrographie) bekommt man über die einschlägigen Vertriebsstellen wie zum Beispiel Hansenautic in Hamburg. Allerdings gibt es seit einiger Zeit immer weniger ausländische Seekarten, die überarbeitet vom BSH als deutsche Karten herausgegeben werden. Daher verkaufen die Vertriebsstellen mehr und mehr Originalseekarten aus dem Karteninstitut des Staates, in dem gesegelt wird, beispielsweise aus England die BA-Karten (British Admiralty) und aus Frankreich die SHOM-Karten (Service Hydrographique et Océanographique de la Marine).

Wichtig zu wissen ist es, dass offizielle Karten international englische Abkürzungen tragen und folglich der Skipper diese Abkürzungen lesen können muss. Die schnellste Art dies zu lernen, ist der Erwerb der sogenannten Seekarte Nummer 1, der INT 1, die alle Symbole, Zeichnungen und Abkürzungen mit ihren Erklärungen enthält, die auf offiziellen Karten vorkommen. Offizielle Karten werden vor dem Verkauf wöchentlich aktualisiert, sodass der Skipper weitgehend sicher sein kann, dass alle Details auf der Karte der Realität entsprechen.

Sportbootkarten (zum Beispiel von Imray oder aus dem Delius Klasing Verlag) sind meist preiswerter als offizielle Karten, doch werden sie meist nur in mehrjährigen Intervallen aktualisiert. Dies ist besonders in Seegebieten mit sich verlagernden Sandbänken wie zum Beispiel der Nordsee, dem Ärmelkanal oder Teilen der Ostsee oder Nordafrikas äußerst gefährlich. Sektoren von

*Seekarte auf dem Kartentisch und Kartenplotter.*

Leuchtfeuern müssen geändert werden, Tonnen müssen neu verlegt werden ... Hingegen erfordern Karten von felsigen Küsten wie die der Bretagne, Schwedens, Irlands oder Schottlands seltener eine Aktualisierung, sodass Sportbootkarten hier vertretbarer sind.

Sportbootkarten haben noch einen weiteren Vorteil: Sie sind im Format etwas kleiner, sodass sie voll aufgeklappt auch auf die in letzter Zeit leider immer kleiner gebauten Kartentische moderner Yachten passen. Ob allerdings diese Entwicklung weg vom Kartentisch hin zum Kartenplotter im Cockpit sinnvoll ist, wird – nebenbei bemerkt – von mir sehr stark bezweifelt.

Neben Seekarten ist die vorbereitende Lektüre von See- und Hafenhandbüchern unverzichtbar. Wer als Skipper erst im letzten Moment vor der Ansteuerung eines Hafens das Hafenhandbuch konsultiert, handelt fahrlässig, denn insbesondere bei viel Wind lassen sich nicht schnell genug die Details und wechselnden Kurse einer möglicherweise wegen Untiefen schwierigen Ansteuerung erfassen. Nicht immer ist die Betonnung ausreichend, um ohne Detailkarte einen Hafen sicher anzusteuern zu können. Hafenpläne, zu finden in Hafenhandbüchern, geben darüber hinaus Auskunft über die Aufteilung und Infrastruktur des Hafens, insbesondere über die Lage der Gastliegeplätze.

Ein Detail, dessen Bedeutung manchmal bei Seekarten übersehen wird, ist die geografische Bezugsnorm der Karte im Hinblick auf die Benutzung eines GPS. Die auf europäischen Karten inzwischen weitestgehend benutzte Norm nennt sich WGS 84 (World Geodetic System 1984). Die Norm beschreibt ein mathematisch-geometrisches Verfahren, nach dem die dreidimensionale Gestalt der Erdoberfläche in eine zweidimensionale Form (Karte) gebracht wird, ohne beim Gebrauch eines GPS-Empfängers allzu große Winkel- oder Streckenungenauigkeiten zu verursachen. Die Ursache des Problems liegt in der Tatsache, dass die Erde keineswegs eine perfekte Kugel ist, sondern bedingt durch ihre Rotation und durch Unregelmäßigkeiten der Verteilung von Land und Wasser nur grob einer Kugel ähnelt. Die Erde ist – geometrisch gesprochen – ein sogenanntes Rotationsellipsoid. Ihr Querschnitt durch Nord- und Südpol, senkrecht zum Äquator, stellt eine etwas unregelmäßige Ellipse dar.

Rotationsachse

360° in 24 h

Radius zum Pol 6357 Km

Radius am Äquator 6378 Km

Verformung zum Rotationsellipsoid

Der Abstand zwischen Nord- und Südpol ist etwa 43 Kilometer geringer als der Durchmesser des Äquators.

Für den GPS-Nutzer an Bord ist dies deshalb von Bedeutung, weil einerseits an Bord keineswegs immer Karten in der WGS-84-Norm vorhanden sind und andererseits auch keineswegs immer alle GPS-Geräte auf diese Norm eingestellt sind. Nur bei Übereinstimmung der Norm von GPS-Gerät und Kartennorm ist eine ausreichende Genauigkeit der Positionsübertragung gewährleistet. Bei abweichenden Normen kann es durchaus im Extremfall zu mehreren Seemeilen Abweichung kommen, was dann den Wert der GPS-gestützten Navigation infrage stellt. Die meisten GPS-Empfänger sind allerdings auf unterschiedliche Normen einstellbar und somit der gegebenen Kartennorm anzupassen.

Eine Frage, die jeder Skipper für sich selbst beantworten muss, betrifft die Benutzung fremder Wegpunktlisten aus Hafen- und Seehandbüchern. Ich bin der Meinung, dass das Risiko von Druckfehlern zu groß ist und ohnehin die sinnvolle Lage eines Wegpunktes wetterabhängig sehr verschieden sein kann. Dasselbe gilt für das Erstellen von sogenannten Routen, also der Aneinanderreihung mehrerer Wegpunkte in einem automatisch ablaufenden Programm. Zu oft wechselt der Wind seine Richtung, um zu Törnbeginn bereits sicher sein zu können, bestimmte Wegpunkte in fester Reihenfolge anzulaufen.

## Abkürzungen zum Gebrauch des GPS

Leider sind die im Handel üblichen GPS-Empfänger im Gegensatz zu Radargeräten auch heute noch nicht international übereinstimmend in ihren Funktionen beschriftet.

Nachfolgend die gängigsten Abkürzungen auf den Funktionstasten:

**COG** = Course over ground – Kurs über Grund,
**SOG** = Speed over ground – Fahrt über Grund,
**WPT** = Waypoint – Wegpunkt,
**LAT** = Latitude – Breite,
**LON** = Longitude – Länge,
**BRG** = Bearing – Peilung,
**RNG** = Range – Reichweite (Abstand),
**DST** = Distance – Abstand,
**XTE** = Cross Track Error – senkrechter Abstand zur Soll-Kurslinie.

Der ehrgeizige Skipper wird über das Kartenstudium hinaus vielleicht auch versuchen, die Sprache des Segelreviers wenigstens ansatzweise zu erlernen. Zwar kommt man vielerorts mit englisch recht weit, aber in manchen Ländern wird der Wetterbericht auf UKW nur in der Landessprache gesendet. Außerdem öffnen sich im Hafen mit ein paar netten Worten in der Landessprache manche Türen doch etwas schneller.

## Klima und Wetter

Um einen Törn optimal zu planen und auch eventuell wetterbedingt notwendige Törnalternativen im Hinterkopf zu haben, ist neben einem intensiven Kartenstudium vor allem die Lektüre von Klima- und Wetterstatistiken des betreffenden Seegebietes wichtig.

So gilt es beispielsweise bei der Planung eines Rundtörns durch die Inseln der dänischen Südsee oder durch das Archipel der Kanaren zu entscheiden, in welchem Drehsinn der Törn sinnvollerweise gesegelt wird. Im Uhrzeigersinn oder in Gegenrichtung?

Irgendwann muss in der Regel ohnehin gekreuzt werden. Doch – sofern er die Wahl hat – sollte der Skipper den anstrengenderen Teil des Törns eher in das erste Drittel der Törnplanung legen. Das primäre Beurteilungskriterium ist die zu erwartende, statistisch vorherrschende Windrichtung. Heutzutage gibt es auch schon längerfristig einigermaßen zuverlässige Wetterberichte, sodass zumindest die Windrichtung tendenziell für die nächsten Tage abgeschätzt werden kann. Ferner gibt es vom Bundesamt für Seeschifffahrt und Hydrographie (BSH) statistische Veröffentlichungen zu den vorherrschenden Wetterlagen in allen Seegebieten dieser Erde, die sogenannten Monatskarten (siehe Literaturliste im Anhang). Auch die Seehandbücher geben in der Regel hierzu Informationen.

Natürlich muss die tatsächlich eintretende Großwetterlage während des Törns nicht unbedingt den statistischen Wahrscheinlichkeiten entsprechen. Die Konsequenz daraus kann nur lauten: Wir planen auch Alternativen mit ein. Wie könnte ein Plan B aussehen? Zu jeder Törnplanung gehört also die Frage, welche Häfen oder Schutzbuchten können im Falle eines Problems, sei es technisch, sei es wetterbedingt, als Nothafen möglichst schnell und sicher angelaufen werden? Das See- oder Hafenhandbuch gibt die Antwort.

In einem inselreichen Gewässer wie beispielsweise Kroatien ist es fast immer relativ leicht, bei Starkwind nach Lee abzufallen und unter der nächsten Insel Schutz zu suchen. An einer insellosen, geraden Küste wie beispielsweise an der italienischen Adria ist dies nicht möglich. Wenn dann in einer Problemsituation in Lee kein leicht anzulaufender, sicherer Hafen liegt, ist guter Rat teuer.

Im Vorbereitungsgespräch zwischen der Crew und dem Skipper darf die folgende Frage nicht fehlen:

AB WELCHER WINDSTÄRKE BLEIBEN WIR IM HAFEN?

Die Antwort ist keineswegs leicht zu finden. Folgende Variablen sind zu berücksichtigen:

- ▶ Erfahrung und Belastbarkeit der Crew,
- ▶ Größe und Seetauglichkeit des Schiffes,
- ▶ Dauer und Fetch des zu erwartenden Starkwindes,
- ▶ geplanter Kurs zum Wind,
- ▶ zur Verfügung stehende Zeit.

Erstes Kriterium sollte die Erfahrung und Belastbarkeit der Crew sein. Während mit einer erfahrenen, motivierten Crew auch ein Amwindkurs bei Beaufort 7 bis 8 durchaus noch zu segeln sein kann, ist eine Anfängercrew möglicherweise schon bei Windstärke 5 überfordert und wird seekrank. Große Krängung von ständig mehr als 25 Grad und hartes Stampfen in grober See machen jede Bewegung an und unter Deck zur gymnastischen Übung. Stürze und mögliche Verletzungen werden folglich wahrscheinlicher.

Dass ferner die Bootsgröße eine Rolle spielt, ist selbstverständlich. Für ein 8-Meter-Boot ist ein Kreuzkurs bei Beaufort 5 möglicherweise schon eine Grenzbelastung, während eine 14-Meter-Yacht locker 7 bis 8 Windstärken auf allen Kursen wegsteckt. Andererseits muss aber auch gesagt werden, dass ein gut vorbereitetes und gut ausgerüstetes 8-Meter-Boot durchaus seetüchtiger sein kann als eine vernachlässigte 14-Meter-Yacht.

Es macht einen großen Unterschied, ob ein Starkwind von Beaufort 7 bis 8 nur kurzzeitig zum Beispiel durch einen Düseneffekt zwischen zwei gebirgigen Inseln auftritt oder ob er tagelang über eine große Seefläche hinwegblasen kann. Der sogenannte Fetch ist die dem Wind zur Verfügung stehende freie Seefläche nach Luv, über der sich der Seegang aufbaut.

Somit kann es im konkreten Fall durchaus vertretbar sein, kurzzeitigen raumen Starkwind von Beaufort 8 aus Nord zum Beispiel zwischen Teneriffa und Gomera in Kauf zu nehmen, um zügig binnen weniger Stunden nach Gran Canaria zu segeln.

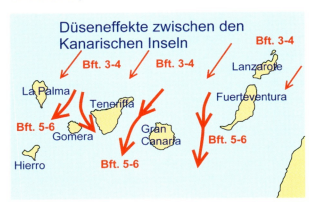

*Karte*
*Kanarische Inseln.*

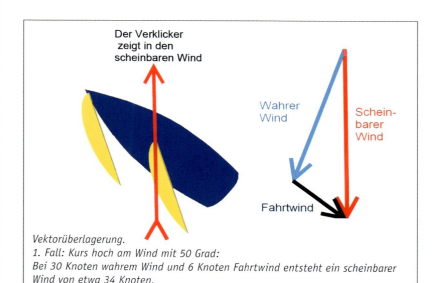

Der Verklicker
zeigt in den
scheinbaren Wind

Wahrer
Wind

Schein-
barer
Wind

Fahrtwind

*Vektorüberlagerung.*
*1. Fall: Kurs hoch am Wind mit 50 Grad:*
*Bei 30 Knoten wahrem Wind und 6 Knoten Fahrtwind entsteht ein scheinbarer*
*Wind von etwa 34 Knoten.*

Hingegen ist es sicherlich kaum einer Besatzung zuzumuten, bei 7 Windstärken von Südwest die 400 Seemeilen der Biskaya von Brest nach La Coruna
kreuzend zu überqueren.

Außerdem kommt es darauf an, ob der Wind ablandig oder auflandig ist, und
in welchem Abstand zur Küste gesegelt werden soll. Ein Törn parallel zu einer in klarer Sichtweite befindlichen Küste kann bei ablandigem Wind auch
noch bei 7 Windstärken ein Genuss sein, sofern der Fetch klein genug ist. Ein
ablandiger Starkwind von 30 Knoten (Windstärke 7 bis 8) baut bei zwei Seemeilen Abstand zur Küste nur eine Welle von maximal einem Meter Höhe auf.
Bläst hingegen der gleiche Wind auflandig und hat einen Fetch von mehr als
20 Seemeilen zur Verfügung, so beträgt die mittlere Wellenhöhe zwei bis drei
Meter, was für die meisten Crews schon das obere Limit bedeutet.

Dass der Kurs zum Wind eine entscheidende Rolle spielt, ist jedem Segler einsichtig. Wahre 7 Windstärken auf Raumwind-Kurs gesegelt, werden an Bord in Form
des scheinbaren Windes lediglich von Stärke 5 bis 6 wahrgenommen. Andersherum belastet ein wahrer Wind der Stärke 7 eine kreuzende Yacht mit etwa
Beaufort 8. In welchem Maße der Faktor Zeit mit in die Entscheidung einfließen
sollte, bei wie viel Wind noch gesegelt wird, muss jeder Skipper mit seiner Besatzung im Gespräch klären. Fakt ist, dass sehr viele Unfälle auf See ihre Ursache
darin haben, dass wegen Zeitmangels (drängende Rückgabe der Charteryacht,
schlechte Törnplanung in der ersten Hälfte der Reise ...) entschieden wird,
trotz des schlechten Wetters auszulaufen.

*Vektorüberlagerung.*
*2. Fall: Kurs mit raumem Wind 130 Grad:*
*Bei 30 Knoten wahrem Wind und 6 Knoten Fahrtwind entsteht ein scheinbarer*
*Wind von etwa 26 Knoten.*

Neben allen oben genannten Einschränkungen muss jedoch ganz klar gesagt werden: Mehr als 8 Windstärken (für viele Crews sogar nur 7) sind für den Freizeitsegler zu viel! Wenn es vermieden werden kann, bei Beaufort 8 – oder sogar mehr – auszulaufen, so sollte die Entscheidung klar lauten: Wir bleiben im Hafen!

# 3. Vorbereitungen an Bord zum Törnbeginn

## 3.1 Schiffsübernahme, Yacht-Check durch den Skipper

Sofern der Skipper sein eigenes Schiff segelt, kennt er es natürlich in der Regel bis in die letzten Winkel der Bilge. Oft wird ein Skipper allerdings für einen Chartertörn auf einem fremden Schiff angeheuert, beziehungsweise er wird in einer Gruppe von befreundeten Seglern zum Skipper ausgeguckt. Das ihm mehr oder weniger fremde Schiff muss vor dem Auslaufen in vielerlei Hinsicht überprüft werden.

Im Folgenden sollen unabhängig von der Frage ob Eignerschiff oder Charterschiff alle wesentlichen Aspekte der Schiffsübernahme behandelt werden. Falls es sich um ein Charterschiff handelt, muss der Vercharterer eine Einweisung anbieten. Eine umfassende, korrekte Übergabe des Schiffes mit der Erklärung aller wichtigen technischen Details kann durchaus etwa zwei Stunden

dauern. Nehmen Sie sich genügend Zeit für diesen bei Unstimmigkeiten auch juristisch wichtigen Vorgang. Lassen Sie sich nicht durch den Vercharterer unter zeitlichen Stress setzen. Am geschicktesten ist es wohl, wenn der Skipper die Schiffsübernahme macht, während die Crew zum Beispiel den Einkauf von Lebensmitteln für den Törn erledigt.

In der Regel kommt ein Vertreter der Charterbasis mit einer Inventarliste an Bord im Hinblick auf die Sicherheitsausrüstung, die mobile Zusatzausrüstung und die Ausstattung der Pantry. Selten allerdings kommt er mit einer umfassenden Checkliste für die Funktion aller fest eingebauten Ausrüstungsteile. Darum bringt der Skipper am besten selbst eine möglichst umfassende Liste hierfür mit (siehe Liste unten), um sicherzustellen, dass er und seine Crew unterwegs keine bösen Überraschungen erleben.

Zuerst einmal muss sichergestellt sein, dass der Skipper im Falle einer Kontrolle durch Zoll- oder Hafenbehörden über alle gültigen Papiere verfügt.

## Schiffspapiere sind:
▶ die Schiffsregistrierung im Land des Heimathafens,
▶ der Haftpflicht-Versicherungsnachweis und
▶ in vielen Ländern auch die Charterzulassung.

Beim anschließenden Durchgehen der vom Vercharterer mitgebrachten Checkliste der Sicherheitsausrüstung und der weiteren mobilen oder fest eingebauten Ausrüstung ist es empfehlenswert, dass sich der Skipper dazu Notizen macht und selbst den Zustand kurz auf einer eigenen Liste festhält: Gerät ist ... o.k., teilweise defekt, defekt, nicht vorhanden.

Oft ist es zusätzlich sinnvoll, ein Foto vom Zustand eines eventuell suspekten Ausrüstungsgegenstandes vor dem Törnbeginn zu machen: die verbogene Relingsstütze, das angebrochene Glas der Hecklaterne, der kleine Gelcoatschaden am Steven. Merke: Nicht reklamierte Mängel bei der Übernahme werden gegebenenfalls der neuen Crew bei der Abgabe der Yacht angelastet.

## Checkpunkte Schiffsausrüstung
▶ Sicherheitsausrüstung: stationäres UKW-Seefunkgerät (VHF), Handfunkgeräte, Rettungswesten, Lifebelts, Lifelines, Mensch-über-Bord-Ausrüstung, Rettungsinsel, Seenotsignalmittel, Lenzpfropfen, Feuerlöscher, Erste-Hilfe-Kasten, Nebelhorn, Bolzenschneider, Notpinne.
▶ Seemännische Ausrüstung: Sind ausreichend viele und genügend große Fender an Bord (mindestens fünf, besser sechs oder sieben)? Gibt es mindestens vier Festmacher ausreichender Länge und Dicke? Ist das

Ankergeschirr ausreichend dimensioniert? Wie lang ist die Ankerkette (mindestens 3-fache Schiffslänge)? Funktioniert die Ankerwinsch? Gibt es einen Reserveanker?

▶ Navigationsausrüstung: Echolot, auf welches Niveau geeicht? Unter Kiel? Unter Geber? Unter Wasserlinie? Ist die Logge geeicht? Ist der Steuerkompass, falls nötig (Stahlschiff) kompensiert? Peilkompass vorhanden? Radar, im Head-up-Modus wirklich in Kielrichtung geeicht? GPS, auf Kartennorm (in Europa WGS 84) geeicht? Gibt es einen Kartenplotter? Wie funktioniert er? Welche Kartenmodule sind an Bord? Sind alle zugehörigen Bedienungsanleitungen an Bord? Welche Geräte gibt es an Bord zum Empfang von Wetterberichten? Ist das Windmessgerät funktionsfähig? Ist eine mechanische Windex im Masttopp vorhanden? Sind alle benötigten Seekarten, Hafen- und Seehandbücher an Bord?

▶ Elektrik: Wo sind die Batterieschalter? Gibt es eine Trennelektronik zwischen den Batteriebänken für Motor und Servicebereich? Funktionieren alle Positionslaternen (Bug, Heck, Dampferlicht, eventuell Dreifarbenlaterne, Ankerlaterne)? Sind Ersatz-Glühlampen vorhanden? LED-Technik? Wie funktioniert der Autopilot?

▶ Gasanlage: Wo ist die Gasflasche? Gibt es eine Reserveflasche? Welche Absperrhähne gibt es? Sind Herd und Backofen funktionsfähig? Welche Zündsicherungen gibt es?

▶ Rigg und Segel: Wo sind welche Leinen und Strecker? Großschot, Fockschot, Großfall, Fockfall, Baumniederholer, Dirk, Holepunktverstellung, Achterstagspanner, eventuell Rodkicker. Sind alle Wanten und Stagen ordentlich festgeschraubt? Welche Segel sind an Bord? Gibt es neben der Rollgenua zusätzliche Starkwindsegel? Sturmfock? Welches ist das montierte Reffsystem? Rollreff oder Bindereff? Falls mit Rollgroß ausgerüstet, eine wichtige Frage: Rollt es wirklich, ohne zu klemmen?

▶ Schiffsrumpf: Ruderanlage, leichtgängig, nicht zu viel Spiel? Wo befindet sich der Ruderquadrant? Steuerseile in gutem Zustand? Notpinne? Wo sind die Seeventile? Gibt es im Durchmesser passende Lenzpfropfen? Sind alle Relingsstützen fest verankert? Bugkorb und Heckkorb ebenfalls fest? Sind alle Fenster und Luken dicht? Ist die Bilge trocken und sauber? Hat der Rumpf in der Außenhaut eventuell Gelcoatschäden? Sind dem Vercharterer Grundberührungen aus der Vergangenheit bekannt?

▶ Dieseltanks: Wie viel Diesel ist an Bord? Volumen der Dieseltanks? Zu 100 Prozent aufgefüllt? Falls mehrere Tanks an Bord vorhanden sind, so muss geprüft werden, ob es Absperrhähne zwischen den Tanks gibt und wo sie sich befinden.

- ▶ Wassertanks: Süßwasser ist neben Diesel wohl die wichtigste Flüssigkeit an Bord. Wie groß sind die Wassertanks? Wo befinden sie sich? Wo werden sie aufgefüllt? Gibt es Absperrhähne (siehe oben)? Wo sind auf der geplanten Törnroute weitere Wassertankstellen? Wie gut ist die Wasserqualität im Charterrevier?
- ▶ Toilette: Funktionsweise? Welche Ventile müssen geöffnet und geschlossen werden? Sind die Schläuche als Schwanenhals verlegt, um ein Überlaufen zu vermeiden? Ist die Pumpe gewartet? Gibt es eine Ersatzpumpe? Gibt es einen Fäkalientank? Wie wird er benutzt? Ist er leer? Tipp: Toilettenfunktion und Durchgängigkeit der Schläuche mit Spülmittel prüfen, um sicherzustellen, dass nicht bei randvollem Fäkalientank die große Verstopfung kommt.
- ▶ Sonstiges: Sind folgende oft übersehene Ausrüstungsgegenstände an Bord: Ankerball, Bootsmannsstuhl, Beiboot, Blasebalg, Außenborder, Motoröl, Schrubber, Pütz/Eimer, Aufnehmer, Reinigungsmittel, Wasserschlauch, Adapter für verschiedene Wasseranschlusstypen?

Dem Schiffsantrieb – in der Regel ein Dieselmotor – sollte besondere Aufmerksamkeit gewidmet werden:
Sicherlich wäre es schön, wenn man auf einer Segelyacht auf den Motor völlig verzichten könnte. Schließlich will der Segler doch in frischem Wind segeln, statt Benzin- oder Dieselmief zu atmen. Wenn moderne Yachthäfen räumlich großzügiger angelegt wären und jeder Segler unbegrenzt Zeit hätte, so wären vermutlich viele Motoren auf Eignerschiffen längst wieder ausgebaut. Zwar gibt es einige wenige Puristen, die den ratternden Fremdkörper auf ihrem Boot nicht dulden, aber sie sind die Ausnahme. In vielen Häfen ist es sogar nicht einmal gestattet, unter Segeln ein- oder auszulaufen.

*Motorkontrolle.*

Die Technik der Maschine bleibt leider selbst für manche Skipper und sicherlich für viele Crewmitglieder ein Buch mit sieben Siegeln. Fachliteratur (siehe Literaturliste im Anhang) und Motorenseminare können hier Abhilfe schaffen. Der kompetente Skipper muss über folgende Punkte informiert sein:

## Checkpunkte Motor

▶ Wo befinden sich die Batterieschalter und wie werden sie betätigt? An Bord gibt es normalerweise mindestens zwei Batterien: eine für den Motorstart und eine zweite für alle anderen elektrischen Geräte. Um sicherzustellen, dass die Motor-Batterie niemals zu tief entladen wird, sind die beiden Batterien in der Regel elektrisch voneinander getrennt. Meist befindet sich ein Doppelschalter oder eine Schalterkombination am Kartentisch oder am Niedergang. Unter Segeln sollte darauf geachtet werden, dass immer nur die Service-Batterie eingeschaltet ist, um zu verhindern, dass zum Beispiel im Falle eines Kurzschlusses oder eines unabsichtlich eingeschalteten Gerätes mit hohem Stromverbrauch (Kühlschrank, Radar, Autopilot) auch die Motor-Batterie entleert wird. Es könnte fatale Auswirkungen haben, wenn erst in der Hafeneinfahrt bemerkt wird, dass der Motor nicht startet. Allerdings sind heutzutage die meisten Schiffe mit einer zuverlässigen Trennelektronik zwischen den beiden Batterien ausgerüstet, sodass ein unbeabsichtigtes Entleeren der Motor-Batterie weitestgehend ausgeschlossen wird. Prüfen Sie, ob eine solche Trennelektronik eingebaut ist!

▶ Wie wird der Motor gestartet? Im Bereich der Plicht (Cockpit), seltener unter Deck, befinden sich die Motorarmaturen mit Kontrolllampen und/oder Messgeräten für Öldruck, Ladestrom und Kühltemperatur und natürlich das Zündschloss. Bootsdiesel werden häufig nicht – wie Autos – allein durch Drehen des Zündschlüssels gestartet. Manchmal muss zusätzlich ein Startknopf gedrückt werden und oft muss auch vorgeglüht werden wie bei älteren dieselbetriebenen Autos.

▶ Wie werden die Schaltung und der Gashebel bedient? Normalerweise sind heutzutage beide Funktionen in einem Hebel an der Steuersäule zusammengefasst (Einhebelschaltung), sodass durch Bewegung nur eines einzigen Hebels sowohl eingekuppelt, als auch Gas gegeben wird. Der Skipper sollte seine Crew hierzu einweisen.

▶ Wo befindet sich das Seeventil für den Kühlwassereinlass? In der Regel unter dem Niedergang nahe am Motor liegt dieses wichtige Ventil. Es muss bei Motorbetrieb vollständig geöffnet sein, denn von dort fließt das den Motor kühlende Seewasser in den Kühlkreislauf. Bei längeren

Liegezeiten sollte dieses Ventil geschlossen werden. Leider wird aber manchmal vergessen, vor dem Motorstart das Kühlwasserventil zu öffnen. Es dauert dann meist nur ein bis zwei Minuten, bis ein schriller Alarmton auf die Überhitzung des Motors hinweist. In dem Fall den Motor SOFORT abstellen. Um diesen Stress gleich am Anfang des Törns zu vermeiden, genügt nach dem Motorstart ein kurzer Blick auf das Heck oder achtern zur Bordwand, wo aus dem Auspuff das Kühlwasser stoßweise austreten muss.

▶ Hat der Motor genügend Öl? Wo kontrolliert man den Ölstand?

▶ Ist die Motorbilge sauber? Eine schmutzige, verölte Motorbilge ist meist ein Hinweis auf ein vernachlässigtes Schiff und sollte zu Törnbeginn gereinigt werden. Nur in einem sauberen Motorraum mit trockener Bilge können eventuell auftretende Leckagen schnell lokalisiert werden.

▶ Gibt es in der Kraftstoffzuleitung einen Filter mit Wasserabscheider? Es ist insbesondere in tropischen Revieren – aber auch im Mittelmeer – nie ganz auszuschließen, dass man – ohne es zu merken – verschmutzten Diesel von einer Hafentankstelle bekommt. Nicht selten befindet sich auch Wasser im Diesel, das den Motor schnell lahmlegen kann.

▶ Sind Reserve-Ersatzfilter für Diesel und Motoröl an Bord vorhanden?

▶ Gibt es einen Werkzeugkasten? Wo ist er? Ist er ausreichend ausgestattet?

*Kontrolle des Ölstandes mit dem Ölpeilstab.*

Weitere technische Detailfragen zum Öl- und Filterwechsel, Ladeleistung der Lichtmaschine, Abgasqualität, Zustand des Getriebes sowie der Motorwelle und des Propellers sollten den ambitionierten Skipper interessieren. Die Besatzung muss hiermit nicht behelligt werden. Ein verantwortungsbewusster Skipper wird sich allerdings auch auf diese möglichen Problembereiche vorbereiten, indem er – falls er nicht ohnehin die Fachkompetenz besitzt – die maritime Fachliteratur dazu studiert (siehe Literaturliste im Anhang).

## 3.2 Yacht-Einweisung der Crew durch den Skipper

Nur selten hat der Skipper eine so kompetente und routinierte Crew, dass eine Einweisung in die Ausrüstung und Handhabung des Schiffes überflüssig ist. Es lässt sich viel Stress oder Ärger auf dem Törn vermeiden, wenn zu Törnbeginn einige grundlegende Details besprochen werden. Die übergelaufene oder verstopfte Toilette, die umgefallene Kaffeekanne auf dem kardanischen Herd, das in den Bezugsnormen verstellte GPS, der leere Wassertank, die ausgerauschte Fockschot, die seewasserdurchtränkte Vorschiffsmatratze, die verstopfte Lenzpumpe, das beschädigte Wendegetriebe ... alles das ist vermeidbar, wenn die Crew ausführlich über diese Dinge informiert wurde.

Aber es muss dabei berücksichtigt werden, dass eine einmalige Einweisung noch lange nicht den richtigen Gebrauch gewährleistet. Oft können sich insbesondere unerfahrene Crewmitglieder die vielen Aspekte nicht merken. Außerdem fehlt einfach die praktische Routine und diese wird häufig auf einem kurzen Törn nicht aufgebaut. In Stresssituationen können vor allem eingeübtes Verhalten und Wissen abgerufen werden, neu Gelerntes ohne Übung ist unter Druck oft nicht verfügbar.

Auf einem der Crew unbekannten Schiff gibt es zu Törnbeginn noch keine Routine, im Gegensatz zu den Abläufen auf einem Eignerboot. Gerade eine Chartercrew sollte darum der Törnvorbereitung besonders viel Aufmerksamkeit widmen.

Grundsätzlich gilt, dass gutes Segeln viel Vorbereitung und vorausschauendes Handeln erfordert. Unvorhergesehenes muss weitestgehend vermieden werden. Schnell kommt es auf einem Boot zu Chaos, wenn notwendige Leinen nicht rasch genug gefunden werden, plötzlich benötigte Werkzeuge fehlen oder die Aufgabenverteilung unter der Besatzung nicht früh genug und eindeutig geklärt wurde.

Es gibt ein paar allgemeine Punkte, die mit der Crew vor dem ersten Auslaufen besprochen werden müssen:

## Checkpunkte allgemeine Creweinweisung

▶ Bordschuhe: An Deck gibt es eine Vielzahl von Beschlägen, an denen man sich mit nackten Füßen schnell verletzen kann. Auch in warmen Revieren sollten darum weiche, leichte Schuhe getragen werden. Regelrechte Bordschuhe aus wasserbeständigem, weichen Leder oder Textil mit heller, weicher Sohle sind am geeignetsten. Zum Landgang werden die Schuhe sinnvollerweise gewechselt, da sonst Sand und Steinchen im Profil stecken könnten, die dem Bootsdeck nicht gut bekommen würden.

▶ Schmuck und Haare: Schmuck wie zum Beispiel Halsketten, Armreife und Ringe können böse Verletzungen beim Umgang mit Fallen und Schoten hervorrufen. Sie sollten darum bis zum Landgang unter Deck bleiben. Auch sehr lange Haare stellen ein Sicherheitsrisiko dar. Schon bei wenig Wind kann es beim Durchholen einer Schot an der Winsch passieren, dass sie sich zwischen die Turns auf der Winsch einklemmen. Oder noch schlimmer, sie werden in die Großschot eingeklemmt.

▶ Rauchen: Unter Deck sollte nicht geraucht werden. An Deck nur in Lee, um sicherzustellen, dass die Nichtraucher nicht belästigt werden. Vielleicht einigen Sie sich in der Crew auch darauf, an Bord auf das Rauchen völlig zu verzichten, um die Bordatmosphäre nicht zu belasten?

▶ Alkohol: Alkohol auf See kann ebenso fatale Auswirkungen haben wie beim Autofahren. Ob auf See völlig auf Alkohol verzichtet werden soll, müssen Sie untereinander klären. Ein kleines Bier zum Sardinensandwich ist vermutlich tolerabel. Klar muss aber sein, dass es keine alkoholbedingten Unsicherheiten bei Tätigkeiten an Deck geben darf.

▶ Seekrankheit: Wer zu Seekrankheit neigt, sollte es dem Skipper mitteilen und gegebenenfalls vorbeugend Medikamente einnehmen (Stugeron hilft beispielsweise fast jedem). Auch Rudergehen hilft häufig bei ersten Anzeichen.

▶ Großwetterlage: Der Skipper informiert vor dem Auslaufen die Crew über die Großwetterlage und die für den aktuellen Tag geplanten Kurse. Möglicherweise anzulaufende Häfen und/oder Ankerbuchten sollten im Gespräch mit der Crew vereinbart werden.

Speziell in technischer Hinsicht muss die Crew auch über die Bereiche Toilette, Fäkalien- und Süßwassertanks informiert sein:

## Checkpunkte Creweinweisung Bordtoilette + Süßwasser

▶ Toilette: Die Toilette ist auf vielen Schiffen die Problemzone Nummer eins. Die Einweisung in den richtigen Gebrauch (Pumpe, Seeventile)

*Toilette.*

*Seeventile Toilette.*

kann gar nicht gründlich genug erfolgen. Schiffsunerfahrene Besatzungsmitglieder verursachen allzu häufig Verstopfungen oder übel riechende Überschwemmungen, weil sie den richtigen Gebrauch nicht ordentlich erklärt bekommen haben oder nicht verstanden haben. Da es verschiedene, technisch unterschiedlich zu bedienende Typen gibt, muss sich der Skipper auf jedem Schiff neu die Mühe machen, jedem Crewmitglied die Funktion zu erklären.

▶ Fäkalientanks: Einweisung der Crew in die Funktion des Fäkalientanks. Wie werden die zugehörigen Ventile bedient? Entleerung nur im Hafen an Entsorgungsstationen oder weit draußen vor der Küste.

▶ Süßwassertanks: Wo befindet sich der Stutzen zum Befüllen der Süßwassertanks? Ist ein Verwechseln mit dem Stutzen für den Dieseltank ausgeschlossen? Die Crew sollte informiert sein über das maximal zur Verfügung stehende Volumen an Süßwasser. Falls es einen Tank-Füllstandsanzeiger gibt, sollte jeder an Bord diesen ablesen können. Der Skipper erklärt, wie vermieden wird, Süßwasser zu vergeuden (laufender Wasserhahn mit Elektropumpe, langes Duschen, unökonomisches Geschirrspülen).

Weiterhin sollte jedes Crewmitglied ein paar Details der Elektrik kennen:

### Checkpunkte Creweinweisung Elektrik

▶ Schaltpaneel: Alle Stromkreise an Bord sind bei professioneller Montage an einem zentralen Schaltpaneel – meist in der Nähe vom Kartentisch – zusammengefasst. Jedes Crewmitglied muss wissen, wo welches Gerät an- und ausgeschaltet wird, auch dann, wenn im Bordalltag der Skipper die Stromversorgung organisiert.

▶ Steckdosen: Zwar gibt es auf größeren Yachten (etwa ab 15 Meter Länge) einen 220-Volt-Generator, aber in der Regel arbeitet die Elektrik auf einer Segelyacht auf See mit 12 Volt. Nur im Hafen besteht die Möglichkeit mittels eines Landanschlusskabels Bordsteckdosen mit 220 Volt zu versorgen. Die Crew sollte informiert sein, welche 12-Volt- und 220-Volt-Steckdosen zur Verfügung stehen (Anschluss von Ladegeräten zum Beispiel für Handys, Fotokameras und Laptops). Auch der Anschluss des Landstromkabels muss erklärt werden.

Auf einer Segelyacht gibt es neben der elektrischen Ausrüstung eine Vielzahl von Geräten der Schiffstechnik, die die Crew nicht unbedingt überblicken und beherrschen kann und auch nicht muss. Ein guter Skipper wird sehr wohl unterscheiden zwischen den Geräten, die er seiner Crew erklären muss und denen, die unverstanden bleiben dürfen. Folgende technische Geräte/Einrichtungen sollten allerdings der Besatzung im Gebrauch klargemacht werden:

*Elektropaneel.*

## Checkpunkte Creweinweisung Technik

- ▶ Bedienung des Gasherdes.
- ▶ Verlauf aller Leinen, Fallen, Schoten, Strecker zur Segelbedienung, inklusive Refftechnik.
- ▶ Benutzung der Schotwinschen, speziell der selbstholenden Winschen.
- ▶ Bedienung des GPS.
- ▶ Bedienung der Antriebsmaschine.
- ▶ Richtige Benutzung der Ankerwinsch und des Ankergeschirrs.

Der konkrete Einsatz der Segel und der zugehörigen Leinen sowie auch die Technik des Reffens werden besser direkt auf See im Rahmen des Segelsetzens und der Segelmanöver erklärt. Im Hafen reicht es, die Lokalisierung und farbliche Kennzeichnung kennenzulernen.

Das Thema STAUEN von Ausrüstung und Lebensmitteln verdient eine vertiefte Behandlung:

Auf einem Boot muss alles seinen festen Platz haben. Wenn Sie auf Ihrem Schreibtisch zu Hause nicht sofort Ihre Brille finden, ist Ihre Existenz nicht gefährdet. Wenn Sie aber in dunkler Nacht vor den unbeleuchteten Ansteuerungstonnen eines kleinen Fischerhafens an felsiger Küste Ihr Fernglas nicht finden, so kann das unter außergewöhnlichen Umständen bis zum Totalverlust des Schiffes führen. Auf jeden Fall wird es Stress auslösen. Und genau das wollten Sie doch eigentlich beim Segeln vermeiden, oder?

Der Skipper sollte jedem Crewmitglied einen Bereich zuweisen, einen Stauraum, wo persönliche Dinge untergebracht werden können. Während eines Törns kann nicht eine Besatzung von vier, fünf oder gar sechs Personen seine Fotoapparate, Sonnenmilchflaschen, Handtücher, Brillenetuis, Reiseführer im Salon oder gar in der Plicht herumliegen lassen. Zum Seeklar-Machen ist es unabdinglich, dass nicht nur die Bootsausrüstung funktionsbereit und schnell auffindbar gestaut ist, sondern auch alle persönlichen Dinge der Crew aufgeräumt und sicher gestaut sind.

Es ist eine Selbstverständlichkeit, dass Segelyachten auf See krängen. Wenn das Deck so schräg zum Horizont steht wie eine Skipiste, ist normalerweise jedem klar, dass unverschlossene Weinflaschen nichts mehr auf dem Tisch zu suchen haben. Es sollte selbstverständlich sein, dass auf einer in Kürze auslaufenden Segelyacht alles, was umfallen oder hin- und herrutschen könnte, fest verstaut wird. Nur sind leider oft die eingeschliffenen Gewohnheiten aus dem Leben an Land stärker als das Bewusstsein für die neue mobile Situation. Die gedankenlos weggelegte Rolle Toilettenpapier wird sich auf See garantiert einige Meter weit abrollen und die nicht gut verschlossene Wasserflasche, die im Hafen noch brav in der Ablage neben Ihrer Koje stand, wird sich mit hoher

Wahrscheinlichkeit auf See über Ihrem Schlafsack entleeren. Die offene Zuckerdose wird ihren Inhalt im Gewürzschrank verteilen und der Kochtopf mit Essensresten vom gestrigen Abend landet als spritzendes Wurfgeschoss auf dem Kartentisch.

Daher sollte der Skipper allen Mitseglern diese vielleicht ungewohnte »Ordnungsliebe« erklären und dringend nahelegen.

Sie können sich selbst und dem Skipper viel Stress ersparen, indem Sie Ihre persönlichen Sachen ebenso wie alle benutzten Dinge an Bord so legen, dass sie möglichst auch noch bei 30-Grad-Krängung nicht umfallen oder hin- und herrutschen. Aber sogar bei ruhiger See oder einem Kurs ohne Krängung (raumschots) kommt es manchmal unerwartet zu heftigen Schiffsbewegungen durch ein nahe vorbeifahrendes Motorboot oder eine Fähre auch in größerem Abstand. In inselreichen Gewässern wie der Ägäis fallen nicht selten aus heiterem Himmel kräftige Fallböen aus den Bergen ein, die das Schiff binnen Sekunden mit der Seereling ins Wasser drücken.

Darum: Die Kabinen genauso wie die Pantry müssen vor dem Ablegen aufgeräumt sein. Alle Kochutensilien liegen an ihrem Ort und alle Lebensmittel sind seefest gestaut. Über die schlecht verschlossene, im Kühlschrank umgekippte Milchflasche freut sich die Küchencrew ebenso wenig wie über die auf die Bodenbretter verteilten Reste der Spaghettisoße vom Vorabend.

Dasselbe gilt für den Kartentisch: Schreibutensilien, Kursdreiecke, Hand-GPS und natürlich auch der Laptop gehören funktionsorientiert sinnvoll seefest gestaut.

Ein Detail, das manch ein Neuling in der Crew für übertriebenes Kapitänsgehabe hält, ist die Forderung vieler Skipper, dass der Kartentisch wirklich Kartentisch bleibt und nicht als Abstellfläche für Teebecher, Bierdosen oder Sonnencreme dient. Wenn der Navigator auf der Seekarte die nur klein eingezeichnete Untiefe unter dem Kaffeefleck nicht mehr sieht, ist dies vielleicht das schmerzhafte Ende des Törns.

Jedermann in der Crew sollte sich also bemühen, alle momentan nicht benutzten Dinge so gut es geht wegzuräumen und krängungssicher zu stauen.

### Checkpunkte Creweinweisung Stauen an Bord

▶ Flaschen, Dosen, offene Behälter, alles, was seinen Inhalt beim Umfallen verlieren könnte, gehört ordentlich, fest weggestaut.

▶ Alles, was in Stauräumen oder auf Ablagen rollen kann, muss auf See, insbesondere auch vor Anker rutschsicher gelagert werden.

▶ Alles, was zur Bootsausrüstung gehört, muss schnell gefunden werden können, folglich einen festen Platz haben. Nach Gebrauch darum bitte alles wieder an seinen ursprünglichen Platz legen.

> Die für einen längeren Törn eingekauften Lebensmittel, Getränke und Utensilien sind in der Regel mangels ausreichenden Stauraums nicht allesamt in der Pantry unterzubringen. Verteilt über das Schiff ist es jedoch keineswegs leicht, alles wiederzufinden. Darum ist ein schriftlicher Stauplan hier von Vorteil, aus dem hervorgeht, was wo gestaut wurde.

**Rollenverteilung:**

Um das oben Gesagte sicherzustellen, ist es auf Schiffen durchaus üblich, wichtige Aufgaben auf die Crewmitglieder zu verteilen. Bei längeren Törns kann die Aufgabenzuordnung auch rotierend organisiert sein. Folgende Bereiche sollten in den Verantwortungsbereich jeweils eines Crewgliedes gegeben werden:

▶ Stauen von Lebensmitteln, Kontrolle der Vorräte,
▶ Verschlusszustand der Fenster und Luken auf See,
▶ Füllzustand des Wassertanks, Auffüllen im Hafen,
▶ Motorkontrolle, Füllstand des Dieseltanks.

# 3.3 Sicherheitseinweisung

Es ist unmittelbar einsichtig, dass, ohne eine eingehende Sicherheitseinweisung durchgeführt zu haben, nicht ausgelaufen werden sollte. Im Extremfall sind durchaus lebensgefährliche Unfälle an Bord leicht möglich wie beispielsweise eine Gasexplosion am Herd oder eine Mensch-über-Bord-Situation in schwerer See.

Aus juristischen Gründen – für den Fall, dass es tatsächlich zu einem Unfall oder zu einer Havarie kommt – ist es sinnvoll, dass der Skipper eine Logbucheintragung vornimmt über die durchgeführte Einweisung der Crew in alle wichtigen Fragen der persönlichen Sicherheit und der Schiffssicherheit. Auch wenn es die

Crew vielleicht für übertrieben ansieht, ist es empfehlenswert die Logbucheintragung von der Crew gegenzeichnen zu lassen.

## Checkpunkte Sicherheitseinweisung

▶ **Rettungswesten:** Auf ein Schiff gehören so viele Rettungswesten, wie Kojen an Bord sind. Meist gibt es allerdings auf Charterschiffen nur wenig komfortable Feststoffwesten. Darum ist es durchaus sinnvoll, eigene aufblasbare Automatikwesten mitzubringen. Der Skipper muss sicherstellen, dass jedes Crewmitglied eine seiner Körpergröße angepasste Weste zur Verfügung hat und diese schnell und sicher anlegen kann. Dazu gehört auch der Lifebelt, mit dem ein sicheres Einpicken in Augbolzen in der Plicht oder in die Lifeline an Deck bei Schwerwetter möglich ist.

▶ **Rettungsinsel:** Im äußersten Notfall an Bord (Feuer im Schiff, schwerer Wassereinbruch, sinkendes Schiff) hilft nur noch die Rettungsinsel. Jedes Besatzungsmitglied muss wissen, wo sie sich befindet, wie sie ausgelöst wird und wie man einsteigt.

▶ **Seenotsignale:** Der Gebrauch der Seenotsignal-Ausrüstung in Form von Handfackeln, Leuchtkugel-Raketen, Rauchbomben muss jedem an Bord vertraut sein.

▶ **Mensch über Bord:** Für das Mensch-über-Bord-Manöver hat jede Charteryacht mindestens einen Rettungskragen am Heckkorb, am besten zusätzlich mit Schwimmleine und Blitzlicht versehen. Im Hafen wird der Gebrauch theoretisch erklärt. Anschließend auf See sollte zu Törnbeginn das Manöver auch praktisch zur Übung gefahren werden, zumindest mit einem Fender.

▶ **Erste Hilfe:** Wo befinden sich der Erste-Hilfe-Kasten und die Medikamente?

▶ **Schutz vor/Hilfe bei Wassereinbruch:** Zu öffnende Luken und Seeventile können ein Sicherheitsrisiko darstellen. Jedes Crewmitglied muss informiert sein, wann wo welche Luken und Seeventile zu schließen sind. Sofern sich zu öffnende Luken in der Bordwand befinden, müssen diese vor dem Auslaufen fest verschlossen werden. Gleiches gilt für die Luken an Deck. Seeventile mit Schlauchführung in Form eines Schwanenhalses können unter Umständen offen bleiben. Bei ruhiger See und nicht anstehenden Segelmanövern kann es akzeptabel sein, einige Decksluken zur Belüftung angewinkelt geöffnet zu lassen. Niemals jedoch vollständig 180 Grad geöffnet, denn allzu leicht fällt jemand dort hinein.

Für den Fall eines Wassereinbruchs muss jedes Crewmitglied wissen, wo elektrische und manuelle Lenzpumpen sind. Zur Leckbekämpfung gibt es hoffentlich an Bord passende Lenzpfropfen für kleine Lecks, wie beispielsweise abgerissene Seeventile, und für größere Wassereinbrüche mindestens ein Beil, um provisorisch mittels zerschlagener Einrichtungteile und Polstern die eindringende Wassermenge verringern zu können.

▶ **Brandschutz und -bekämpfung:** Auf den meisten Yachten wird mit Gas gekocht. Dass es zum Glück heutzutage selten zu Explosions-Unfällen kommt, liegt an den strengen Einbauvorschriften und den ausgereiften Sicherheitseinrichtungen. Eine Einweisung in die Funktion der verschiedenen Absperrhähne zwischen Gasflasche und Herd sowie in die sichere Benutzung des Gasherdes ist unerlässlich.

▶ **Welche Feuerlöscher gibt es an Bord?** Wo und wie befestigt? Gibt es eine Feuerlöschdecke für Brände am Herd beim Kochen? Der Skipper muss der Crew den Einsatz der Brandbekämpfungsmittel erklären.

▶ **Notruf:** Auch wenn nicht jeder in der Besatzung einen Seefunkschein (UKW = VHF) besitzen muss, so sollte doch jeder mit den Grundfunktionen des UKW-Seefunkgerätes vertraut sein, um einen Notruf absetzen zu können, falls der Skipper selbst ausgefallen ist (rote Taste, Kanal 16, Name der im Segelrevier anzusprechenden Seefunkstelle).

▶ **Im Seenotfall** muss jedes Crewmitglied in der Lage sein, die Position am GPS nach geografischer Breite und Länge abzulesen.

*GPS, UKW-Gerät und Radar.*

# 3.4 Letzte Checks vor dem Auslaufen

## Checkliste für den Skipper zum Seeklar-Machen

- ▶ Sind die Schiffspapiere an Bord?
- ▶ Wurden die Liegegebühren bezahlt?
- ▶ Ist der Wetterbericht eingeholt?
- ▶ Sind alle Seekarten an Bord?
- ▶ Sind die zu steuernden Kurse und Hafen-Ansteuerungen vorbereitet?
- ▶ Wurden die Gezeiten berechnet (abhängig vom Segelrevier)?
- ▶ Habe ich die Sicherheitseinweisung mit der Crew durchgeführt?
- ▶ Sind alle Seenotmittel an Bord?
- ▶ Sind alle Segel aufgeklart und in gutem Zustand?
- ▶ Sind alle Leinen aufgeklart und einsatzbereit?
- ▶ Habe ich die seemännische Ausrüstung an Deck der Crew erklärt?
- ▶ Ist an Deck alles Bewegliche aufgeklart und sicher befestigt?
- ▶ Ist unter Deck alles sicher, seefest verstaut?
- ▶ Sind genügend Lebensmittel an Bord?
- ▶ Befindet sich ausreichend Diesel im Tank?
- ▶ Wurde das Frischwasser aufgefüllt?
- ▶ Ist die Gasanlage abgeschaltet?
- ▶ Habe ich die Motor-Startbatterie eingeschaltet?
- ▶ Wurde der Ölstand im Motor kontrolliert?
- ▶ Ist die Elektrik für Servicebereich eingeschaltet?
- ▶ Wurde das Landstromkabel abgenommen?
- ▶ Ist die Navigationsausrüstung einsatzbereit?
- ▶ Wurden die Reffleinen eingezogen?
- ▶ Sind die Toilettenventile geschlossen?
- ▶ Wurden die Seeventile, die keine Schlauchführung mit Schwanenhals haben, geschlossen?
- ▶ Ist das Seeventil für Motor-Kühlwasser geöffnet?
- ▶ Sind alle Luken im Rumpf verriegelt?
- ▶ Sind alle Decksluken geschlossen?
- ▶ Wurde die Aufgabenverteilung in der Crew im Hinblick auf das Ablegemanöver ausführlich besprochen?

## Checkliste für die Crew zum Seeklar-Machen

▶ Ist die Pantry aufgeräumt, sodass keine Tassen, Teller, Töpfe im Seegang herumfliegen können?

▶ Ist alles im Kühlschrank seefest gestaut?

▶ Sind die Decksluken geschlossen?

▶ Ist die Toilette abgepumpt?

▶ Sind die Seeventile von Toilette und Waschbecken geschlossen?

▶ Hat der Rumpf Seitenfenster, die geöffnet werden können und die bei Krängung Wasser ins Schiff eindringen lassen könnten? Sind diese geschlossen?

▶ Sind alle persönlichen Sachen so untergebracht, dass sie bei Krängung an ihrem Platz bleiben?

▶ Ist das Beiboot so gestaut, dass es weder beim Ablegen noch auf See stören kann?

▶ Sind die persönliche Rettungsweste und der Lifebelt schnell genug erreichbar?

▶ Ist die Kleidung für die nächsten Stunden richtig gewählt? Kein Schmuck am Hals oder an den Armen oder Händen? Sind lange Haare zusammengebunden?

*Unaufgeräumte Pantry.*

# 3.5 Logbuchführung

Wer sitzt schon gern während des Segelns am Kartentisch und füllt akribisch vorgedruckte Seiten mit Logbucheintragungen aus. Ist das notwendig? Ist es juristisch vorgeschrieben? Wenn ja, in welcher Form? Mit welchem Inhalt?

Für jeden, der ein Schiff unter deutscher Flagge für eine Seefahrt einsetzt, existieren dazu

▶ das Schiffssicherheitsgesetz (SchSG) vom 09.09.1998 (BGBl. I S. 2860), zuletzt durch Artikel 1 der Verordnung vom 23.01.2014 (BGBl. I S. 78) geändert,

▶ die Schiffssicherheitsverordnung (SchSV) vom 18.09.1998 (BGBl. I S. 3013, 3023), zuletzt durch Artikel 2 der Verordnung vom 13.08.2014 (BGBl. I S. 1371) geändert.

Hierin wird unter anderem Folgendes formuliert:

(SchSV §2) »Wer ein Schiff zur Seefahrt einsetzt, hat dafür zu sorgen, dass im Schiffsbetrieb auftretende Gefahrenquellen überprüft, im Betrieb gewonnene Erkenntnisse sowie andere wichtige hierzu zur Verfügung stehende Informationen und Unterlagen einschließlich der Aufzeichnungen der mit der Bedienung des Schiffes beauftragten Personen im Rahmen der Sicherheitsvorsorge ausgewertet ... werden können.«

(SchSG §6 (3)) »Der Schiffsführer hat ... durch geeignete Eintragungen über alle Vorkommnisse an Bord zu berichten, die für die Sicherheit in der Seefahrt einschließlich des Umweltschutzes auf See und des Arbeitsschutzes von besonderer Bedeutung sind. Bei Schiffsunfällen hat der Schiffsführer, soweit erforderlich und möglich, für die Sicherstellung der Eintragungsunterlagen zu sorgen.« Siehe dazu auch: http://www.elwis.de/Freizeitschifffahrt/Verkehrsvorschriften/allgemein/Seetagebuecher/index.html

Als Kernaussage kann man zusammenfassen, dass alle Dinge schriftlich festgehalten werden müssen, die im Zusammenhang mit eventuell auftretenden Gefahren von Bedeutung sein könnten, um im Nachhinein eine Rekonstruktion des aufgetretenen Not- oder Unfalls zu ermöglichen.

Auch Seekarten mit Kurseintragungen können Teil dieser Eintragungsunterlagen sein. Selbst elektronische Aufzeichnungen, beispielsweise über das GPS aufgezeichnete Kurse, sind verwertbar.

Es findet sich in dem genannten Rechtsdokument keine Aussage über eine vorgeschriebene Form dieser Aufzeichnungen. Vorgedruckte Blätter mit vorformulierten Spalten für Eintragungskategorien sind nicht zwingend notwendig. Auch sind die Kategorien der Eintragungen (zum Beispiel Wetterdaten) keineswegs konkret genannt. Vielmehr wird es dem Schiffsführer überlassen, zu entscheiden, welche Eintragungen notwendig sind und in welcher Form er diese festhält. Eine formlose Kladde ist somit rechtlich in Ordnung und steht den im Buchhandel angebotenen vorgedruckten Logbüchern in nichts nach.

Vorgeschrieben sind allerdings folgende Details:

## Checkpunkte Logbuch
► Schiffsname, Heimathafen, eventuell das Unterscheidungssignal (MMSI-Code, eventuell VHF-Callsign).
► Ausfall von für die Schiffsicherheit relevanten Geräten.
► Gestrichene Eintragungen müssen lesbar bleiben.
► Eintragungen müssen vom Schiffsführer unterschrieben werden.
► Es gilt eine dreijährige Aufbewahrungspflicht.

Aus dem Gesagten lassen sich nun folgende Empfehlungen ableiten:
Das Logbuch sollte in Papierform und nicht in elektronischer Form geführt werden, denn der Verlust der Daten auf einem Computer ist wahrscheinlicher als der Verlust des materiell fassbaren Logbuchs.
Um im Falle eines Unfalls oder einer Notlage mit rechtlichen Konsequenzen die Nachvollziehbarkeit der Umstände zu gewährleisten sind unter anderem folgende Eintragungen sinnvoll:
► Seiten durchnummerieren und Vermerke immer mit Datum/Uhrzeit versehen,
► Name des Skippers und der Crewmitglieder sowie die Wacheinteilung,
► Sicherheitseinweisung der Crew durchgeführt,
► aktuelle Windstärke und Windrichtung, Sichtweite, eventuell Nebelfahrt, Temperatur, Bewölkung, Niederschlag,
► Wettervorhersage in Kurzform mit zu erwartender Windstärke und -richtung,
► Besegelung,
► Kurs und Fahrt,
► markante Positionen, passierte Tonnen und Leuchtfeuer,
► eventuelle Motorfahrt,
► Loggestand am Morgen und am Abend,
► Einschalten der Positionslaternen,
► technische Probleme, Schäden und Unfälle an Bord,
► Dieselreserve, Wasserreserve,
► Kontakte mit der Großschifffahrt, Queren eines Verkehrstrennungsgebietes,
► im Falle einer Kollision: detaillierte Beschreibung des Hergangs, Schiffsname, Registrierung.

Natürlich ist ein Logbuch auch eine Urlaubserinnerung. Darum ist es durchaus vertretbar, persönliche Eindrücke, Erfahrungen, Empfindungen usw. einzutragen. Allerdings sollte der Skipper dabei immer im Hinterkopf behalten, dass die Unterlagen eventuell im Falle einer juristischen Auseinandersetzung auch von menschlich nicht nahestehenden Personen gelesen werden.

# 4. Hafenmanöver

In diesem Kapitel sollen lediglich Hafenmanöver unter Maschine behandelt werden, denn heutzutage sind die meisten Häfen zu eng gebaut, um unter Segeln an- oder ablegen zu können. In Marinas ist es ohnehin in der Regel nicht gestattet, die Manöver unter Segeln zu fahren. Zwar stimmt das Argument, dass man im Notfall bei ausgefallener Maschine es auch unter Segeln können muss, aber diese Situation tritt – statistisch gesehen – so extrem selten auf, dass wir sie hier nicht vertiefen wollen. Die meisten Skipper werden in einem solchen Fall sinnvollerweise über VHF eine Schlepphilfe vom Hafenmeister anfordern.

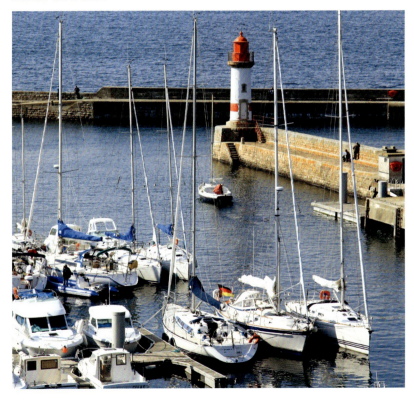

# 4.1 Grundlegende Einflussvariablen: Trägheit, Radeffekt, Wind und Strom

Es muss klar gesagt werden: Es gibt keine »Goldenen Regeln«, mit denen ein An- oder Ablegemanöver immer klappt! Zu verschieden sind die möglichen Situationen im Hafen beim An- und Ablegen, um – wie mit einem Kochrezept – immer gültige Anleitungen geben zu können. Hingegen lassen sich die Variablen, die den Ablauf eines Hafenmanövers beeinflussen, durchaus klar analysieren und dann kalkuliert einsetzen.

Folgende Fragen spielen im Hinblick auf den Ablauf eines Hafenmanövers eine Rolle:

▶ Wie stark ist der Wind? Ist er auflandig oder ablandig?
▶ Wie gut ist die Besatzung trainiert? Wie erfahren ist der Rudergänger?
▶ Welchen Antrieb hat das Schiff? Feste Welle oder Saildrive? Gibt es einen Radeffekt? In welche Richtung zieht der Radeffekt bei eingelegtem Rückwärtsgang?
▶ Wie groß ist das Schiff, und wie träge reagiert es?
▶ Welchen Lateralplan hat das Unterwasserschiff? Modern mit kurzem Kiel und Spatenruder oder eher traditionell mit längerem Kiel und Skeg vor dem Ruder?
▶ Wie gut ist die Decksausrüstung? Genügend Klampen an Deck vorhanden? Auch mittschiffs? Genügend Fender vorhanden? Sind die Festmacher lang genug?
▶ Hat das Schiff einen Bugpropeller?
▶ Besteht am Liegeplatz ausreichend Wassertiefe?
▶ Setzt Strömung am Liegeplatz?
▶ Wie muss angelegt werden? Im Päckchen? Längsseits an der Pier? Zwischen Pfählen? Am Schwimmsteg? Römisch-katholisch?
▶ Steht eventuell auf dem Steg oder Nachbarboot Hilfe zur Verfügung?

> Unabhängig von der Situation an Bord und im Hafen kann man allerdings vier immer gültige Ratschläge formulieren:
> ▶ Mit guter Vorbereitung lassen sich die meisten Probleme vermeiden!
> ▶ So wenig Fahrt wie möglich, aber so viel wie nötig!
> ▶ Wind wenn möglich sinnvoll nutzen, statt gegen ihn zu arbeiten!
> ▶ Ruhe bewahren!

### Windeinfluss

Es ist unmittelbar einsichtig, dass ein Schiff bei stärkerem Seitenwind und gleichzeitig langsamer Fahrt nicht mehr auf Kurs zu halten ist. Selbst schwacher Wind muss zum Gelingen des Manövers ins Kalkül miteinbezogen werden. Dies gilt insbesondere auf modernen, leichten Schiffen mit geringem Lateralplan und folglich wenig Wasserwiderstand. Bei Wind von der Seite wird eine Segelyacht aber nicht einfach parallel zum Kiel zur Seite versetzt, denn die Angriffsflächen sind nicht gleichmäßig verteilt: Der Mast steht weiter vorn als mittschiffs und der Bug ist höher gezogen als das Heck. Hinzu kommt bei modernen Schiffen, dass die Steven immer steiler werden, was ebenfalls die Windangriffsfläche vergrößert. Dazu kommt die aufgerollte Genua mit ihrer Fläche entlang des Vorstags. Es ist damit unausweichlich, dass der Bug bei Seitenwind nach Lee wegdreht. Dies über die Ruderlage auszugleichen gelingt nur bei genügend Fahrt im Schiff, doch genau die ist nicht in jedem Moment eines Hafenmanövers gegeben. Ohne Fahrt bleibt das Ruder ohne Wirkung.

Eine große Hilfe beim An- und Ablegen sind die heutzutage immer häufiger auch auf Charteryachten anzutreffenden Bugstrahlruder.

Allerdings sollte der Rudergänger sich vor dem Manöver mit der Funktion vertraut machen, denn die Pfeile, mit denen auf den Bedienknöpfen eine Richtung angegeben wird, geben je nach Modell entweder die Schubrichtung der Bugschraube oder die Bewegungsrichtung des Schiffsbugs an. Eine Verwechslung könnte fatale Folgen haben ...

Auf sehr großen Yachten oberhalb 15 Meter Rumpflänge werden inzwischen auch computergesteuerte »Einparkhilfen« eingebaut, mit denen per Joystick Bug und Heck getrennt oder simultan quer zur Kielrichtung bewegt werden können.

Bläst der Wind hingegen in Kielrichtung, so ist das in der Regel nur dann von Vorteil, wenn gegen ihn angelegt werden kann, denn dann ist das Aufstoppen ohne zu hohe Drehzahlen im Rückwärtsgang leichter. Bläst er hingegen von achtern beim An- oder Ablegen, so muss gegen ihn mit höherer Drehzahl motort werden, sodass mit großer Wahrscheinlichkeit der Radeffekt das Schiff in eine ungewollte Drehbewegung versetzt. Dies ist besonders beim Ablegen störend, wenn aus dem Stand heraus noch keine Ruderwirkung vorhanden ist. Allgemein gilt, dass Schiffe mit fester Welle und einem eher großen Dreiflügel-Propeller auch einen starken Radeffekt haben. Hingegen verursacht ein Saildrive, vielleicht sogar mit Faltpropeller ausgerüstet, kaum spürbar Radeffekt. Er hat aber auch den Nachteil, dass die Ruderwirkung unter Maschine in Vorausfahrt geringer ist als bei fester Welle wegen des größeren Abstands zwischen Propeller und Ruder.

## Wie entsteht der Radeffekt?

Ein Propeller verursacht nicht nur Antrieb nach vorn oder achtern. Aufgrund seiner Drehbewegung entsteht simultan zum Antrieb in Kielrichtung auch eine seitwärts wirkende Kraft, mit der der Propeller sich in Drehrichtung »zur Seite schaufelt«. In Vorausfahrt ist diese Kraft kaum spürbar und kann leicht durch Ruderlage kompensiert werden. Bei Rückwärtsfahrt hingegen kann dieser Radeffekt so groß werden, dass selbst hartes Ruderlegen in Gegenrichtung kaum Wirkung zeigt. Die Ursache für diese nicht gleich große Wirkung des Radeffektes zwischen Fahrt voraus und Fahrt achteraus liegt in der unterschiedlichen Anströmung des Rumpfes und vor allem des Ruders der Yacht. Der rotierende Wasserstrahl des Propellers trifft in Rückwärtsfahrt nicht auf das Ruder, sondern asymmetrisch direkt auf den festen Rumpf, während er in Vorwärtsfahrt auf das bewegliche Ruder trifft, mit dem der Rudergänger sofort ein entgegengerichtetes Drehmoment bewirken kann. Bei Rückwärtsfahrt im Hafen hat das Schiff aber anfangs keine Fahrt, folglich ist auch keine Ruderwirkung vorhanden. Der Skipper/Rudergänger muss, um vorbereitet zu sein, somit Kenntnis haben über den Drehsinn der Propellerwelle im Rückwärtsgang.

Beim Rückwärtsfahren tritt neben dem Radeffekt noch ein weiteres Problem auf: Die Ruderwirkung ist bei geringer Fahrt unter etwa 1 Knoten sehr schwach, wird dann aber plötzlich überraschend groß, sobald das Schiff mehr Fahrt aufnimmt. Die Ursache dafür liegt in der Konstruktion des Ruders, dessen Drehachse (Ruderkoker) auch bei vorbalancierten Spatenrudern deutlich vor der Mitte liegt. Gerade traditionelle Ruder mit Skeg und ohne Vorbalancierung (siehe Zeichnung) sind in Rückwärtsfahrt besonders aufmerksam zu bedienen,

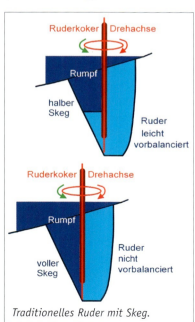

Traditionelles Ruder mit Skeg.

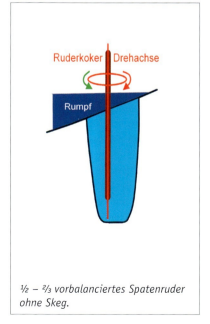

½ – ⅔ vorbalanciertes Spatenruder ohne Skeg.

denn sobald sie angewinkelt werden, entstehen sehr große Kräfte auf dem Steuerrad. Es muss darum gut festgehalten werden, um zu vermeiden, dass es aus den Händen gerissen wird und brutal querschlägt.

Manche Rudergänger stellen sich bei Rückwärtsfahrt um 180 Grad gedreht an das Ruder, um den Blick nach hinten zu erleichtern. Ob dies zweckmäßig ist, muss jeder Rudergänger am besten selbst einmal ausprobieren und für sich entscheiden. Ein eventuell vorhandener Bugpropeller erleichtert auch die Rückwärtsfahrt.

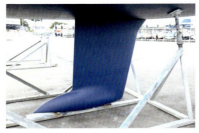

*Kurzkiel.*

### Schiffstyp, Trägheit

Zwischen einer modernen Kurzkiel-Yacht und einem traditionellen Langkieler, beispielsweise vom Typ Colin Archer, liegen hinsichtlich der Manövriereigenschaften Welten. Traditionelle, schwer gebaute Langkieler sind auf See sehr kursstabil und setzen aufgrund ihrer großen Masse weich in die Welle ein, selbst hoch am Wind, haben aber ein sehr träges Drehverhalten. Völlig anders beim modernen Kurzkieler, der – weil leichter und flacher gebaut – weniger träge, manche sagen nervöser, reagiert. Er hat, insbesondere in grober See in der Regel weniger Kursstabilität, besitzt aber den unbestrittenen Vorteil, dass er im Hafen deutlich leichter zu drehen ist. Dies ist einer der Gründe, warum die Schiffe der großen Charterflotten heutzutage fast alle den gleichen Lateralplan haben: Kurzkiel oder gemäßigter Kurzkiel und vorbalanciertes Spatenruder. Dieses

*Spatenruder.*

*Langkiel mit Skeg vor dem Ruder.*

Konstruktionskonzept macht es unerfahrenen Chartercrews leichter, Hafenmanöver zu fahren, ohne in der Nachbarschaft zu viel Kleinholz zu verursachen. Allerdings vertreiben diese Schiffe mit flachem Unterwasserschiff und schmalem Kiel bei Seitenwind auch etwas schneller als traditionelle Yachten mit mehr Verdrängung und längerem Kiel. Im Hafen extrem schwierig zu handhaben sind insbesondere Integralschwerter mit aufgeholtem Schwert. Bei Seitenwind vertreiben sie wie eine »Seifendose«.

Ein wichtiger Aspekt beim An- oder Ablegen ist die Trägheit des Schiffes als Folge der Verdrängung. Schwere Schiffe erfordern mehr Motordrehzahl als leichte, um dieselbe Antriebswirkung zu erreichen. Wichtig ist es, Gefühl zu bekommen für die der Situation angemessene Motordrehzahl. Anfänger geben entweder zu viel oder zu wenig Gas, selten passend dosiert. Der Übervorsichtige geht bei Manövern kaum über die Leerlaufdrehzahl hinaus und wundert sich, dass das Schiff nicht reagiert. Der Draufgänger hingegen geht beim Ablegen fast mit Vollgas in den Rückwärtsgang, sodass die Kollision mit dem Nachbarn nur durch wiederum übertriebene Drehzahl in Gegenrichtung vermieden wird.

Das Problem besteht darin, dass bereits eine mittelgroße Yacht mit ihren mindestens acht Tonnen Verdrängung träge, das heißt mit Verzögerung auf den Antrieb des Propellers reagiert. Wenn sie dann aber in Fahrt gekommen ist, so wirkt genauso wieder diese Trägheit der Masse, sodass die Bewegung des Schiffes ungewollt fortgesetzt wird, auch wenn der Motor längst im Leerlauf dreht. Ein guter Rudergänger muss also antizipieren! Er muss vorausschauend handeln und die Trägheit der bewegten Masse des Schiffes mit in sein Handeln einbeziehen. Dies kann er aber nur dadurch lernen, dass er übt und übt und übt. Das Gefühl für das Schiff kann man nun einmal nicht durch Lesen bekommen. Darum ein Rat an den Skipper für jeden Törnbeginn auf einem unbekannten Schiff: Fahren Sie – sofern genügend Platz vorhanden ist und auch kein allzu starker Wind weht – gleich zu Anfang ein paar Übungsmanöver im Hafen. Wechseln Sie die Drehzahl, legen Sie Ruder nach beiden Seiten, fahren Sie vorwärts und rückwärts. Versuchen Sie zu spüren, wie schnell das Schiff auf Gaswechsel reagiert und wie gut oder wie schlecht es beim Ruderlegen dreht. Falls der Hafen zu eng ist für diese Übungsmanöver, so fahren Sie Ihre Testbewegungen außerhalb des Hafens in einem überschaubaren Bereich, wo Sie keine anderen Schiffe stören.

## Strömung im Hafen

Sehr störend kann Strömung im Hafen sein. Dies ist nicht selten der Fall in Flusshäfen und natürlich in Tidengewässern. Ob und in welchem Maße im Hafen Strom setzt, lässt sich dem Hafenhandbuch entnehmen. Vorbereitung ist alles …

Im Prinzip gilt für das Reagieren der Yacht im Strom das Gleiche wie bei Windeinfluss. Sofern man sich den Liegeplatz aussuchen kann – was in Marinas in der Hochsaison meist leider nicht der Fall ist – so sollte der Skipper einen Platz mit Strom in Kielrichtung bevorzugen, denn das erleichtert das An- und Ablegen erheblich. Die oben unter »Windeinfluss« dargestellten Sachverhalte zum Radeffekt gelten natürlich hier ebenso.

Strömung von vorn oder achtern wirkt auf den Rumpf und das Ruder wie Fahrt im Schiff, wenngleich keine Fahrt über Grund gemacht wird. Diese muss je nach Richtung und Stärke des Stromes mit Ruder und Motordrehzahl ausgeglichen werden. Doch genau dies lässt sich nur an Bord in der Praxis erlernen durch wiederholtes Üben.

Und damit sind wir beim Thema Kompetenz des Rudergängers und der Crew. Es ist für einen Skipper oft ausgesprochen schwierig zu entscheiden, ob er das Hafenmanöver lieber selbst fahren soll oder ob er es einem Rudergänger aus der Crew überlässt. Einerseits wird ein guter Skipper so viel wie möglich delegieren. Andererseits gibt es oft Situationen im Hafen, die einen wenig routinierten Rudergänger einfach überfordern, sodass die Kollision mit einem Nachbarschiff vorprogrammiert ist. Nicht selten kommt es vor, dass Besatzungsmitglieder »sauer« sind, wenn nicht sie, sondern der Skipper selbst das Anlegemanöver fährt. Oft kann die Crew es aber mangels Erfahrung einfach nicht gut genug beurteilen, wie hoch in der gegebenen Situation das Risiko eines Kollisionsschadens ist. Der Skipper sollte allerdings dann seine Entscheidung gegenüber der Crew begründen.

Es ist ein guter Weg, einer wenig erfahrenen Crew unter einfachen Bedingungen (kein Wind, keine Strömung, viel Platz im Hafen) so oft wie möglich Gelegenheit zu geben, Hafenmanöver zu üben. Der Skipper wird dabei nur eingreifen, wenn ein Schaden am eigenen Schiff und/oder am Nachbarschiff oder eine Gefährdung für ein Besatzungsmitglied entsteht. Zu schnell ist ein Fuß eingequetscht oder eine Relingsstütze aus dem Deck gerissen …

Sofern beim An- oder Ablegen erkennbar wird, dass das Manöver möglicherweise scheitert, sollte kein Skipper zu stolz sein, Fremdhilfe vom Steg aus in Anspruch zu nehmen. Oft bieten Stegnachbarn gern Hilfe an beim Annehmen der Leinen oder beim Abfendern. Sollte zum Beispiel bei viel Wind das Manöver gewagt erscheinen, so ist es auch durchaus angebracht, das Hafenpersonal über VHF um Hilfe am Steg zu bitten.

## Ausrüstung

Für das Hafenmanöver muss die Yacht gut ausgerüstet sein. Falls es nicht genügend Festmacher gibt oder sie zu kurz sind, die Anzahl der Fender an Bord nicht ausreicht, wenn die Klampen zu klein sind oder das Deck nicht frei begehbar ist … hat die Crew von vornherein schlechte Karten.

Wie eine Segelyacht angemessen ausgerüstet sein sollte und wie sie für Hafenmanöver vorbereitet wird, behandeln wir im folgenden Kapitel.

## 4.2 Vorbereitung des Schiffes und der Crew vor dem Einlaufen

Chartersegler haben es bei Hafenmanövern besonders schwer, denn von Törn zu Törn wechseln sie häufig den Bootstyp und/oder die Bootsgröße. Wenn am Ende eines Segelurlaubs schließlich die Manöver einigermaßen routiniert klappen, so muss möglicherweise auf dem nächsten Törn alles wieder neu gelernt werden, weil ein größeres Schiff mit anderen Dreheigenschaften und einem anderen Trägheitsverhalten gechartert wird.

Stellt man erfahrenen Skippern die Frage, was aus ihrer Sicht einer Urlaubs-Segelcrew am schwierigsten erscheint, so kommt als Antwort überwiegend: die Anlegemanöver. In der Tat haben die meisten Crews nicht genügend Gelegenheit, hierzu ausreichend Routine zu entwickeln. Der Erfolg eines Anlegemanövers ist aber keineswegs nur von der Erfahrung des Rudergängers abhängig, sondern ganz wesentlich davon, wie gut Schiff und Crew vorbereitet sind. Folgende Dinge gehören dazu:

▶ Mittels Hafenhandbuch müssen früh genug diese Fragen geklärt werden: Ist der Vorhafen groß genug zum Segelbergen? Falls nicht, wo soll geborgen werden? Wo befinden sich die Gastliegeplätze? Steht eventuell Schwell im Hafen von Fähren? Reicht die Wassertiefe? Welche Art von Liegeplätzen gibt

*Chaos an Deck.*

es? Schwimmstege? Pfähle? Nackte Betonpier? Ist eine Anmeldung beim Hafenbüro vorgeschrieben? Auf welchem VHF-Kanal? Wie steht der Wind auf den Liegeplatz? Gibt es Strömung? Was überwiegt, Windeinfluss oder Strömungseinfluss?

▶ Das Deck muss aufgeräumt sein! Keine Klappfahrräder, Surfboards oder Sonnenhandtücher an Deck, freie Seereling ohne Handtücher, keine herumliegenden Leinen oder Fender.

▶ Ausreichend früh, noch bevor das eigentliche Anlegemanöver beginnt, müssen Fender ausgebracht werden. Und zwar nicht nur auf der geplanten Pontonseite, sondern auf beiden Seiten des Schiffes. Denn es kann immer in letzter Minute etwas Unvorhergesehenes eintreten, was es notwendig macht, die Anlegeseite zu wechseln. Zusätzlich einen oder zwei große Kugelfender mobil bereithalten! Oft sind insbesondere Charterschiffe mit zu wenigen und zu kleinen Fendern ausgerüstet. Überprüfen Sie daher beim Durchsehen der Ausrüstung schon bei der Übernahme des Schiffes, ob ausreichend Fender an Bord sind.

▶ Das Gleiche gilt für die Festmacher: Sofern nicht eindeutig ist, mit welcher Seite festgemacht wird, ist es zur Stressvermeidung sinnvoll, auf beiden Seiten des Schiffes Vorleinen, Achterleinen und mindestens eine Spring, belegt auf den Klampen, vorbereitet an Deck zu haben.

▶ Vorsicht bei den Decksluken: Luken sollten niemals in 90-Grad-Stellung oder gar vollständig 180 Grad geöffnet werden. Und schon gar nicht während eines An- oder Ablegemanövers in dieser Stellung bleiben. Allzu leicht passiert es, dass ein Besatzungsmitglied bei einem Schritt zurück mit einem Bein in die weit geöffnete Luke stürzt. Luken immer nur leicht angewinkelt öffnen. Und bei Manövern am besten vollständig schließen.

▶ Ist der Skipper sich sicher, dass seine Crewmitglieder die nötigen Knoten (Webeleinstek für die Fender, Palstek am Festmacher ...) und das Belegen einer Klampe beherrschen? Im Zweifelsfall vorher früh genug üben.

▶ Die Crew einweisen: Manchmal ist der Skipper selbst schuld am verpatzten Hafenmanöver, weil er der Crew nicht früh genug das Manöver in Ruhe in allen Phasen des Ablaufs erklärt hat. Es muss vereinbart sein, wer konkret die Vorleinen bedient, wer die Springs, wer die Achterleine. Der Skipper muss klare Anweisungen geben, prägnant und verständlich formulieren und – um Himmels willen – selbst die Ruhe bewahren.

Man liest immer wieder in Segel-Fachzeitschriften Artikel mit konkret, kochrezeptartig beschriebenen Abläufen für das An- und Ablegen. Notgedrungen muss dabei natürlich von bestimmten Rahmenbedingungen ausgegangen werden. Aber genau darin besteht die Krux. Im Realfall im Hafen herrschen in der Regel nicht die im Artikel vorausgesetzten Bedingungen. Es hat darum wenig

Sinn, die in Zeitschriften oder Büchern meist mit Zeichnungen und Fotos dargestellten Hafenmanöver auswendig zu lernen, um sie später nachzufahren. Irgendeine entscheidende Variable wird anders sein als im »Kochrezept« und schon ist alles anders.

Erheblich sinnvoller ist es, zu prüfen, welche Einflussfaktoren in der konkreten Situation eine Rolle spielen und zu überlegen, wie diese zusammenwirken (siehe Kapitel 4.1). Sich zu diesem Zweck etwas Basiswissen aus der Physik wie Hebelgesetze und Vektoraddition wieder ins Gedächtnis zu rufen, kann nicht schaden.

Doch zugegeben: Bei viel Wind aus einer ungünstigen Richtung bleibt das Anlegen auch für einen erfahrenen Skipper eine Herausforderung. Die Verschiedenartigkeit der möglichen Rahmenbedingungen ist einfach zu komplex.

## 4.3 Wichtige Details beim Anlegen und Festmachen

Zwar sollte ein Anlegemanöver grundsätzlich langsam gefahren werden, aber man kann auch zu langsam sein. Dann nämlich, wenn kräftiger Wind insbesondere von der Seite auf das Schiff steht. Manövrieren ist nur möglich, wenn Fahrt im Schiff ist. Nicht zu viel, aber doch so viel, dass der Windeinfluss möglichst nicht überwiegt.

### Fender und Leinen

Es kann nicht oft genug betont werden, dass genügend viele und richtig platzierte Fender von größter Bedeutung sind, um während des Manövers weder das eigene Schiff noch den Rumpf des Stegnachbarn zu beschädigen. Sie dürfen weder zu hoch, noch zu niedrig hängen und müssen etwa zwei Drittel der Rumpflänge im breiten Bereich abdecken. Zusätzlich ist es hilfreich, wenn mindestens ein großer Fender (zum Beispiel ein großer Kugelfender) mobil von einem Besatzungsmitglied auf Stand-by gehalten wird.

Alle zur Verfügung stehenden Klampen, auch die Mittschiffsklampen, sind auf beiden Seiten des Schiffes früh genug mit einem Festmacher zu versehen, um nicht im letzten Moment unter Stress nach einer Leine suchen zu müssen.

Ein Tipp speziell für Ostseehäfen mit Pfählen: Erst nach dem Passieren der Pfähle die Fender ausbringen, da das Schiff sonst leicht hängen bleibt oder sogar Relingsstützen ausgerissen werden können.

Beim Anlegen längsseits am Steg, am Schwimmponton oder im Päckchen gehen die Crewmitglieder, die für die Vor- und die Achterleine zuständig sind, nicht zum Bug oder zum Heck, sondern postieren sich mit der aufgeschossenen

Leine in der Hand an der breitesten Stelle des Rumpfes, um so zügig mit einem Schritt über die Seereling auf den Steg oder das Nachbarschiff hinübergehen zu können.

Die Leinen sollten möglichst so lang sein, dass sie nach dem Belegen auf dem Steg oder dem Nachbarschiff wieder zurück auf die Klampen an Deck des eigenen Schiffes geführt werden können (»auf Slip« belegt).

*Leinenwuhling auf dem Steg.*

Das spätere Ablegen wird so erleichtert. Außerdem wird dadurch vermieden, dass die nicht benötigte Restlänge der Leine als Wuhling auf dem Steg oder dem Deck des Nachbarbootes liegen bleibt.

Sofern im Päckchen festgemacht wird, sind neben Vor- und Achterleine, Vor- und Achterspring, auch zusätzliche Landleinen am Bug und am Heck zum Steg auszubringen, um zu vermeiden, dass bei viel Wind die Klampen des Nachbarschiffes überlastet werden.

Falls die Anzahl der Klampen an Deck nicht ausreicht, um separat jede Leine einzeln zu belegen, dürfen durchaus auch große Winschen mitbenutzt werden. Der Festmacher wird dann mit einem Palstek über die Winsch gelegt.

Beim Anlegen ist die Reihenfolge, in der die Leinen belegt werden, von großer Wichtigkeit: Die Leine, die das Schiff am besten nach Luv sichert, ist die erste,

*Die ERSTE Leine wird nach LUV ausgebracht, um das Schiff gegen den Wind zu sichern!*

*Leinen mit Palstek von außen belegen.*

die belegt werden muss, um das Schiff bei seitlich einfallendem Wind gegen Abtreiben zu sichern. Gleiches gilt bei Strömung! Der Blick in den Verklicker und auf die Wasseroberfläche ist somit unabdinglich.

Sofern der Skipper sich den Liegeplatz aussuchen kann (in der Hochsaison kaum zu erwarten), ist es von Vorteil, gegen den Wind in Vorausfahrt anzulegen, denn so kann das Schiff leichter unter Maschine stabilisiert werden. Beim Anlegen mit dem Wind von achtern ist der Rudergänger gezwungen, mit eingelegtem Rückwärtsgang das Manöver zu fahren und dies wird – bedingt durch den Radeffekt (siehe oben) – schnell eine unerwünschte Drehung verursachen, die das Manöver erschwert.

Es gibt noch einen anderen Grund, warum das Anlegen gegen den Wind zu bevorzugen ist: Der Niedergang ist dann windgeschützt. Meist befindet sich die Pantry nahe am Niedergang und so wird die Gasflamme schnell ausgeblasen, wenn das Heck in den Wind zeigt. Und falls es regnen sollte, regnet es nicht in die Kochtöpfe ...

Sofern es möglich ist, zu wählen, ob mit der Backbordseite oder der Steuerbordseite angelegt wird, kann der Radeffekt durchaus positiv eingesetzt werden:

Jedes Schiff hat eine »Schokoladenseite« zum Anlegen, nämlich die Seite, in die der Radeffekt bei eingelegtem Rückwärtsgang zieht. Bei einer vorwärts linksdrehenden Schraube ist dies also die Steuerbordseite, denn im Rückwärtsgang dreht sie ja rechts, wodurch das Heck nach Steuerbord versetzt wird. Der optimale Liegeplatz für eine solche Yacht wäre also ein Platz mit Ponton an Steuerbord. Der Rudergänger fährt das Schiff vorsichtig in einem spitzen Winkel von etwa 20 Grad vorwärts an den Steg und nutzt den Radeffekt, um im Rückwärtsgang das Schiff nicht nur abzustoppen, sondern auch gleichzeitig das Heck an den Steg zu drehen.

Apropos Drehen: Manchmal muss das Schiff um 180 Grad oder sogar noch mehr gedreht werden. Auch dabei gibt es durch den Radeffekt eine »Schokoladenseite«. Bei beispielsweise linksdrehender Schraube, also rechtsdrehend im Rückwärtsgang, ist die Drehung gegen den Uhrzeigersinn

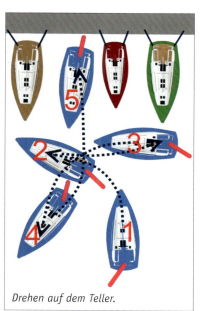

*Drehen auf dem Teller.*

*Die Vorleine landet im Wasser.*

begünstigt, während sie im Uhrzeigersinn durch den Radeffekt behindert wird. Man dreht das Schiff »auf dem Teller« durch wechselndes vorwärts- und rückwärtsfahren. Beim Umschalten von vorwärts auf rückwärts muss die Ruderlage nicht verändert werden, denn das Ruder ist nach dem Umschalten mangels Fahrt im Schiff wirkungslos. Es wird rückwärts allein der Radeffekt genutzt, während vorwärts das Ruder durch das Schraubenwasser angeströmt wird.

Ein häufig zu beobachtender Fehler beim Anlegen ist es, die als erste an Land zu führende Leine einem Helfer an Land zuzuwerfen, ohne sicherzustellen, dass er sie auch wirklich fangen kann. Die Leine landet im Wasser. Wenn denn Hilfe auf dem Steg in Anspruch genommen werden soll oder muss, so ist es wichtig, dass die zu werfende Leine sauber aufgeschossen und lang genug ist, um den Helfer zu erreichen. Wenn erst die schlecht geworfene Leine im Hafenbecken liegt und das Schiff bereits aufgestoppt ist, möglicherweise gleichzeitig auch noch Wind von der falschen Seite drückt, ist das Manöver verpatzt und weiteres Chaos bahnt sich an.

## Ärgerliche Unsitten

▶ Oft wird der Außenborder vom Beiboot seitlich am Heckkorb ungeschickt, weit überstehend, festgeschraubt. Beim An- oder Ablegen bleibt man leicht an einem anderen Schiff hängen und beschädigt den Heckkorb.

▶ Gleiches gilt für zu weit überstehende Vor- oder Heckanker, Surfbretter, Klappfahrräder ...

▶ Das Beiboot sollte im Hafen nicht hinterhergezogen werden, sondern an Deck vor dem Mast gestaut oder an Davids aufgehängt werden, wenngleich auch Davids im Hafen eher störend sein können.

▶ Ausgesprochen ärgerlich und unhöflich ist es auch, das Beiboot beim Längsseitsliegen am Steg oder im Päckchen als übergroßen »Fender« oder gar Abweiser gegenüber anderen Yachten zu missbrauchen, um zu demonstrieren, dass ein Nachbar unerwünscht ist.

▶ Nicht selten sieht man am Steg, dass besonders lange Festmacher für mehrere Funktionen gleichzeitig eingesetzt werden: So zum Beispiel den Bug am Schwimmsteg backbord und steuerbord mit derselben Leine auf zwei Klampen zu sichern. Später beim Ablegen kann es bei Seitenwind wichtig sein, dass die Vorleinen separat bedient werden und dann wird es kompliziert.

▶ Eine weitere Unsitte ist es auch, vorhandene Lippklampen gar nicht zu benutzen, weil die Führung der Leine auf das andere Schiff so schneller geht. Zu schnell sind die Festmacher ohne Führung durch die Lippklampen durchgescheuert.

▶ Bahnt es sich an, dass das Manöver möglicherweise misslingt, wird manch ein Skipper vom Stress übermannt und beginnt an Deck herumzuschreien. Das macht nicht nur einen schlechten Eindruck, sondern verunsichert die Crew zusätzlich.

## 4.4 Allgemeine Hinweise zum Ablegen

Gute Kommunikation ist das A und O eines gelungenen Hafenmanövers. Nur perfekt eingespielte Crews schaffen es, ein Hafenmanöver ohne sprachliche Kommunikation problemlos durchzuführen. Also will auch das Ablegen vor dem Starten der Maschine in Ruhe mit der Besatzung durchgesprochen sein. Jede Aufgabe an Deck wird eindeutig jeweils einem Crewmitglied zugeordnet. Es geht darum, den Liegeplatz zügig, aber ohne Hektik, und vor allem ohne Kollision mit anderen Booten zu verlassen.

Sofern genügend Besatzung zur Verfügung steht, sollte eine Person am Bug, eine andere mittschiffs und eine dritte am Heck stehen, um im passenden Moment die richtige Leine loswerfen zu können. Die Anweisung dafür kommt in jedem Fall vom Rudergänger. Auf keinen Fall sollten Leinen losgeworfen werden, bevor der Rudergänger dazu eine Anweisung gegeben hat, denn sonst gerät das Schiff möglicherweise durch Windeinfluss unkontrolliert ins Treiben. Die wichtigste Frage vor dem Ablegen lautet: In welcher Reihenfolge werden die Festmacher losgeworfen? Grundsätzlich gilt, dass zuerst in Lee und dann in Luv losgeworfen wird. Dies bedeutet, dass die Leine, die das Schiff in der vorherrschenden Windrichtung hält, die letzte ist, die losgeworfen wird. Ein Blick in den Verklicker klärt die Lage.

Gerade beim Ablegen ist es wichtig, dass der Rudergänger den Radeffekt des Propellers in seine Planung miteinbezieht, denn allein durch Ruderlegen ist es

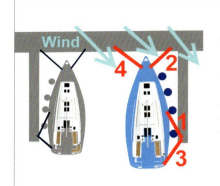

Ablegen vom Schwimmsteg mit Wind schräg von vorn aus Backbord. Reihenfolge der loszuwerfenden Leinen:
1. Spring,
2. Vorleine in Lee,
3. Achterleine,
4. Vorleine in Luv.

aus dem Stand heraus nicht möglich, einen geraden Rückwärtskurs einzuhalten. Zur Anströmung des Ruders muss das Schiff Fahrt haben. Im Falle des Ablegens mit Steg an Steuerbord (siehe obenstehende Zeichnung) wäre es von Vorteil, wenn der Radeffekt achteraus nach Backbord ziehen würde. Bei Radeffekt nach Steuerbord sollte in diesem Fall ein Crewmitglied auf dem Fingersteg das Schiff abdrücken und im letzten Moment an Bord springen.

Die Mannschaft sollte neben der Leinenbedienung auch die Fender im Auge behalten und gegebenenfalls mit einem mobil eingesetzten Fender zur Stelle sein, wenn eine Berührung mit dem Rumpf des Nachbarschiffs nicht ausgeschlossen werden kann. Versuchen sie auf keinen Fall, mit den Füßen das eigene Schiff irgendwie abzudrücken. Die wirkenden Kräfte sind viel zu groß und zu schnell ist der Fuß zwischen den beiden Rümpfen eingeklemmt. Genauso wenig hat es Sinn, mit dem Bootshaken das Nachbarschiff auf Abstand halten zu wollen. Meist rutscht er ab und dann wird möglicherweise sogar jemand auf dem Nachbarschiff verletzt. Außerdem reicht die Armkraft eines Menschen ohnehin nicht aus, eine in Bewegung befindliche 10-Tonnen-Yacht schnell genug abzudrücken, weder mit noch ohne Bootshaken.

Die Fender dürfen erst eingeholt werden, nachdem das Schiff wirklich frei manövrierfähig in Fahrt ist, denn gerade im Hafen gilt Murphys Gesetz besonders häufig. Mit Überraschungen muss immer gerechnet werden.

Und wohin nun mit den Leinen und Fendern? Ein aufgeklartes Deck und routinemäßiges Stauen der Leinen und Fender sollten nach dem Ablegen selbstverständlich sein. Die Stolpergefahr wird dadurch an Deck reduziert, und die Leinen und Fender werden zum nächsten Anlegemanöver wieder schnell genug gefunden. Es hat sich als zweckmäßig erwiesen, Leinen und Fender mit System immer am gleichen Ort zu stauen. Nur so sind sie schnell genug im Einsatz.

# 4.5 An- und Ablegen längsseits an der Pier

An einer Pier oder einem Ponton längsseits anlegen ist, insbesondere bei Windstille, das einfachste Anlegemanöver überhaupt. Grundsätzlich kann wahlweise mit Backbord oder Steuerbord angelegt werden, doch wird das Manöver am elegantesten ablaufen, wenn beim Aufstoppen der Radeffekt genutzt wird, um das Heck auf den letzten Metern im eingelegten Rückwärtsgang, aber durch die Trägheit noch vorwärtsfahrend, aufstoppend an die Pier zu drücken. Also bei linksdrehender Schraube (rückwärts dann rechtsdrehend) mit Steuerbord.

Auch für auflandigen Wind gilt das Obengenannte. Wichtig ist in jedem Fall, dass nicht zu schnell an die Pier herangefahren wird, denn sonst wird es schwierig, die passende Motordrehzahl zum Aufstoppen zu finden. Wilde Gaswechsel wirken stümperhaft und schaden Motor und Getriebe.

Bei ablandigem Wind hingegen ist es, ohne den Radeffekt auszunutzen, erheblich schwieriger, ein sauberes Manöver zu fahren. Wird beispielsweise bei linksdrehender Schraube und ablandigem Wind mit Backbord versucht anzulegen, so addieren sich die Kraftvektoren von Wind und Radeffekt im Moment des Aufstoppens ungünstig und das Heck wird schnell von der Pier wegdrehen. Falls nun ein Anlegen unter diesen Bedingungen mit der ungünstigen Backbordseite unumgänglich ist oder ein sehr kräftiger ablandiger Wind weht, so sollte das Manöver folgendermaßen ablaufen (siehe Zeichnung).

Vorleine, Achterleine und Spring sind vorbereitet auf ihren Klampen belegt. Nicht nur der Vorschiffsmann steht mit der aufgeschossenen Vorleine landseitig auf dem Vorschiff, sondern auch die Person mit der Achterleine, denn am Heck wird sie wegen der unvermeidlichen Drehbewegung weg von der Pier nicht an Land springen können. Im Moment des Aufstoppens springen beide vom Vordeck an Land. Die Vorleine wird auf der nächsten Klampe belegt und die Person mit der Achterleine läuft schnell auf dem Steg nach achtern, holt dabei die Leine durch, so kurz sie kann, und belegt dann auf einer Klampe auf dem Steg,

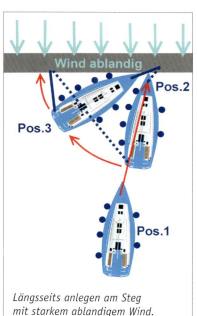

*Längsseits anlegen am Steg mit starkem ablandigem Wind.*

zuerst einmal möglichst nahe am Heck. Dabei muss nicht sofort die optimale Stellung des Schiffes an der Pier erreicht werden. Es geht als Erstes darum, das Schiff in eine ruhige Position zu bringen. Erst dann wird die Achterleine von Land aus mit zwei Personen dichtgeholt. Ist der Wind so stark, dass das Dichtholen allein durch Ziehen vom Steg aus nicht möglich ist, so wird auf dem Steg belegt und schiffseitig über eine Genuawinsch dichtgeholt. Die Feinarbeit kann dann ohne Stress anschließend erledigt werden: Abstand des Schiffes zu den Klampen an Land korrigieren, Vor- und Achterspring ausbringen, eventuell die Stellung der Fender optimieren.

Das als Alternative zum Beschriebenen oft zitierte Eindampfen in eine Vorspring klappt bei kräftigem ablandigen Wind mit modernen, leicht gebauten Yachten mit viel Windangriffsfläche nicht. Man riskiert lediglich die Klampen aus dem Deck zu reißen.

Beim Ablegen von der Pier ist der Windeinfluss genau andersherum zu beurteilen: Nun ist – im Gegensatz zum Anlegen – der ablandige Wind der günstigere, denn er drückt das Schiff ja von der Pier weg. Geschickt ist es, dann die Achterleine als letzte loszuwerfen, denn so wird der Bug bereits etwas weggedrückt und das Schiff kommt von allein in eine günstige Position zum Einkuppeln in den Vorwärtsgang.

Muss aber bei erschwerendem, auflandigem Wind von der Pier abgelegt werden, so hilft eine besondere Methode: das klassische Eindampfen in eine Spring. Vorausgesetzt, dass die Verankerung der Klampen stabil genug und der Wind nicht zu stark ist.

Sofern der Rumpf achtern schmal genug ist, klappt es mit der Achterspring (siehe Zeichnung). Mit der Achterspring auf Slip gelegt und der Maschine dosiert in Rückwärtsfahrt drehend wird der Bug langsam von der Pier weggedrückt. Natürlich muss das Heck dabei sehr gut abgefendert werden. Wenn die Drehung weg von der Pier ausreichend groß ist, wird die Achterspring losgeworfen, von Deck aus schnell eingeholt und der Liegeplatz in Vorausfahrt verlassen.

*Ablegen vom Steg bei auflandigem Wind, Eindampfen in die Achterspring.*

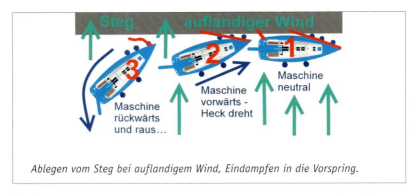

*Ablegen vom Steg bei auflandigem Wind, Eindampfen in die Vorspring.*

Die Methode des Eindampfens in die Achterspring klappt allerdings nicht bei modernen, achtern extrem breiten Schiffen. In diesem Fall ist es besser, man dampft alternativ in die Vorspring ein (siehe Zeichnung): Alle Leinen, außer der Vorspring, die auf Slip liegt, sind losgeworfen und der Bug ist gut abgefendert. Nun dosiert vorwärts Gas geben, bis das Heck ausreichend Abstand von der Pier hat und in Rückwärtsfahrt aus der Lücke herausgefahren werden kann. Aber Vorsicht! Es klappt nur, wenn der Radeffekt in die passende Richtung zieht!

## 4.6 An- und Ablegen im Päckchen

Im Prinzip gilt beim An- und Ablegen im Päckchen Ähnliches wie an der Pier. Lediglich mit dem Unterschied, dass statt an Klampen auf der Pier an den Klampen des Nachbarschiffes festgemacht wird. Die Fender sollten etwas höher gesetzt werden als beim Anlegen an der Pier und es sollte möglichst zusätzlich jeweils ein großer Kugelfender vorn und achtern angebracht werden, um sicherzustellen, dass beim Heranfahren auch bei einem ungünstigen Winkel das Nachbarschiff nicht beschädigt wird. Sofern keine Hilfe vom Schiff, an dem angelegt werden soll, zur Verfügung steht, werden die Vorleine und die Achterleine auf den eigenen Klampen belegt, gut aufgeschossen und von Bug und Heck jeweils von einem Crewmitglied zur breitesten Stelle des Schiffes geführt, wo beide dann auf das Nachbarschiff übersteigen können und die Leinen auf den Klampen des Nachbarn belegen. Aber bitte: Lippklampen benutzen! Um die Klampen des Nachbarn nicht zu überlasten, ist es gute Seemannschaft, als Außenlieger vom eigenen Schiff zusätzlich Landleinen vorn und achtern zur Pier auszubringen.

Bei zu erwartendem Schwell muss darauf geachtet werden, dass die Masten nicht direkt nebeneinanderstehen, also die Riggs nicht aneinanderschlagen können.

*Lippklampe.*

*Mit Palstek auf Klampe belegt.*

Dies wird leicht erreicht, indem die beiden Schiffe nicht mit Bug an Bug, sondern mit Bug an Heck liegen. Außerdem hat dies den weiteren wichtigen Vorteil, dass im Cockpit noch eine gewisse Intimsphäre gewahrt ist.

Ein Problem beim Ablegen aus dem Päckchen entsteht, wenn das eigene Schiff in einer Lücke zwischen zwei Päckchen liegt (siehe Zeichnung). Wie komme ich aus der Lücke heraus?

Das Eindampfen in eine Spring wird hier in der Regel nicht funktionieren, weil der erreichbare Drehwinkel nicht ausreichend groß sein wird. Meist ist es darum unumgänglich, Hilfe von einem Nachbarschiff zu erbeten oder kurz ein Besatzungsmitglied der eigenen Crew auf das Deck des Nachbarschiffes zu schicken, um so von Hand mit Leinenunterstützung in eine Außenposition im Päckchen zu verholen. Je nach Windrichtung und Radeffekt kann es sinnvoller sein, vorwärts oder lieber rückwärts hinauszufahren. Ein Bugstrahlruder wirkt hier Wunder ...

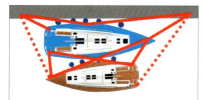

*Richtig im Päckchen festgemacht:*
1. *Der Größere Schiff liegt innen.*
2. *Die Schiffe liegen Bug an Heck.*
3. *Alle Springs wurden ausgebracht.*
4. *Zusätzliche Landleinen bei stärkerem Wind.*

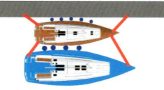

*Falsch im Päckchen festgemacht. Fehler:*
1. *Der Größere liegt außen.*
2. *Die Schiffe liegen in die gleiche Richtung mit Bug an Bug.*
3. *Es wurden keine Springs ausgebracht.*
4. *Es wurden keine Landleinen ausgebracht.*

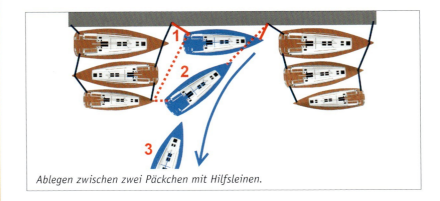

*Ablegen zwischen zwei Päckchen mit Hilfsleinen.*

# 4.7 An- und Ablegen am Schwimmsteg mit Fingerstegen

Das An- und Ablegen am Schwimmsteg hat gewisse Gemeinsamkeiten mit den Manövern an der Pier (siehe Kapitel 4.5), allerdings mit dem Unterschied, dass der Bug nicht nur mit einer Leine zu nur einer Seite gesichert wird, sondern mit zwei Leinen, eine an Backbord, eine an Steuerbord.

*Anlegen am Fingersteg mit Wind schräg von vorn.*
*Reihenfolge der zu belegenden Leinen:*
*1. luvseitige Vorleine an Backbord,*
*2. Mittelspring,*
*3. Achterleine,*
*4. leeseitige Vorleine an Steuerbord.*

*Anlegen am Fingersteg mit Wind schräg von achtern.*
*Reihenfolge der zu belegenden Leinen:*
*1. Mittelspring,*
*2. luvseitige Vorleine an Steuerbord,*
*3. leeseitige Vorleine an Backbord,*
*4. Achterleine.*

Ablegen vom Fingersteg mit Wind
schräg von vorn.
Reihenfolge der loszuwerfenden
Leinen:
1. Mittelspring,
2. leeseitige Vorleine,
3. Achterleine,
4. luvseitige Vorleine.

Ablegen vom Fingersteg mit Wind
schräg von achtern.
Reihenfolge der loszuwerfenden
Leinen:
1. Achterleine,
2. leeseitige Vorleine,
3. luvseitige Vorleine,
4. Mittelspring.

Beim Anlegen mit Wind von der Seite ist es grundsätzlich wichtig, dass die Luv-Leine als erste belegt wird.

Sofern gegen oder schräg gegen den Wind angelegt wird, ist folgende Reihenfolge beim Belegen der Leinen sinnvoll: Zuerst die Luv-Vorleine, um den Bug nach Luv zu sichern. Dann eine Achterspring von der Mittschiffsklampe, um sowohl nach vorn als auch zur Seite zu sichern. Nun kommt die Achterleine und zum Schluss die Lee-Vorleine (siehe Zeichnung).

Fällt der Wind hingegen schräg von achtern ein, so ist die Reihenfolge beim Festmachen folgende: Zuerst die Achterspring von der Mittschiffsklampe zum Fingersteg belegen, dann mit der Vorleine nach Luv sichern. Nun die Lee-Vorleine und als Letztes die Achterleine auf den Fingersteg.

Beim Ablegen gilt es genauso, den Windeinfluss zu berücksichtigen. Doch ist die Reihenfolge der loszuwerfenden Leinen nun umgekehrt.

# 4.8 An- und Ablegen an der Pier römisch-katholisch

Insbesondere im Mittelmeer, aber auch in manchen Häfen des Atlantiks findet der Segler meist keine Schwimmstege, sondern lediglich eine nackte Betonpier mit einigen Pollern oder Ringen zum Festmachen. Um möglichst vielen Schiffen einen Liegeplatz geben zu können, wird hier nicht längsseits festgemacht, sondern rechtwinklig zur Pier. Tradition im Mittelmeer ist es, mit dem Heck an die Pier zu gehen, doch gibt es kein grundsätzlich zwingendes Argument dafür, dies tatsächlich immer zu tun.

Vom Bug oder vom Heck aus – je nach günstigerer Fahrtrichtung zur Pier (Wind?) – werden zwei Vorleinen (beziehungsweise Achterleinen) an Land belegt, während das jeweilige andere Ende des Schiffes durch den selbst ausgebrachten, eigenen Anker im Hafenbecken gesichert ist. Bei der »Luxusversion« dieser Liegeplatzanordnung steht eine Boje für das Festmachen zur Seeseite – Muringboje genannt – zur Verfügung. Alternativ dazu gibt es oft eine sogenannte Muringleine ohne Muringboje, die senkrecht zur Pier zu einem Betonklotz am Boden des Hafenbeckens führt, der den eigenen Anker ersetzt. Diese Art des Festmachens, rechtwinklig zur Pier wird auch »römisch-katholisch« genannt.

Je nach Windrichtung und Zahl der schon festgemachten Yachten im Hafen kann dieses römisch-katholische Anlegen – vor allem mit eigenem Anker seeseitig – mehr oder weniger schwierig bis chaotisch werden. Insbesondere in Rückwärtsfahrt mit dem Heck zur Pier bei seitlich einfallendem Wind entstehen oft interessante Szenen für das »Hafenkino« der Crews, die bereits entspannt an der Pier liegen. Da meist nicht erkennbar ist, wo die Anker der anderen Yachten liegen, wird die eigene Kette möglicherweise über eine oder gar mehrere Nachbarketten gezogen … zur Freude der Taucher im Hafen, die am nächsten Morgen versuchen müssen, den »Ankersalat« zu beseitigen. Wichtig ist, dass der eigene Anker in ausreichendem Abstand von der Pier – mindestens 3-fache Wassertiefe – ausgebracht wird, denn nur so kann er sich eingraben. Ebenfalls wichtig ist, dass die Ankerkette erst dann gefiert wird, wenn sich die

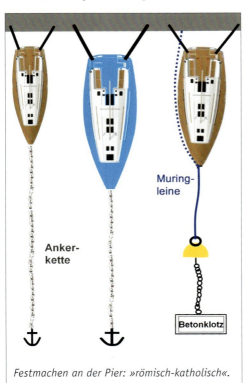

*Festmachen an der Pier: »römisch-katholisch«.*

*Yachten, römisch-katholisch festgemacht.*

Yacht bereits in Rückwärtsfahrt befindet, damit der Anker am Hafenboden sich sofort in die richtige Richtung legt. Nur so viel Kette fieren, wie es der Fahrt des Schiffes entspricht! Auf keinen Fall die Kette ohne Fahrt im Schiff einfach zu einem großen Haufen am Meeresboden ausrauschen lassen, denn zu leicht kommt es zu einer Wuhling, die das Eingraben des Ankers verhindert.

Bei ablandigem Wind, senkrecht zur Pier ist es noch am einfachsten: Man bringt in passendem Abstand zur Pier den eigenen Heckanker (bei Rückwärtsfahrt den Buganker) aus, motort vorsichtig in Richtung Pier, so nahe, dass ein Besatzungsmitglied über den Bugkorb oder Heckkorb mit einer Vorleine in der Hand an Land springen kann und sichert den Bug beziehungsweise das Heck. Nun wird die Bug- oder Heck-Ankerleine so weit durchgeholt, dass genügend Spannung darauf steht, um das Schiff in seiner Position zu stabilisieren.

Steht eine Boje zur Stabilisierung des Hecks zur Verfügung, so wird diese im Vorausmotoren in Richtung Pier an einer Schiffsseite aufgenommen, die Achterleine mit ausreichender Länge durchgezogen, gefiert und weiter in Richtung Pier motort, bis der Bug gesichert werden kann. Anschließend wird die Achterleine an der Boje, ähnlich wie beim eigenen Heckanker, auf Spannung durchgeholt.

Nicht immer gelingt es der Crew, im Vorbeifahren an der Muringboje eine Leine durch das Auge auf Slip zu führen, sei es, weil der Rudergänger zu viel Fahrt im Schiff hatte, sei es, weil Seitenwind das Schiff unkontrolliert ins Treiben brachte. Dann gibt es zwei Möglichkeiten: Die eine ist natürlich, das Manöver

*Umgang mit Muringleinen.*

zu wiederholen. Die andere Möglichkeit ist – vorausgesetzt, dass bereits andere Schiffe an der Pier liegen –, zuerst an einem der Schiffe längsseits provisorisch festzumachen und dann mit dem Beiboot eine Leine – am besten auf Slip – zur Muringboje auszubringen.

Das Verfahren mit Muringleine, aber ohne Muringboje ist im Ablauf etwas schwieriger, denn die Leine liegt am Meeresboden und ist mit ihrem landseitigen Ende nur an der Pier an einem Ring festgemacht. Wir beschreiben den Vorgang in Vorausfahrt mit dem Bug an der Pier: Das Schiff wird erst einmal mit dem Bug an die Pier motort, ohne nach achtern irgendeine Absicherung zu haben. Nun springt ein Crewmitglied über den Bugkorb an Land, belegt die Festmacher, während ein zweites Besatzungsmitglied, am besten mit einem Bootshaken von Bord aus, die Muringleine nahe am Ring an der Pier auffischt und dann Hand über Hand am Schiffsrumpf entlang nach achtern führt. Am Heck angekommen wird nun die Muringleine so gut es geht auf Spannung durchgeholt und auf einer Heckklampe belegt. Falls es bevorzugt wird, mit dem Heck anzulegen verläuft das Manöver entsprechend im Rückwärtsgang, doch muss berücksichtigt werden, dass möglicherweise der Radeffekt des Propellers erschwerend hinzukommt. Dass dieses Manöver insbesondere bei Wind von der Seite schnell schiefgehen kann, ist offensichtlich, denn es fehlt die Möglichkeit, das Schiff zu stabilisieren, während die Muringleine noch nicht belegt ist. Glück hat man, wenn das Schiff in der Phase ohne Sicherung zur Seeseite vorübergehend an einem Nachbarn längsseits liegen kann.

Noch schlimmer ist es bei Wind von achtern auflandig mit dem Bug an die Pier, denn das Manöver wird mit großer Wahrscheinlichkeit – bedingt durch den Radeffekt beim Aufstoppen im Rückwärtsgang – schiefgehen. In diesem Fall ist es sinnvoller, mit dem Heck an die Pier zu gehen, denn so kann der Rudergänger das Schiff während des Manövers im Vorwärtsgang gegen den Wind stabilisieren.

Ein paar gute Arbeitshandschuhe sind beim Festmachen mit Muringleine mehr als willkommen, denn die Leine, die vom Grund des Hafenbeckens hochkommt, ist in der Regel schlammig und muschelbewachsen.

# 4.9 An- und Ablegen in der Box zwischen Pfählen

Liegeplätze mit Pfählen, sogenannte Boxen, sind insbesondere in der Ostsee sehr verbreitet.

Die Idee, das Heck an Pfählen zu sichern, während der Bug auf dem Steg festgemacht ist, mag auf den ersten Blick genial einfach erscheinen, hat aber seine Tücken im Detail. Sehr sinnvoll ist es, ein Schiff mit einer Scheuerleiste zu haben, denn das Entlangrutschen am Pfahl ist oft unumgänglich. Skandinavische Yachten haben eine solche Scheuerleiste serienmäßig, nicht hingegen moderne Großserienschiffe.

Absolut wichtig ist es, dass vor dem Anlegen nicht nur alle vier Festmacher klar zum Gebrauch auf der Klampe belegt und dann sauber aufgeschossen auf Stand-by liegen, sondern dass die pfahlseitigen Leinen (beim Anlegen in Vorausfahrt also die Achterleinen) am Ende mit einem Auge (Palstek) versehen sind, um sie schnell genug über den Pfahl legen zu können. Manchmal sind die Pfähle allerdings zu hoch (in Tidengewässern nahe am Niedrigwasser), um ein Auge über sie legen zu können. Dann hilft nur das Belegen auf Slip um den Pfahl herum.

Mit mindestens drei Personen in der Crew und nur geringem Windeinfluss kann das Anlegemanöver folgendermaßen ablaufen:

In langsamer Fahrt voraus wird etwa aus der Mitte der Boxengasse die Drehung in die Box eingeleitet. Die Fender sind passend an der Reling belegt, aber noch an Deck liegend, bereit, mit einem Fußtritt außenbords gedrückt

*Festmachen in der Box zwischen Pfählen.*

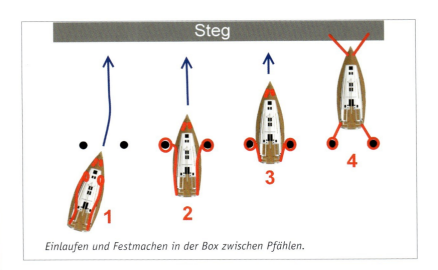

*Einlaufen und Festmachen in der Box zwischen Pfählen.*

zu werden. Beim Passieren der Pfähle mit der breitesten Stelle des Rumpfes werden die zur Mitte geführten Achterleinen backbord und steuerbord jeweils über den Pfahl gelegt und dann in Vorausfahrt zügig durchgeholt. Sind die Achterleinen passend in der Länge belegt, so kann das Schiff mit eingelegtem Vorwärtsgang vorübergehend mit Schub nach vorn stabilisiert werden. Ein Besatzungsmitglied geht nun mit den Vorleinen in der Hand über den Bugkorb auf den Steg und belegt die Vorleinen. Bei Seitenwind und wenn es schnell gehen muss, reicht es, zuerst einmal nur die luvseitige Vorleine zu sichern.

Beim Ablegen ist zu beachten, dass – bedingt durch den Radeffekt – das Schiff in Rückwärtsfahrt seitlich ausbrechen wird. Es muss also die dem Radeffekt entgegenwirkende Achterleine zügig durchgeholt werden und möglicherweise über die Vorleinen der Bug schon etwas kompensierend kurz vor dem Loswerfen gedreht werden. Diese Methode setzt voraus, dass der Abstand der Pfähle vom Steg mindestens zwei bis drei Meter größer ist als die Bootslänge. Falls die Box nur etwa so lang wie das Schiff selbst oder gar kleiner sein sollte, das Schiff aber mit Mittschiffsklampen ausgerüstet ist, kann das oben beschriebene Manöver dadurch variiert werden, dass statt der Achterleinen an Backbord und Steuerbord jeweils eine Mittelspring von den Mittschiffsklampen eingesetzt wird, mit der das Schiff seitlich und vorübergehend nach achtern gesichert und aufgestoppt wird. Sind die Vorleinen ausgebracht, so können zusätzlich die beiden Achterleinen an den Pfählen belegt werden. Die Mittelsprings bleiben (siehe Zeichnung).

Bei viel Wind kann das An- und Ablegen zwischen Pfählen extrem schwierig werden. Doch auch für diesen Fall lassen sich Lösungen finden. In der Regel klappt

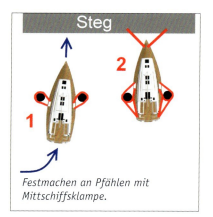

*Festmachen an Pfählen mit Mittschiffsklampe.*

es durch den geschickten, vielleicht manchmal unkonventionellen Einsatz von Leinen. Immer geht es darum, die Yacht wenigstens provisorisch in eine einigermaßen stabile Lage vor dem eigentlichen Einlaufen in die Box zu bringen. Je nach Windrichtung, Windstärke und Lage des Liegeplatzes kann dies sogar mit nur einer Leine erreicht werden. Während in der einen Situation eine Vorleine um einen Pfahl gelegt ausreicht, muss vielleicht in einer anderen Situation mit einer Spring von der Mittschiffsklampe oder mit einer Achterleine das Schiff gesichert werden. Alles hängt davon ab, wie viel Platz nach Lee vorhanden ist und wie am geschicktesten in die Box hineingedreht werden kann.

Hilfreiche Hinweise zu allen Feinheiten des An- und Ablegens zwischen Pfählen auch in verzwickten Situationen finden sich in der weiterführenden Fachliteratur (siehe Anhang).

# 4.10 An- und Ablegen an Bojen

Immer mehr malerische Buchten insbesondere im Mittelmeer, die noch vor wenigen Jahren als ideale Ankerbuchten bekannt waren, werden – meist mit ökologischen Argumenten – zu Ankerverbotszonen erklärt. Im Gegenzug werden allerdings dann dort kostenpflichtige Liegeplätze an Festmachebojen geschaffen, um insbesondere die zunehmende Charterklientel (mit der Kaufkraft ihrer Kreditkarten) nicht ungenutzt vorbeisegeln zu lassen.

Das Festmachen an der Boje fällt vielen Crews schwer, weil sie den Fehler machen zu versuchen, die Boje am Bug aufzunehmen. Das Deck auf dem Bug einer 12-Meter-Yacht befindet sich mindestens 1,5 Meter über der Wasseroberfläche, sodass derjenige, der den undankbaren Job hat, die Vorleine durch das Auge der Boje dort vorn zu führen, schon teleskopartig verlängerbare Arme haben muss, um es zu schaffen.

Erheblich einfacher, auch für den Rudergänger im Schiffshandling, sind folgende zwei Alternativen:

### Aufnehmen der Boje an der breitesten Stelle des Schiffes

Unter Berücksichtigung von Wind und Strom wird die Boje so angefahren, dass die Yacht, an der Boje angekommen, wenigstens kurzzeitig nicht vertreibt.

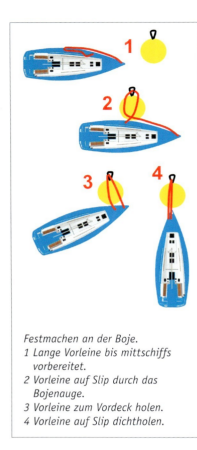

Festmachen an der Boje.
1 Lange Vorleine bis mittschiffs
  vorbereitet.
2 Vorleine auf Slip durch das
  Bojenauge.
3 Vorleine zum Vordeck holen.
4 Vorleine auf Slip dichtholen.

Sofern kein Strom setzt, ist das in Windrichtung. Es wird eine Vorleine, die etwas länger ist als die Schiffslänge, auf einer Bugklampe belegt und außerhalb der Seereling nach achtern geführt, etwa bis zum Punkt der maximalen Schiffsbreite. Meist ist das etwa dort, wo sich die Mittschiffsklampe befindet. Vorteil: Die Höhe der Bordwand ist hier deutlich geringer als am Bug. Ein Crewmitglied legt sich nun dort auf den Bauch, mit dem Ende der Vorleine in der Hand, und wartet darauf, dass der Rudergänger das Schiff geschickt an die Boje passend heranfährt. Dies fällt dem Rudergänger leichter als das Anfahren am Bug, weil er näher am Geschehen ist. Zur Hilfe für den Rudergänger ist es zweckmäßig, wenn zusätzlich ein Besatzungsmitglied ständig mit ausgestreckter Hand auf die Boje zeigt, die ja schräg unterhalb der Bordwand für den Rudergänger nicht sichtbar ist. Sofern im Moment des Erreichens der Boje die Fahrt im Schiff gering genug ist, wird es dem »Leinenmann« nun gelingen, das Ende der Vorleine durch den Ring oberhalb der Boje zu führen und mit diesem Ende dann schnell wieder zum Bug zu gehen, wo die Leine durchgeholt und schließlich belegt wird.

### Aufnehmen der Boje am Heck
Die zweite Variante des Manövers verläuft folgendermaßen:
In Vorausfahrt oder auch in Rückwärtsfahrt – je nach Wind und Bootstyp – nähert sich das Schiff der Boje so weit, bis sie sich nahe am Heck befindet. Das Heck ist auf fast allen Yachten der Bereich mit der geringsten Freibordhöhe. Außerdem kann auf vielen Yachten die Badeplattform genutzt werden. Eine Achterleine ist – belegt auf einer Heckklampe und sauber aufgeschossen – bereit, um von einem Crewmitglied von Deck oder von der Badeplattform aus durch den Ring an der Boje geführt zu werden. Die Achterleine wird kurz belegt. Nun kann in aller Ruhe eine Vorleine mit etwas mehr als 2-facher Bootslänge außerhalb der

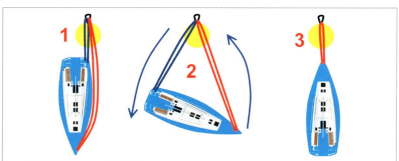

*Festmachen an der Boje.*
*1 Mit Heck heranfahren, lange Vorleine und kurze Achterleine auf Slip*
 *ausbringen.*
*2 Achterleine fieren und Vorleine durchholen.*
*3 Achterleine einholen und Vorleine dichtholen.*

Seereling vom Bug zum Heck geführt, dort durch den Bojenring gezogen und zurück auf die Bugklampe geführt werden. Anschließend werden simultan die Achterleine gefiert und die Vorleine dichtgeholt bis das Schiff schließlich nur noch an der Vorleine liegt. Klar zum Aperitif.

Zum Schluss sei darauf hingewiesen, dass es im Schiffsausrüstungshandel spezielle Bootshaken gibt, mit denen man – ohne sich an Deck legen zu müssen – direkt einen speziellen Karabinerhaken mit daran befestigter Leine in den Bojenring einklicken kann. Doch wer hat den schon ...

# 5. Ankern

## 5.1 Voraussetzungen für gutes Ankern

Zwar träumen viele Segler gern von einer idyllischen Nacht in einer stillen Ankerbucht, aber die meisten gehen dann doch in eine Marina »aus Sicherheitsgründen«. Ist Ankern wirklich so risikoreich wie viele glauben?
Sofern der Skipper die Wetterlage mit Kompetenz analysiert hat, eine zur vorherrschenden Windrichtung passende, geschützte Bucht mit geeignetem Ankergrund gefunden wurde, und das Ankergeschirr der Schiffsgröße und dem Meeresgrund angemessen ist, so gibt es keinen Grund dafür, sich eine geruhsame Nacht in einer idyllischen Bucht entgehen zu lassen. Entscheidend ist allerdings, dass die Quelle des Wetterberichtes vertrauenswürdig ist und bei der Wahl des Ankerplatzes nicht nur die aktuelle Wetterlage berücksichtigt wird, sondern dass darüber hinaus zuverlässige Informationen über die zu erwartende, weitere Entwicklung mindestens für die nächste Nacht eingeholt wurden.

## Das Ankergeschirr

Wenn ein Anker nicht hält, so liegt es häufig ganz einfach daran, dass die Yacht mit einem unterdimensionierten Ankergeschirr ausgerüstet ist. Dies gilt ganz besonders für Charteryachten. Eine komplette Ankerausrüstung besteht aus Anker, Kette, Leine und einer Ankerwinsch.

Ein auf Fahrtenyachten weitverbreiteter Anker ist der sogenannte Pflugscharanker. Es gibt ihn in der Version mit Kippgelenk, auch CQR-Anker genannt, oder ohne Kippgelenk, genannt Delta-Anker. Andere beliebte Ankertypen sind der Bruce-Anker und der Bügel-Anker, die beide ihre Vor- und Nachteile haben.

*Delta-Anker im Bugbeschlag.*

Manche Charteryachten sind auch mit Plattenankern ausgerüstet, deren Haltekraft auf Sand und Schlamm der des Pflugscharankers unterlegen ist. Hingegen hält der Plattenanker besser auf Seegraswiesen.

Neben der Bauweise des Ankers ist vor allem sein Gewicht entscheidend: Die folgende Tabelle gibt Anhaltswerte für das passende Ankergewicht bei gegebener Schiffsgröße. Es werden nur Richtwerte genannt, denn neben der Rumpflänge spielt auch die Verdrängung des Schiffes und das Einsatzgebiet eine Rolle.

| Richtwerte zum Ankergewicht bei gegebener Rumpflänge | | | |
|---|---|---|---|
| Rumpflänge | 10 m | 12 m | 14 m | 16 m |
| Ankergewicht | 10–14 kg | 14–18 kg | 18–22 kg | 25–35 kg |

Die im Ankerkasten gestaute Ankerkette sollte mindestens 3-mal so lang, besser 5-mal so lang sein wie das Schiff, denn die Kette ist es, die unter Normalbedingungen die Yacht halten soll. Ihr Gewicht sorgt dafür, dass auch bei Starkwind die Zugkraft der Yacht auf den Anker parallel zum Meeresboden übertragen wird und der Anker gut eingegraben bleibt.

| Richtwerte zur Kettenlänge und Gliedstärke bei gegebener Rumpflänge | | | |
|---|---|---|---|
| Rumpflänge | 10 m | 12 m | 14 m | 16 m |
| Kettenlänge | 30–50 m | 36–60 m | 40–70 m | 50–80 m |
| Gliedstärke | 8–10 mm | 10 mm | 12 mm | 14 mm |

Beim Ausbringen der Kette ist es äußerst schwierig, die schon im Wasser befindliche Kettenlänge abzuschätzen. Doch genau dies ist wichtig, denn nur bei ausreichender Kettenlänge am Meeresboden wird der Anker auch bei Starkwind halten.

Die Ankerkette sollte darum alle zehn Meter, besser sogar alle fünf Meter in gleichmäßigen Längenabschnitten mit Farbe, Bändseln, Draht oder sonst wie gekennzeichnet sein, denn nur so kann beurteilt werden, wie viel Kette ins Wasser gelassen wurde. Nehmen Sie sich vorsichtshalber ein paar Kabelbinder verschiedener Farbe mit auf den Törn, für den Fall, dass Ihr Charterschiff keine gekennzeichnete Kette hat.

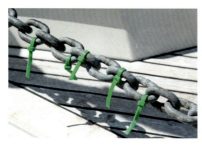

Markierungen mit Kabelbindern an der Kette.

Farbmarkierungen an der Ankerkette.

## Wie viel Kette ist notwendig?

Bei gutem Wetter, also wenig Wind kann mit 3-facher Wassertiefe als Kettenlänge geankert werden. Je stärker der Wind, umso mehr Kette muss gesteckt werden. Wenn plötzlich Fallböen aus den Bergen über die Bucht hinwegpeitschen, ist 5- bis 6-fache Wassertiefe als Kettenlänge angemessen. Sofern der Wind ablandig bläst, also sich keine hohe Welle aufbauen kann und das Ankergeschirr ausreichend dimensioniert ist, sollte auch bei 8 bis 9 Windstärken der Anker auf Sandgrund halten.

Viele erfahrene Segler vertreten die Ansicht, dass grundsätzlich nur mit Kette und nicht mit einer Kombination aus Kette und Leine geankert werden sollte. Richtig ist, dass eine Leine im Gegensatz zu einer Kette im Laufe einer Nacht durchscheuern kann. Richtig ist auch, dass eine ausreichend lange Kette eine bessere Dämpfwirkung auf die manchmal groben Schiffsbewegungen ausübt. Allerdings ist ein Meter Kette nicht nur schwerer, sondern auch deutlich teurer als ein Meter Leine. Ist dies der Grund, warum viele Charteryachten mit zu kurzer Kette, dafür mit mehr Ankerleine ausgerüstet sind?

Auch wenn in der Regel nur mit Kette geankert wird, sollte sich am Kettenende dennoch eine Ankerleine (auch Trosse genannt) anschließen, um in einer Ausnahmesituation auch noch in tieferem Wasser ankern zu können. Auf einer 12-Meter-Yacht sollten mindestens 30 Meter, besser 50 Meter Trossenlänge an Bord sein. Hier sollte nicht am Durchmesser gespart werden (je nach Schiffsgröße zwischen 14 Millimeter und 25 Millimeter), denn die Trosse sollte sogar noch im angescheuerten Zustand stark genug sein, um das Schiff unter Sturmbedingungen halten zu können. Wichtig: Die Ankerleine muss im Ankerkasten an einem Beschlag angeknotet sein, um zu verhindern, dass sie bei vollständig ausgebrachter Länge ausrauscht.

## Wo kann geankert werden?

Die allgemeine Wetterlage und die weitere Entwicklung mit der zu erwartenden Windrichtung für die nächsten 24 Stunden sind die Hauptkriterien zur Auswahl eines geeigneten Ankerplatzes. Der Wind sollte auf jeden Fall ablandig sein. Und zwar nicht nur zum Zeitpunkt des Ankermanövers, sondern – überprüft über den aktuellen Wetterbericht – während der gesamten Zeitspanne, in der in der Bucht geankert werden soll. Doch Vorsicht: Auch mit aktualisiertem, günstig erscheinendem Wetterbericht kann es passieren, dass der Wind dreht. Ursache dafür sind in der Regel lokal begrenzte thermische Effekte, die im Wetterbericht nicht genannt werden. So kommt es bei stabilen Hochdrucklagen am Tage durch die stärkere Erwärmung des Landes zu auflandigem Wind, während die Situation sich in der Nacht umkehrt, bedingt durch die nach dem Sonnenuntergang einsetzende Abkühlung des Landes. Insbesondere in inselreichen Gewässern wie der Ägäis oder in Kroatien ist es nicht immer ganz einfach, diese thermischen Effekte vorherzusehen oder richtig einzuschätzen. Neben der Windrichtung muss vor allem beim Ankern über Nacht berücksichtigt werden, ob vielleicht Dünung von der offenen See oder Schwell von größeren Schiffen in die Bucht läuft. Dünung muss keineswegs aus der Richtung kommen, aus der der Wind weht. Dünung kann durch Beugungseffekte leicht um Kaps herumlaufen und einen Ankerplatz, der auf den Wind bezogen optimal erscheint, in einen rollenden Wellenteppich verwandeln. Schon eine kleine Dünung von nur einem halben Meter Höhe kann ankernde Schiffe derartig rollen lassen, dass an Schlaf nicht mehr zu denken ist.

Es gibt Buchten, die bezogen auf Wind und Welle optimal liegen, die aber dennoch nicht zum Ankern geeignet sind, weil die Wassertiefe zu groß ist. Unter Einbezug eventueller Gezeiteneinflüsse darf die Wassertiefe auf keinen Fall ein Drittel der an Bord vorhandenen Kettenlänge übersteigen. Optimale Wassertiefen liegen für mittelgroße Yachten etwa zwischen drei und zehn Meter. Eine Wassertiefe von 20 Meter ist bei entsprechender Kettenlänge noch akzeptabel, größere Tiefen sind zu vermeiden.

Ein weiterer Aspekt bei der Wahl des Ankerplatzes ist die Beschaffenheit des Meeresbodens. Sand- und Schlammgrund sind bestens geeignet, um sicher zu ankern, denn der Anker kann sich darin tief eingraben. Hingegen ausgesprochen schlecht geeignet sind steinige Böden, Geröll oder feiner Kiesel. Auch Seegras verhindert oft das Eingraben des Ankers.

Der Skipper muss nicht tauchen gehen, um beurteilen zu können, wie der Meeresboden beschaffen ist. Es gibt verschiedene Informationshilfen: Gute See- und Hafenhandbücher beschreiben meist auch die geeigneten Ankerplätze eines Segelreviers. Auf Seekarten mit großem Maßstab wird die Beschaffenheit des Meeresbodens über Abkürzungen benannt: R für Fels (rock), S für Sand (sand), M für Schlamm (mud). In klarem Wasser kann man bei nicht zu tief stehender Sonne oft durchaus auch von Deck aus sehen, ob der Boden zum Ankern geeignet ist. Insbesondere Sandboden hebt sich hell ab von anderer Umgebung. Seegrasfelder sind meist aufgrund ihrer grünlichen Farbe gut auszumachen. In tropischen Revieren sind Korallenstöcke durch ihre bräunliche Farbe sehr deutlich zu unterscheiden von sandigem Boden. Eine polarisierende Sonnenbrille ist dabei eine gute Hilfe.

Sollte es nicht möglich sein, den Meeresboden von Deck aus zu beurteilen – wie bei trübem Wasser oder Ankunft bei Nacht –, so muss einfach testweise geankert und im Rückwärtsgang unter Maschine geprüft werden, ob der Anker hält. In warmem Wasser ist sicherlich tagsüber eine Schnorchelausrüstung von Vorteil, um direkt einen Blick unter die Wasseroberfläche zu werfen. Wer auf Nummer sicher gehen will, wird ohnehin mit Maske und Flossen prüfen, ob und wie gut sich der Anker eingegraben hat.

In beliebten Segelrevieren passiert es allerdings in der Hochsaison immer häufiger, dass die vielversprechende Bucht aus einem anderen Grund zum Ankern ausfällt: Es liegen bereits viel zu viele Schiffe vor Anker und der Platz reicht nicht aus, um ohne Kollisionsrisiko irgendwo zwischen den schon zu dicht ankernden Yachten seinen Haken in den Boden zu ziehen. Im Juli vor Porquerolles an der Côte d'Azur oder zu Weihnachten in den Grenadinen in der Karibik kann es so eng werden, dass die Yachten vor Anker Fender ausbringen und nachts

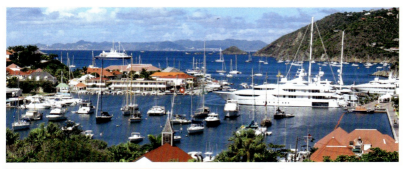

*Überfüllte Ankerbucht.*

*Sich überschneidende Schwojekreise.*

Ankerwache gegangen werden muss, um Kollisionsschäden mit dem Nachbarn zu verhindern. Und was war mit der gesuchten idyllischen Ruhe vor Anker? Um die nachbarschaftlichen Beziehungen beim Ankern nicht zu sehr zu strapazieren, kann man nur raten: Abstand halten! Eine Yacht ist kein Auto, das geparkt an seinem Platz bleibt. Eine ankernde Yacht schwojt, das bedeutet sie beschreibt im Wind einen mehr oder weniger großen Kreisbogen um ihren Anker. Will man absolut sichergehen, nicht während des Schwojens mit dem Nachbarschiff zu kollidieren, so dürfen sich die Schwojekreise benachbarter Schiffe nicht überschneiden. Leider sind heutzutage viele Segelreviere derartig überlaufen, dass eine solche Forderung nicht immer realisierbar ist. Nervige Kompromisse sind dann manchmal notwendig. Am besten, man sucht sich einen Nachbarn mit einem Schiff aus, das im Baustil dem Eigenen ähnelt, denn typenähnliche Schiffe schwojen auch etwa gleichartig. Völlig unangebracht ist es beispielsweise, mit einem schweren Langkieler zu dicht in der Nähe einer leichten Motoryacht zu ankern, denn das Schwojeverhalten der beiden Schiffe wird mit Sicherheit nicht simultan sein.

Konkret: Bei gegebener Wassertiefe von etwa 10 Meter, folglich mindestens 30 Meter Kettenlänge, müssten die Anker zweier benachbarter Schiffe optimal mehr als 60 Meter Abstand voneinander haben, um eine Kollision hundertprozentig auszuschließen. Dass dies in sommerlich überfüllten Ankerbuchten nicht von jedem Skipper eingehalten wird, weiß jeder erfahrene Segler. Was tun? Eine andere Bucht suchen oder im weniger geschützten Außenbereich der Bucht ankern, sofern die Wassertiefe nicht zu groß ist. Mit einem Schiff mit wenig Tiefgang, beispielsweise einem Integralschwerter gibt es manchmal noch die Alternative, den Buganker im Flachwasser in Ufernähe auszubringen und das Heck mit einer Landleine an einem Baum oder Stein zu sichern. In einigen Buchten der Türkei ist es allerdings inzwischen verboten, an Bäumen festzumachen. Stattdessen sind farbig gekennzeichnete Stahlpfeiler zum Festmachen ans Ufer gesetzt.

## 5.2 Ausbringen des Ankers

Wo genau in der Bucht der Anker ausgebracht wird, ist – abgesehen vom notwendigen Abstand zu anderen Schiffen – in erster Linie davon abhängig, aus welcher Richtung der Wind weht und wie viel Kettenlänge bei gegebener Wassertiefe gefiert werden muss.

Falls mit Winddrehern zu rechnen ist, sollte natürlich auch der Abstand zum Land ausreichend bleiben.

Der Anker wird von einem Crewmitglied aus der Halterung am Bugbeschlag gelöst und die Ankerwinsch zum Fieren vorbereitet. Bei manchen Winschen kann man rein mechanisch über eine Rutschkupplung den Anker durch sein Gewicht fieren, andere Winschen arbeiten auch beim Fieren elektrisch unterstützt.

Verlauf des Ankermanövers:

▶ Der Rudergänger sucht mithilfe des Echolots den optimalen Ankerplatz, fährt vielleicht ein bis zwei Kreise, um auch die Umgebung auszuloten, und fährt dann das Schiff unter Motor sehr langsam in Windrichtung auf die Ankerposition.

▶ Am vorgesehenen Ort mit dem Bug im Wind ruft der Rudergänger dem Crewmitglied auf dem Vorschiff zu: »Lass fallen Anker! Wassertiefe x Meter! Y Meter Kette fieren!« und legt den Rückwärtsgang ein, um sicherzustellen, dass der Anker im Moment der Grundberührung sich in die passende Richtung legt.

▶ Der Vorschiffsmann fiert nun die Kette der Wassertiefe entsprechend und orientiert sich dabei an den Kettenmarkierungen (siehe oben). Auf keinen Fall »wirft« er den Anker und lässt die Kette ausrauschen! Gleichzeitig motort der Rudergänger im Rückwärtsgang mit kleiner Drehzahl (etwa 800 Umdrehungen pro Minute) achteraus.

▶ Die Ankerkette wird nun weiter gefiert, bis sie etwa mit 3-facher Wassertiefe ausgestreckt ist. Bei viel Wind eher mit 5-facher Wassertiefe. Ist genügend

Kette ausgebracht, wird sie auf der Ankerwinsch durch Festziehen des Stoppers gegen Ausrauschen gesichert. Der Vorschiffsmann informiert den Rudergänger über die Länge der inzwischen ausgebrachten Kette.

▶ Der Rudergänger motort nun weiter nach achtern, um die Kette zu strecken, und sucht nun möglichst quer zur Kielrichtung nach einer möglichen Peilung, mit der er beurteilen kann, ob der Anker gegriffen hat. Sofern der Anker sich eingräbt, wird das Schiff wenige Sekunden später trotz eingelegtem Rückwärtsgang auf der Stelle stehen bleiben und die Querpeilung wird sich nicht mehr verändern.

Falls der Anker nicht hält (man sagt er »schliert«), so wird dies an der auswandernden Peilung schnell klar und auch meist durch eine unregelmäßig ruckende Kette bemerkt.

Das Crewmitglied auf dem Vorschiff kann nach Belegen der Ankerkette während des Rückwärtsmotorens mit einem Fuß auf der fixierten Kette prüfen, ob keine Rumpelvibrationen auftreten, der Anker also wirklich eingegraben ist. Vorsicht: Zuvor sicherstellen, dass die Kette auf der Winsch auch wirklich gut fixiert ist, um eventuelle Fußverletzungen zu vermeiden!

Sofern in Gezeitengewässern gesegelt wird, muss natürlich bei der Berechnung der benötigten Kettenlänge der Tidenhub mitberücksichtigt werden. Angenommen es wird zum Niedrigwasser auf drei Meter Wassertiefe geankert, also etwa zehn Meter Kette ausgebracht. Sechs Stunden später hat sich die Wassertiefe durch das inzwischen mit der Flut aufgelaufene Wasser auf sechs Meter verdoppelt. Wird die ausgebrachte Kette nicht weiter gefiert, so wird das Schiff schon bei wenig Wind abtreiben, denn die bei Niedrigwasser ausgebrachte Kettenlänge ist nun zum Hochwasser nicht mehr ausreichend.

Auch bei schwachem Wind wird die Kette im Laufe der Nacht etwas über den Meeresboden hin und her gezogen. Um die im Vorschiff schlafende Besatzung

*Ruckdämpfer an Ankerkette.*

nicht durch Ketten-Rumpelgeräusche zu stören, ist es sinnvoll, einen Ruck-dämpfer in die ausgebrachte Kette zu stecken. Dies ist eine Art Gummipuffer, der über eine Leine mit der Ankerkette verbunden wird (siehe Foto), sodass der Körperschall der über den Meeresboden schlierenden Kette nicht auf den Schiffsrumpf übertragen wird.

Bei etwas mehr Wind wird dem Skipper oft die Frage gestellt, ob es nicht sinnvoll sei, einen zweiten Anker auszubringen. Es gibt dafür verschiedene Techniken: Entweder werden zwei Anker hintereinander an derselben Kette eingesetzt (sogenanntes Verkatten) oder man bringt den zweiten Anker an einer separaten Kette aus (sogenanntes Vermuren). Beide Techniken sind kompliziert zu handhaben und können im Falle einer Legerwallsituation (Wind dreht auflandig und nimmt zu) in eine gefährliche Lage führen, weil man nicht schnell genug die beiden Anker bergen kann. Darum bin ich der Ansicht, dass diese Techniken nicht empfehlenswert sind und stattdessen das Schiff eher mit einem einfach zu handhabenden, aber etwas überdimensionierten Ankergeschirr ausgerüstet werden sollte, sodass auf andere Ankertechniken mit mehreren Ankern verzichtet werden kann.

Ebenfalls sehr umstritten ist der Einsatz einer sogenannten Trippleine. Es handelt sich um eine zusätzlich zur Kette ausgebrachte Leine, die vom Anker nicht zum Schiff, sondern direkt zur Wasseroberfläche hinaufführt. Sie wird dort mit einem kleinen Schwimmer (Fender oder kleine Boje) annähernd senkrecht gehalten. Ihr Sinn ist es, den Ort des eigenen Ankers insbesondere für andere Schiffe in der Umgebung sichtbar zu machen, damit nicht ein Nach-zügler seinen Anker ungeschickt über den eigenen wirft. Im Prinzip keine schlechte Idee, zumal diese Trippleine bei entsprechender Befestigung auch dazu dienen kann, einen eventuell hinter einem Stein verklemmten Anker leichter wieder freizubekommen.

Dennoch wird in der Regel auf eine Trippleine verzichtet. Die Gefahr, dass eine andere Yacht mit unaufmerksamem Rudergänger über die Trippleine hinweg motort – bei Dunkelheit fast unvermeidlich – und die Leine sich dann im Propeller verfängt, ist größer als die vorher genannten Vorteile.

Wird über Nacht geankert, so ist es notwendig, ein Ankerlicht zu setzen. Leider sieht man in letzter Zeit immer häufiger, dass diese Notwendigkeit ignoriert wird. Die meisten Schiffe haben als Ankerlicht ein fest angebautes weißes Rundumlicht im Masttopp. Für nachts hinzukommende Schiffe besser sichtbar hingegen ist eine mobile Ankerlaterne, die im Bug oder Heck in etwa zwei Meter Höhe ins Rigg gebunden wird.

In der Berufsschifffahrt gehört es zu den Pflichten der Besatzung, nachts Ankerwache zu gehen. In der Freizeitschifffahrt ist dies indessen in der Regel weder üblich noch wirklich notwendig. Es sei denn, es bläst so kräftig, dass der Skipper kein Vertrauen zu seinem eigenen Anker hat. Oder es kommt

Gewitter auf, und es ist mit wechselnden Windrichtungen zu rechnen. Oder man war am Abend gezwungen, in einer schon zu dicht belegten Ankerbucht dennoch zu ankern und fürchtet eine Kollision mit anderen Ankerliegern.

## 5.3 Bergen des Ankers

Voraussetzung für das gute Gelingen des Ankerbergens ist, dass sich die Person auf dem Vorschiff mit dem Rudergänger – der ja auch den Motor bedient – durch Zuruf oder mit Handzeichen verständigen kann. Der Rudergänger muss während des Ankerhievens die noch ausgebrachte, restliche Kettenlänge kennen, denn davon hängt es ab, wann er den Vorwärtsgang einlegt. Folgender Ablauf ist empfehlenswert:

► Der Vorschiffsmann löst den Ruckdämpfer und die Fixierung der Kette, schaut zum Rudergänger und wartet auf das Signal zum Ankerhieven.
► Der Rudergänger gibt nach kurzem Rundumblick, ob keine anderen Schiffe stören könnten, ein Handzeichen oder ruft: »Hiev den Anker! Wassertiefe xy Meter!« Er legt den Vorwärtsgang ein und motort sehr langsam in Richtung Anker.

- Der Vorschiffsmann zeigt mit einem ausgestreckten Arm in Richtung der vorausliegenden Kette.
- Über die Ankerwinsch holt der Vorschiffsmann nun die Kette ein, bis der Anker »kurzstag« ist. Das heißt, dass die Restlänge der Kette etwa nur noch gleich der Wassertiefe ist. Er ruft zum Rudergänger: »Anker ist kurzstag!«
- Der Rudergänger geht in den Leerlauf.
- Die Kette wird nun weiter eingeholt, sodass der Anker aus dem Meeresboden ausbricht. Der Vorschiffsmann ruft: »Anker ist ausgebrochen!« und holt den Rest der Kette ein, bis der Anker im Bugbeschlag fixiert werden kann.
- Nun motort der Rudergänger vorsichtig das Schiff zwischen den anderen Ankerliegern hindurch, ohne über ihre Trippleinen zu fahren.

Vorsicht: Beim Einholen der Kette über eine Elektrowinsch kann der Elektromotor unter ungünstigen Umständen überlastet werden. Zwar haben die meisten Yachten für diesen Fall eine Sicherung im Stromkreis der Ankerwinsch, aber der Motor leidet dennoch. Bei Wind sollte grundsätzlich das Einholen der Kette durch Vorausmotoren erleichtert werden. Der Vorschiffsmann sollte die Winsch dabei »mit Gefühl« bedienen und dem Elektromotor von Zeit zu Zeit kurze Pausen gönnen.

Sollte sich der Anker hinter einem Stein verklemmt haben, kann er nicht über die Winsch allein mit brutaler Kraft frei gezogen werden. Man wird dann zuerst einmal versuchen, ihn durch Ziehen aus der Gegenrichtung frei zu bekommen. Aber oft ist auch das nicht ausreichend. Dann hilft nur noch der Einsatz der Tauchausrüstung.

# 6. Angewandte Navigation und Seemannschaft

## 6.1 Zweckmäßiger Einsatz von GPS und Kartenplotter

Als das GPS-System in den 1980er-Jahren eingeführt wurde, erschienen in allen Yachtzeitschriften warnende Artikel, in denen die Unerlässlichkeit traditioneller Navigation mit Karte, Zirkel und Lineal parallel zum Gebrauch des GPS betont wurde. Niemand hätte es in den 1990er-Jahren gewagt, ohne Papierkarten durch die Ostsee zu segeln und niemand hätte den Atlantik ohne einen Sextanten überquert.

Zwar wird auch heute noch in der Segelausbildung darauf hingewiesen, dass die Navigation mit GPS nur als Sicherheitsunterstützung ergänzend zur Kartennavigation verstanden werden sollte, aber mal ehrlich, wie viele Segler plotten heute noch auf der Karte mit? Wie viele Transatlantik-Segler können noch eine Position mit dem Sextanten und den HO-Tafeln bestimmen?

Bei dem Überangebot an elektronischen Navigationshilfen bleibt immer häufiger der Aspekt des hautnahen Erlebens von Wind, Wasser und Horizont, bei dem ein wenig Unsicherheit das Salz in der Suppe ist, auf der Strecke. Klassische, »handgemachte« Navigation macht Spaß und bringt dem engagierten Navigator eine Befriedigung, die bei Benutzung eines Kartenplotters nicht aufkommen kann. Und geht es beim Segeln nicht in erster Linie um Spaß auf dem Wasser? Ein GPS am Kartentisch hat seinen guten Sinn, aber brauchen wir im Freizeitsegeln elektronische Wegpunktlisten, die wir zu Hause am PC runterladen, dann per Laptop mit an Bord nehmen und schließlich, staunend vor dem Bildschirm sitzend, verfolgen, wie der Autopilot das Schiff von Tonne zu Tonne fährt?

Es darf die grundsätzliche Frage gestellt werden: Warum gehen wir eigentlich segeln? Bringt die vom Land gewohnte Nutzung von Hightech auf See mehr Genuss im Segelerlebnis? War es nicht ursprünglich das Bedürfnis, die Umgebung auf See – Wind, Wasser, Wolken, Küstenlinien, Horizont – als Natur direkter wahrzunehmen, was uns damals das erste Mal auf See hinausgezogen hat? Dass es seit Jahrzehnten dank Radar und GPS weniger Havarien und Seenotfälle gibt, ist unbestritten und rechtfertigt die Präsenz dieser Geräte auch auf

*Benutzung des Sextanten.*

einer Segelyacht. Manche Hersteller von nautischen Hightech-Geräten argumentieren, dass dank dieser Geräte mehr Zeit bleibt für den Segelgenuss in der Natur. Stimmt das? Meine Erfahrung ist, dass eine Crew, deren Schiff mit einem Kartenplotter direkt am Steuerstand ausgerüstet ist, ihre Augen öfter auf dem Bildschirm hat als am Horizont. Gehen wir segeln, um – wie im Büro – einen Großteil der Zeit damit zu verbringen, auf irgendwelche Computerdisplays zu schauen?

Wie weit sollte ich als Skipper bei der technischen Ausrüstung – und der Nutzung dieser – auf See gehen? Die Tendenz an Bord geht eindeutig hin zum Hightech-Segeln und weg vom Erlebnis-Segeln. Die Hersteller einer vernetzten Navigationszentrale suggerieren uns, dass diese Geräte nicht nur »zeitgemäß«, sondern auch »sicherheitsrelevant« sind. In welchem Maß dies vom Skipper akzeptiert wird, muss er selbst entscheiden, aber er sollte dabei das SEGELN nicht aus dem Auge verlieren!

Zugegeben: Ein vom Skipper mitgebrachter Laptop kann an Bord durchaus sinnvoll eingesetzt werden. Bereits in der Törnvorbereitung ist ein Seekartenprogramm auf dem Laptop von großem Wert, um die infrage kommenden Häfen, die reizvollsten Ankerbuchten, die zu umfahrenden Untiefen im Überblick kennenzulernen. Auch wenn es inzwischen in einigen europäischen Ländern juristisch zulässig ist, nur mit elektronischen Karten zur See zu fahren, so sollte der verantwortungsbewusste Skipper dennoch alle für den Törn hilfreichen Papierkarten an Bord haben. In einer größeren Welle fällt der Laptop vom Kartentisch und die Computer-Navigation ist zu Ende. Und selbst wenn es eine seetaugliche Halterung für den Laptop auf dem Kartentisch gibt, was ist, wenn durch den Niedergang eine satte Ladung Salzwasser auf den Kartentisch herunterkommt? Was ist mit der nur mal kurz abgestellten Kaffeetasse, die sich, nachdem sie umgeworfen wurde, über die Tastatur ergießt? Kein Problem? Ihr Schiff ist ja »modern« und hat gar keinen Kartentisch mehr! Stattdessen ist ein Plotter wasserfest am Steuerstand montiert! Viel Spaß beim Segeln (siehe oben).

Es gibt noch ein gewichtigeres, systembedingtes Argument gegen den alleinigen Einsatz eines Kartenplotters oder Laptops in der Navigation:

Gefahrenstellen wie felsige Untiefen oder Sandbänke sind IMMER auf Papierkarten eingezeichnet. Auf elektronischen Seekarten hingegen hängt es vom jeweils eingestellten Maßstab ab, welche Details abgebildet und welche aus Platzgründen auf dem Bildschirm unterdrückt werden. Es ist unmöglich, auf einem Computerdisplay überschaubar alle Details und Gefahrenstellen einer Küste von 100 Seemeilen Länge darzustellen. Darum sind elektronische Kartenprogramme so gestaltet, dass alle wichtigen Details zwar im Prinzip im Programm vorhanden sind, aber nur bei genügend groß gewähltem Maßstab wirklich auf dem Bildschirm erscheinen.

Ein Beispiel aus der Segelpraxis: Die halbe Nacht ist um, der Navigator ist müde und braucht dringend Schlaf. Er übergibt die Navigation dem wachablösenden Crewmitglied, erklärt den weiteren Törnverlauf auf dem Display mit einem Maßstab von 1:200 000 und legt sich schlafen. Der Ersatznavigator vertraut der elektronischen Karte blind und hält das Schiff bei stetigem Wind problemlos auf Kurs. Ohne irgendwelche Ereignisse zieht die Yacht eine Stunde, zwei Stunden ihr Heckwasser in die See, als plötzlich der Rudergänger aus heiterem Himmel schreit: »Brecher voraus!« »Kann nicht sein!« kommt es zurück vom Kartentisch. Aber die Realität sieht anders aus als das Bild auf dem Laptop: Brecher, nur 200 Meter voraus ... Ruder hart backbord! Der Navigator springt aus seiner Koje hinauf an Deck, dann schnell zurück an den Kartentisch und flucht los: »Verdammt! Wer hat denn diesen Maßstab eingestellt? Der Stein ist doch auf der Karte!« Stimmt! Der Stein ist auf der Karte, aber auf der Karte 1:50 000. Und genau dieser Maßstab war in den letzten zwei Stunden gar nicht eingestellt gewesen. Der Navigator, völlig übermüdet, hatte es nämlich vergessen, seiner Ablösung mitzuteilen, dass zwischendurch immer wieder auf einen größeren Maßstab umgeschaltet werden muss, um alle Details auf dem Bildschirm sichtbar zu machen.

Auf einer Papierkarte hingegen, selbst bei Maßstab 1:200 000 sind – da sie ja viel mehr Fläche hat als ein Computerdisplay – alle für die Küstenschifffahrt gefährlichen Details eingezeichnet. Egal wie müde der Navigator auch ist ...

**Ein Tipp zum zweckmäßigen Gebrauch des GPS in der Wende und in der Halse**

Auf Kreuzkursen kann das GPS helfen, die optimale Position für die nächste Wende zu finden. Dazu muss allerdings der optimale Wendewinkel des Schiffes über Grund bekannt sein. Yachten, die am scheinbaren Wind etwa 40 Grad Höhe laufen, haben inklusive Abdrift meist einen Wendewinkel über Grund von etwa 100 Grad. Um den richtigen Punkt für die Wende zu finden, genügt es, bei eingegebenem Ziel-Wegpunkt am GPS die Peilung dorthin anzeigen zu lassen und hoch am Wind so lange weiterzusegeln, bis sie – auf der Backbordseite liegend – etwa 100 Grad weniger als der Kompasskurs (unter Berücksichtigung der Missweisung) beträgt. Liegt der Wegpunkt an Steuerbord, so segelt man entsprechend so lange weiter, bis die Peilung 100 Grad mehr als der Kompasskurs (unter Berücksichtigung der Missweisung) beträgt (siehe Zeichnung).

Die gleiche Methode funktioniert natürlich auch bei der Halse. Statt 100 Grad wird dann allerdings der optimale Halsen-Winkel in die Rechnung genommen. Bei einem normalen Fahrtenschiff beträgt dieser Winkel etwa 70 bis 80 Grad, sodass die gesegelte Wegstrecke minimal ist, aber dabei das Großsegel auf Raumschotskurs noch nicht die Genua abdeckt.

GPS-Geräte ermöglichen das Programmieren von sogenannten Routen. Damit ist eine Abfolge von fest eingegebenen Wegpunkten gemeint, die nacheinander

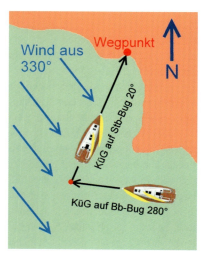

*Wenn der Wegpunkt auf dem GPS mit 20 Grad (280° + 100° = 380° = 20°) gepeilt wird, ist die optimale Position für die Wende erreicht.*

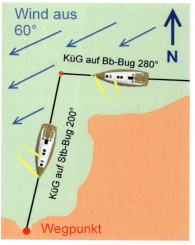

*Wenn der Wegpunkt auf dem GPS mit 200 Grad (280° – 80° =200°) gepeilt wird, ist die optimale Position für die Halse erreicht.*

automatisch ablaufen. Es ist also möglich, von Wegpunkt zu Wegpunkt zu fahren, ohne am Gerät nach Erreichen des letzten Wegpunktes den Neuen eingeben zu müssen. Unter Motorfahrt kann dies durchaus sinnvoll sein. Beispielsweise beim Passieren mehrerer Untiefen, die so dicht beieinanderliegen, dass vor Ort keine Zeit bleibt, die jeweils nächste Gefahrenstelle neu einzugeben. Unter Segeln hingegen ist dies kaum sinnvoll. Zu oft wechselt der Wind seine Richtung, um zu Törnbeginn bereits sicher sein zu können, bestimmte Wegpunkte in fester Reihenfolge anzulaufen zu können.

### Ein wichtiger Hinweis für Charterskipper

Seien Sie beim Gebrauch aller eichbaren elektronischen Geräte misstrauisch. Ein Charterschiff hat ständig wechselnde Mannschaften. Und oft werden – beabsichtigt oder unbeabsichtigt – Grundeinstellungen an den Geräten verändert, ohne die nachfolgende Crew zu informieren. Mögliche Gefahrenquellen:

▶ Am GPS stimmt möglicherweise die Kartennorm nicht mit der im Gerät eingestellten Norm überein.
▶ Am Echolot kann die Einstellung im Hinblick auf die Korrektur zwischen Geber-Einbautiefe und tatsächlicher Wassertiefe verstellt sein. Auf welches Niveau ist es geeicht? Unter Kiel? Unter Geber?
▶ Am Radar kann die Vorauseinstellung verändert worden sein, mit der Konsequenz, dass alle Radarpeilungen um einen gewissen Winkel falsch sind.
▶ Am UKW/VHF-Seefunkgerät können die Kanalfrequenzen zwischen INT und USA verstellt sein.

# 6.2 Einsatz von Radar und AIS

Ein Radargerät dient keineswegs nur dazu, bei Nebel andere Fahrzeuge, Inseln oder Küstenlinien zu orten. Es kann hervorragend zur Positionsbestimmung eingesetzt werden, indem markante, auf der Seekarte identifizierbare Landmarken wie Kaps oder kleine Inseln genutzt werden, um über Peilung und Abstand zum Radarecho die eigene Position relativ zum georteten Objekt zu finden.

Die Ausbildungsinhalte für den deutschen Sportseeschifferschein beinhalten mit Recht auch den Umgang mit dem Radargerät. Diese Schulung geht so weit, dass sogar das sogenannte Radarplotten behandelt wird. Hiermit ist ein geometrisches Verfahren gemeint, mit dem – mittels Informationen vom Kurs über Grund und der Fahrt über Grund des eigenen Schiffes und des möglichen Kollisionsgegners – über Dreieckszeichnungen ermittelt werden kann, ob ein Kollisionsrisiko besteht und wo der eventuelle Punkt des Zusammentreffens liegt. Das Verfahren findet in der Großschifffahrt regelmäßig sinnvolle Anwendung.

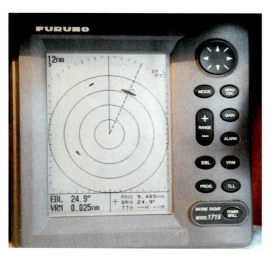

*Radar mit EBL und Kontakt auf EBL.*

Es sei aber die Frage erlaubt, ob es auch für die Sportschifffahrt sinnvoll nutzbar ist. Die Antwort lautet JA, wenn denn gewährleistet ist, dass insbesondere das eigene Fahrzeug über einen längeren Zeitraum seinen Kurs exakt einhalten kann. Genau dies ist aber auf einer Segelyacht nicht der Fall, denn sie wird im Normalfall unter Segeln im Seegang mehr oder weniger hin und her gieren, was dazu führt, dass sich die Radarpeilung zum anderen Fahrzeug binnen weniger Sekunden immer wieder ändert. Daraus folgt, dass eine geometrische Auswertung unter diesen Bedingungen völlig unmöglich ist. Selbst unter Motorfahrt in mäßigem Seegang gilt das Gleiche. Radarplotten ist also nur dann realistisch machbar, wenn die See sehr ruhig ist und das eigene Schiff einen konstanten Kurs mit weniger als zwei bis drei Grad Toleranz halten kann.

Aus dem Gesagten kann nun aber andererseits keineswegs geschlossen werden, dass ein Radargerät auf einem kleinen Freizeitfahrzeug zur Kollisionsverhütung ungeeignet ist. Es gibt auch auf kleinen Yachtradars eine Funktion mit dem Namen EBL (electronic bearing line), die die Beobachtung eines anderen Fahrzeugs auf einem variabel einstellbaren Peilstrahl erlaubt. Das Prinzip ist das Gleiche wie in der terrestrischen Navigation mit Peilkompass: Das Fahrzeug, bei dem überprüft werden soll, ob ein Kollisionsrisiko besteht, wird mittels EBL im Sinne einer Schiffsseitenpeilung angepeilt und es wird dann verfolgt, ob es zu einer »stehenden Peilung« kommt. Bleibt das Echo des möglichen Kollisionsgegners über einen längeren Zeitraum auf dem EBL stehen, so muss nach den Regeln der KVR (Kollisionsverhütungsregeln, siehe Literaturverzeichnis) entschieden werden, wer von beiden der Ausweichpflichtige ist, und dann entsprechend mit einer Kursänderung gehandelt werden.

Im Gegensatz zu GPS-Geräten sind Radargeräte in der Beschriftung der Bedienungstasten international vereinheitlicht, um sicherzustellen, dass der Navigator unabhängig vom Gerätehersteller auf jedem Schiff sofort mit dem Gerät umgehen kann.

Um dem Leser die Bedienung des Radargerätes zu erleichtern, folgt hier eine Kurzbeschreibung der verschiedenen Haupt-Funktionen:

**Head up** (relativ vorausorientiert) bezeichnet die Einstellung des Radars mit Rechtvoraus-Peilung in Kielrichtung. VORSICHT: Prüfen Sie vor dem navigatorischen Einsatz, ob »Head up« wirklich recht voraus peilt! Die Einstellung könnte durch inkompetente Benutzer versehentlich im Hauptmenü verstellt worden sein, was dazu führt, dass ein Objekt, das am Radar recht voraus gepeilt wird, tatsächlich optisch zum Beispiel 20 oder 30 Grad an Steuerbord oder Backbord liegt. Das Eichen von »Head up« in Kielrichtung lässt sich über das Hauptmenü einstellen.

**North up** (relativ nordstabilisiert) bezeichnet die Einstellung des Radars mit Rechtvoraus-Peilung in rechtweisender Nordrichtung. Diese Funktion steht nur dann zur Verfügung, wenn das Radar an einen elektronischen Kompass – beispielsweise an den Kompass des Autopiloten – angeschlossen ist. In diesem Fall liegt also ein Objekt, dass auf dem Display recht voraus oben abgebildet wird, nicht in Kielrichtung, sondern in Nordrichtung. Diese Einstellung wird gern beim »Radar-Plotten« benutzt (siehe oben).

**RNG** (Abkürzung für Range = Reichweite) stellt den maximalen Abstand zwischen dem eigenen Schiff (Mitte des Bildschirms) und dem äußeren Abstandsring ein. Auf Yachtradars geschieht dies in der Regel in folgenden Stufen: $1/8$ Seemeile – $1/4$ Seemeile – $1/2$ Seemeile – 1 Seemeile – 1,5 Seemeilen – 3 Seemeilen – 6 Seemeilen – 12 Seemeilen – 18 Seemeilen – 24 Seemeilen und bei leistungsstärkeren Geräten bis 36 Seemeilen. Es ist aber wichtig zu wissen, dass die jeweils eingestellte Reichweite keineswegs in der Praxis immer auch wirklich nutzbar ist, denn insbesondere in den großen Abstandsbereichen können ungünstige Rahmenbedingungen wie Regen, hohe Luftfeuchtigkeit oder nasse Segel die maximal nutzbare Leistung erheblich einschränken. Grundsätzlich sollte immer mit einer RNG-Einstellung gearbeitet werden, die das beobachtete Objekt gerade noch am Bildschirmrand erscheinen lässt, denn nur so ist eine optimale Auflösung gewährleistet.

**BRG** (Abkürzung für Bearing = Peilung) zeigt die Peilung zum beobachteten Objekt im Sinne einer Schiffsseitenpeilung, sofern das Gerät im Head-up-Modus arbeitet. Der Winkel wird als Gradzahl am Rand des Displays angezeigt.

**VRM** (Abkürzung für Variable Range Marker = variabler Abstandsring) bedient eine Funktion, bei der ein Kreis um die Mitte des Displays (eigener Standort) in seinem Radius so verstellt werden kann, dass das zu beobachtende Objekt genau auf dem Kreis (Abstandskreis) liegt. Dies erleichtert die Beurteilung der Bewegung des georteten Objektes.

**EBL** (Abkürzung für Electronic Bearing Line = elektronischer Peilstrich) ist eine nützliche Ergänzung zum VRM, denn es ermöglicht, das beobachtete Objekt auf eine frei um 360 Grad drehbare Peillinie zu legen, sodass geprüft werden kann, ob ein Kollisionsrisiko besteht. Bleibt das Echo längere Zeit auf der Peillinie und verringert sich der Abstand, so handelt es sich um eine »stehende Peilung«, was eine Kursänderung des eigenen Schiffes oder des möglichen Kollisionsgegners nach den Regeln der KVR (siehe oben) erfordert.

**Gain** (Verstärkung) stellt die Intensität des abgestrahlten Impulses ein. Die meisten Yachtradars haben mindestens zwei Gain-Einstellungen: eine manuell-variable und eine automatische. In der Mehrzahl der Fälle ist die Automatik-Einstellung optimal, doch gibt es besondere Situationen (hohe Fels-Steilküste, senkrechte Betonwände, Regen …), in denen es notwendig wird, die abgestrahlte Energie manuell zu verkleinern oder zu vergrößern, um ein klares Bild zu erzeugen.

**Sea Clutter** (Stör-Echos durch Seegang) nennt sich eine Ergänzungsfunktion zum Gain (siehe oben), die es ermöglicht, unerwünschte Echos, die durch Wellen an der Meeresoberfläche entstehen, auszufiltern. Man nennt sie auch Seegangsenttrübung. Je nach Seegang muss dieser Filter stärker oder schwächer eingestellt werden. Meist gibt es dafür eine Automatik-Einstellung, die aber nicht immer zu optimalen Bildern führt, sodass manuell korrigiert werden muss. Vorsicht: Ein zu hoch eingestellter Sea-Clutter-Filter kann andere Objekte, die für die Navigation von Bedeutung sind, vollständig auf dem Bildschirm unterdrücken.

**Rain Clutter** (Stör-Echos durch Regen) ist analog zum Sea Clutter ein Filter, der eine sogenannte Regenenttrübung bewirkt. Regen bewirkt eine Dämpfung des abgestrahlten Impulses und verringert die maximal mögliche Reichweite. Die Folge ist, dass ein Objekt bei Regen ohne aktivierten Rain-Clutter-Filter nicht oder nur schwach auf dem Display abgebildet wird, sodass es übersehen werden kann. Mit Rain Clutter lässt sich dieser Effekt minimieren. Auch hier der Hinweis wie bei Sea Clutter: Ein zu hoch eingestellter Rain-Clutter-Filter kann andere Objekte, die für die Navigation von Bedeutung sind, vollständig auf dem Bildschirm unterdrücken. Vergleichen Sie im Einsatz, ob die manuelle oder die automatische Einstellung die besseren Ergebnisse liefert.

Ferner haben die meisten Yachtradars auch eine Alarm-Funktion. Mit ALARM wird eine variabel einstellbare Zone auf dem Display definiert, mit der – wahlweise einstellbar – in die Zone einlaufende oder aus der Zone auslaufende Echos eine Sirene auslösen. Die Bedienung der Alarmzone geschieht mittels VRM und EBL (siehe oben). Details sind dem hoffentlich an Bord vorhandenen Radar-Handbuch zu entnehmen. Eine Kurzanleitung gehört an jeden Kartentisch.

**AIS** (Abkürzung für Automatic Identification System = automatisches Identifikationssystem) setzt sich auch an Bord von Freizeitschiffen seit einigen Jahren immer mehr durch. Es handelt sich dabei um eine Navigationshilfe zur Ortung anderer Fahrzeuge, bei der auf einem Bildschirm je nach Einstellung unter anderem folgende Schiffs-Informationen im Umkreis von etwa maximal 50 Seemeilen sichtbar gemacht werden: Name, Position, Fahrt über Grund, Kurs über Grund, MMSI-Code, Zielhafen, Ladung und vieles mehr, was nicht unbedingt für die Navigation des Yachtskippers von Bedeutung ist. Die Datenübertragung erfolgt über UKW-Seefunk (= VHF).

Es ist unmittelbar einleuchtend, dass diese Informationsflut auf einen kleinen Yacht-Bildschirm (koppelbar mit dem Radarbildschirm) übertragen schnell unüberschaubar wird. Darum kann der Skipper am Gerät einstellen, welche Informationen er wünscht und welche unterdrückt werden sollen. In der Regel reichen Angaben zu Kurs und Fahrt des anderen Fahrzeugs, um beurteilen zu können, ob ein Kollisionsrisiko besteht, denn darum geht es letztendlich. Somit ist AIS eine Ergänzung zum Radar. AIS-Geräte gibt es als Sende- und Empfangsgeräte (Transponder), aber auch nur als Empfangsgeräte (Receiver). Letztere sind auf Yachten verbreiteter.

Theoretisch sind alle Fahrzeuge der Berufsschifffahrt verpflichtet, ein AIS-Sende- und Empfangsgerät an Bord zu haben und es zu benutzen. Freizeit-Fahrzeuge unterliegen nicht dieser Verpflichtung. Wenn man als Segler nun aber auf See das eigene AIS benutzt und vergleicht, welche Schiffe man tatsächlich mit dem Auge sieht und welche auf dem AIS-Display abgebildet sind, so muss man leider manchmal feststellen, dass die Verpflichtung der Berufsschifffahrt, AIS-Signale zu senden, keineswegs immer eingehalten wird. Genau dies ist der Grund, warum man auf einer Yacht auf keinen Fall auf ein Radar verzichten sollte, wenn ein AIS-Gerät an Bord ist. Auf einem richtig eingestellten Radar wird man mit sehr hoher Wahrscheinlichkeit ein anderes, auch sehr kleines Fahrzeug im Abstand von mindestens einer Seemeile sehen. Wenn hingegen auf einem AIS-Empfänger keine Signale empfangen werden, der Bildschirm also leer bleibt, so kann daraus mitnichten geschlossen werden, dass sich keine anderen Fahrzeuge in der Umgebung befinden. Das AIS ersetzt NICHT das Radar!

*Ältere Fahrtenyacht mit schmalem Heck.*

## 6.3 Kurshalten

Zwar muss der Skipper nicht unbedingt selbst Ruder gehen, aber er sollte in der Lage sein, einem weniger erfahrenen Rudergänger Hilfestellungen zu geben. Dazu muss er selbst einige Theoriekenntnisse aus dem Bootsbau besitzen. Moderne Schiffe ähneln sich heutzutage mehr und mehr in ihren Rumpflinien, folglich auch in ihrem Steuerverhalten. Hydrodynamisch sehr effektive Spatenruder (siehe Foto Seite 69), schmale tief gehende Kiele und breite Hecks prägen das Erscheinungsbild der heutigen Großserienyacht. Vorbalancierte Spatenruder setzen jede kleine Drehung des Steuerrades blitzschnell in eine Kursänderung um, was Regattasegler sicherlich schätzen. Doch ist ein solches Ruder auch optimal für einen Fahrtensegler? Insbesondere mit einem vielleicht unerfahrenen Rudergänger? Wohl kaum! Wenn – wie heute meist üblich – zum Spatenruder noch ein schmaler, tief gehender Kiel hinzukommt, so ist ein unerfahrener Rudergänger überfordert. Hinzu kommt noch, dass die heute üblichen zwei Doppelkabinen im Achterschiff ein Heck notwendigerweise sehr breit machen, was gerade auf Raumwind-Kursen das Rudergehen erschwert. Das Heck wird in der schräg nachlaufenden Welle mit wechselnder Kraft immer wieder zur Seite gedrückt, sodass das ständig am Ruder korrigiert werden muss. Auf wirklich modernen Hightech-Yachten wie beispielsweise den Open 40 und den Open 60 (Vendée-Globe-Rennen) wird allerdings durch Doppelruderanlagen die Kursstabilität wieder hergestellt.

*Open 60 mit Doppelruder.*

Fahrtenschiffe aus den 1980er- und 1990er-Jahren mit schmaleren Hecks wurden oft mit einem Skeg vor dem Ruder und horizontal etwas längeren Kielen gezeichnet. Sie hatten dadurch ein etwas trägeres Drehverhalten, waren aber meist kursstabiler und für einen unerfahrenen Rudergänger leichter zu beherrschen. Die größere benetzte Fläche brachte allerdings auch einen gewissen Geschwindigkeitsnachteil insbesondere bei leichten Winden mit sich.
Aus dem Gesagten ergibt sich, dass ein Skipper insbesondere auf einem modernen Schiff nicht von seiner Crew erwarten darf, dass jeder das Schiff befriedigend auf Kurs halten kann. Erklärungen, Übungsmanöver und schließlich einfach viel Routine sind unabdinglich.

## Fehler beim Rudergehen

Segelneulinge schließen naiv vom Steuern eines Autos auf die Bewegungen eines Bootes beim Rudergehen. Aber ein Boot ist kein Auto. Steht das Steuer beim Auto gerade, fährt das Auto geradeaus. Dies ist am Ruder eines Segelbootes keineswegs so, denn durch Wind-, Wellen- und Strömungseinfluss kann das Schiff erheblich nach Backbord oder Steuerbord aus dem Ruder laufen. Es gilt also diese Einflüsse durch entsprechendes Ruderlegen zu kompensieren, oder besser noch, durch antizipierendes Ruderlegen zu vermeiden. Der häufigste Fehler beim Rudergehen ist das Übersteuern. Man versteht darunter eine tendenziell zu starke Reaktion des Rudergängers auf ein Ausbrechen des Schiffes aus dem Kurs, meist verursacht durch eine durchlaufende, etwas

höhere Welle oder durch eine plötzlich einfallende Bö. Übersteuern verursacht einen Teufelskreis: Das Schiff läuft zum Beispiel durch eine etwas höhere Welle ein wenig nach Backbord aus dem Ruder. Der Rudergänger reagiert richtig und legt Steuerbordruder, allerdings viel zu stark. Das Schiff reagiert dementsprechend genauso stark und zieht über die gewünschte Kursrichtung hinaus deutlich zu weit nach Steuerbord. Wiederum reagiert der Rudergänger in der Gegenrichtung richtig, aber nun noch überzogener als beim ersten Mal. Die Folge ist zwangsläufig, dass das Schiff nun leider völlig nach Backbord ausbricht.

Die Bootsbewegung ähnelt eher der einer Wasserschlange. Möglicherweise schaukeln sich diese übertriebenen Ruderbewegungen so weit auf, dass das Schiff »in die Sonne schießt«. So nennt man ein extremes Ausbrechen aus dem Kurs in den Wind, das vorübergehend zu Manövrierunfähigkeit und extremer Krängung führt.

Wie macht man es besser? »Angemessen gegenhalten, stützen, nicht zu viel drehen« lautet die Formel. Ein gut gezeichnetes Schiff kommt nach dem Durchlaufen einer etwas höheren Welle allein wieder auf Kurs, ohne dass der Rudergänger einschreitet. Allerdings muss er »abstützen«, das heißt das Ruder in seiner Position halten und vielleicht ein klein wenig Gegenruder legen, um die Tendenz der Yacht nach Lee auszubrechen, zu hemmen. In der nächsten Sekunde kommt das Schiff auf der Rückseite der Welle von allein zurück auf Kurs und es wird in der Regel nur eine kleine Drehbewegung notwendig sein, um den ursprünglichen Kurs wieder herzustellen.

Dass dies wirklich funktioniert, lässt sich einfach prüfen: Übergeben Sie das Ruder bei 5 Windstärken und eineinhalb Metern Seegang dem Autopiloten. Er braucht wie der Mensch allerdings auch einige Sekunden, um sich der Situation anzupassen, denn die Elektronik muss zu Anfang das spezifische Steuerverhalten des Schiffes in der Welle »lernen«. Spätestens aber nach etwa einer Minute hat ein technisch zum Schiff passend ausgewählter Autopilot den Kurs so gut im Griff, dass nur noch relativ kleine Ruderausschläge von meist weniger als 10 Grad notwendig sind, um das Schiff gut genug auf Kurs zu halten. Eine weitere absolut banale, aber gefährliche Ursache für schlechtes Rudergehen ist mangelnde Konzentration. Statt auf den Kompass und den Verklicker zu achten oder sich an einer Peilung recht voraus zu orientieren, schaut der Rudergänger zu lange fasziniert auf eine schicke vorbeisegelnde Megayacht. Oder er ist zu intensiv an einem Gespräch mit der Crew beteiligt. Oder – noch schlimmer – er hat nur eine Hand frei, weil er raucht. Oder ist er seekrank?

## Segelführung

Ob ein Schiff gut auf dem Ruder liegt und wie schwierig es ist, den Kurs zu halten, wird ganz wesentlich durch die Segelführung bestimmt. Es hat nichts mit Sportlichkeit zu tun, zu viel Segelfläche bei zunehmendem Wind stehen zu lassen. Starke Luvgierigkeit und unnötig hohe Steuerkräfte sind die Folge. Wenn das Schiff hoch am Wind regelmäßig mehr als 25 Grad krängt, muss gerefft werden. Viele Crews machen den Fehler, bei auffrischendem Wind den einfachsten Weg zu gehen und nur die Genua etwas einzurollen. Dass es der Rudergänger dann möglicherweise noch schwerer hat, das Schiff auf Kurs zu halten, ist nicht überraschend: Das ungereffte Groß verursacht zusammen mit der verkleinerten Genua ein Ungleichgewicht in der Kraftverteilung. Segeltechnisch gesprochen wandert der Lateraldruckpunkt der Segelfläche nach achtern und erzeugt mehr Luvgierigkeit. Der Rudergänger muss dies durch entsprechend mehr – und meist zu viel – Gegenruder ausgleichen.

Der gleiche Effekt der übertriebenen Luvgierigkeit entsteht, wenn auf Amwind- oder Halbwindkurs das Groß zu dicht und die Genua nicht dicht genug geschotet werden.

Bei den meisten Schiffen muss oberhalb von Beaufort 5 das Groß gerefft werden. Und dies gilt für Raumwind-Kurse genauso wie für Amwindkurse. Insbesondere bei Raumwind ist es ein großer Fehler, die Genua ganz wegzurollen und nur noch mit dem Groß zu segeln. Das Ausbrechen des Schiffes in einer Bö, bedingt durch den extrem weit achtern liegenden Lateraldruckpunkt, wird dann fast unbeherrschbar. Wird bei Raumwind hingegen nur mit der Genua, aber ohne Groß gesegelt, so ist dies zwar auch nicht optimal, jedoch erheblich leichter zu steuern. Es hat außerdem den Vorteil, dass kein Bullenstander gesetzt werden muss.

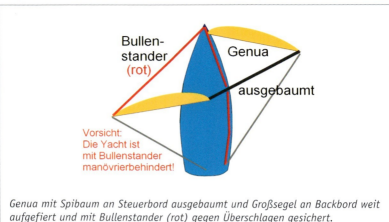

*Genua mit Spibaum an Steuerbord ausgebaumt und Großsegel an Backbord weit aufgefiert und mit Bullenstander (rot) gegen Überschlagen gesichert.*

Der Bullenstander ist ohnehin eine sehr umstrittene Hilfe zur Vermeidung von Unfällen. Zweifellos verhindert er – richtig angeschlagen von der Baumnock zum Vorschiff und zurück in die Plicht – ein Überschlagen des Großbaums (siehe Zeichnung). Zweifellos wird er benötigt, wenn auf Raumwind-Kurs ein unerfahrener Rudergänger am Rad steht.

Einem routinierten Rudergänger wird es hingegen auch in schwerer See nicht passieren, dass der Baum überkommt, denn er wird grundsätzlich nicht so weit raumschots abfallen, dass dieses Risiko entsteht. Kommt es tatsächlich zu einer Patenthalse mit über Bullenstander gesichertem Großbaum und gleichzeitig gesetztem Spinnaker, so wird das Schiff mit Sicherheit annähernd kentern und es entsteht zusätzlich eine MOB-Situation. Grundsätzlich gilt: Auf schwierigen Raumschotskursen darf nur ein erfahrener Rudergänger am Rad stehen.

## Hilfen beim Rudergehen

Der Kurs eines Schiffes kann auf dreierlei Weise kontrolliert werden: mit dem Kompass, über Peilungen zu Landmarken oder Sternen und über den Winkel zum Wind.

Der auf Yachten mit Radsteuerung immer in die Steuersäule eingebaute Magnetkompass kann allerdings etliche Fehler besitzen:

Ist er wirklich exakt in Kielrichtung eingebaut? Zwar sollte dies selbstverständlich sein, doch ist es keineswegs immer genau genug der Fall.

Gibt es irgendwelche ferromagnetischen Gegenstände in der näheren Umgebung (Werkzeuge, Handys, Metallbecher auf dem Cockpittisch), die die Anzeige beeinflussen? Besonders fatal ist in diesem Zusammenhang, wenn mit

*Kugelkompass an Steuersäule.*

Autopilot gesteuert wird und unter Deck in der Nähe des elektronischen Kompass ein Crewmitglied unwissend sein Handy oder einen anderen magnetisch wirksamen Gegenstand abgelegt hat.

Dass neben diesen vermeidbaren Fehlern auch die Missweisung und die Deviation in der Kursbestimmung berücksichtigt werden müssen, weiß jeder Skipper, doch weiß er auch, wie groß die Missweisung im besegelten Revier ist? Und besitzt das Schiff überhaupt eine Deviation? Und wenn ja, gibt es eine Deviationstabelle an Bord? Ein Skipper sollte die Genauigkeit der Kursangabe an den Rudergänger nicht übertreiben. Niemand kann eine Segelyacht auf ein Grad genau steuern. Außerdem ist der Steuerkompass einer Segelyacht nicht gradweise, sondern fünfgradweise beschriftet. Dem Rudergänger fällt es leichter, wenn er sich an einem auf der Kompassrose vorhandenen Strich orientieren kann. Statt also zu versuchen, 128 Grad zu steuern, sollte der Navigator dem Rudergänger lieber erlauben, eine gewisse Zeit lang die gut ablesbaren 130 Grad zu steuern. Später wird dann mit fünf Grad nach Backbord korrigiert.

Unerfahrene Rudergänger machen häufig den Fehler, viel zu lange auf den Kompass zu schauen und zu versuchen, allein nach der Stellung der Kompassrose zu steuern. Sie verlieren dabei natürlich den Blick auf den Bug und somit das Gefühl für das Schiff. Der Blick des Rudergängers sollte besser ständig zwischen Kompass und Bug wechseln.

Viele Rudergänger haben am Kompass oft das Problem, nicht zu wissen, wenn der Kompass sich rechtsherum beziehungsweise linksherum dreht, in welche Richtung sie kompensierend gegensteuern müssen. Manche basteln sich Eselsbrücken der Art: »Kompass dreht nach links – Ruder auch links drehen«. Im Prinzip ist das richtig, aber in der Praxis wegen zu langer Reaktionszeit unbrauchbar. Außerdem gilt dies nur, wenn sich der Steuerstrich auf der Rückseite des Kompasses befindet, was bei ins Brückendeck eingebautem Kompass nicht der Fall ist.

Besser ist es, mit Landmarken, Tonnen oder sehr langsam ziehenden Wolken, eventuell nachts mit Sternen … das Rudergehen zu üben. Üben bedeutet, Gefühl für das Schiff zu bekommen, sodass die Ruderbewegung im Laufe der Zeit automatisiert wird. Dieses »Gefühl« zu bekommen, lernt man nicht am Kompass, sondern nur über die natürlichen Sinne.

Ein kleiner Tipp: Der Rudergänger bringt das Schiff auf den vom Navigator angegebenen Kurs und sucht sich voraus in Kielrichtung einen Punkt, zum

Beispiel einen Hügel an Land, einen Wasserturm, ein kleines Wäldchen oder eine Häuseransammlung, auf den er zuhält. Fällt das Schiff vom Kurs ab, so wird genauso wie im Auto entgegengesteuert.

Der Vergleich mit dem Auto hinkt allerdings etwas, denn das schwere Schiff im beweglichen Medium Wasser reagiert aufgrund der Trägheit der Masse mit Verzögerung. Das Auto hingegen reagiert sofort. Genau diese Verzögerung muss erfühlt und die notwendige Kompensation in automatisierte Routine verwandelt werden. Das gelingt am besten durch Orientierung an Landmarken. Auf hoher See allerdings gibt es kein Land, dafür meist aber ein paar Wolken. Zwar sind diese nicht unbeweglich wie ein Hügel, aber auch sie können vorübergehend als grobe Steuerhilfe dienen, um nicht ständig auf den Kompass schauen zu müssen. Nachts wählt man sich dementsprechend einen hellen Stern oder ein Sternbild. Dass dies binnen einer Stunde durch die Erddrehung um 15 Grad wandert, muss natürlich längerfristig berücksichtigt werden. Und schließlich und endlich haben wir als Orientierungshilfe ja auch noch den Wind! Die Messung der Windstärke geschieht an Bord in der Regel über ein Anemometer im Masttopp, das die Drehung eines kleinen Schaufelrades in eine elektrische Spannung umwandelt, die dann auf einem Display im Cockpit als Windstärke in Knoten oder Beaufort angezeigt wird. Oft sind diese Windstärkemesser mit einem elektronischen Windrichtungsmesser kombiniert, sodass unten im Cockpit auch die Windrichtung relativ zur Kielrichtung ablesbar ist.

Im Prinzip eine hervorragende Einrichtung ... nur sind leider im praktischen Einsatz an Bord diese elektronischen Windmesser sehr störanfällig, oft recht ungenau in den Messwerten und verschleißbedingt auf Charteryachten gar nicht selten einfach kaputt.

*Windex im Masttopp.*

Der Rudergänger braucht aber auf jeden Fall eine zuverlässige Informationsquelle über die Windrichtung relativ zu seinem zu steuernden Kurs, denn nur so kann er optimal steuern und nur so kann die Crew die Segel optimal zum Wind trimmen. Die einzig brauchbare, weil zuverlässige Alternative zur verschleißfreudigen Elektronik ist der Verklicker, auch unter dem Firmennamen Windex bekannt. Die Windex zeigt mittels eines sich in Windrichtung einstellenden Pfeils an, woher der Wind kommt, nicht wohin er geht! In unserer Elektronik-geprägten Zeit ist der gute alte mechanische Windpfeil im Masttopp nach wie vor das zuverlässigste und aussagekräftigste Gerät zur Bestimmung der Windrichtung relativ zur Kielrichtung.

Kein Regattasegler würde auf seine Windex verzichten wollen. Aber auch der Segler am Ruder einer Fahrtenyacht bekommt von keinem anderen Gerät an Bord so präzise die Windrichtung mitgeteilt. Ein Blick nach oben in den Masttopp reicht zur sofortigen Beurteilung der Frage, wie der Wind auf das Schiff und die Segel wirkt. Wollfäden in den Wanten sind kein Ersatz für einen präzisen Verklicker, sondern lediglich eine Ergänzung.

Regel Nummer eins für jeden guten Rudergänger lautet: Schau in den Verklicker!

Ein guter Rudergänger sollte die Gewohnheit haben, mehrmals pro Minute zum Masttopp hinaufzuschauen, um zu prüfen, ob der Kurs und die aktuelle Segelstellung noch gut zum Wind passen.

Ein Anfänger wird nicht sofort ein Schiff nur nach Verklicker auf Kurs halten können, aber er muss von Anfang an bemüht sein, die Kursänderungen des Schiffes und die Windrichtungsänderungen in Bezug zu bringen. Konkret heißt das: Man steuert als Anfänger zwar nach Landmarken, schaut hin und wieder auf den Kompass, vergleicht dann aber immer wieder den gefahrenen Kurs mit dem Winkel zum Wind durch einen regelmäßigen Blick nach oben in den Verklicker.

Zur Orientierungshilfe: Die Faust am ausgestreckten Arm hat ungefähr zehn Grad Breite. Das ist der Winkel, der als Steuerfehler nicht überschritten werden sollte.

Natürlich wird der Rudergänger im Laufe der Zeit ein immer besseres Gespür dafür bekommen, wie sich der Wind in Richtung und Stärke ändert, auch ohne ständig zum Masttopp hochzuschauen. Der Anfänger muss aber auf jeden Fall ständig den Verklicker im Auge behalten.

Für das Segeln hervorragend geeignete Sensoren besitzen wir Menschen am Kopf und im Nacken, mit denen wir Windrichtung und -stärke sensibel wahrnehmen können. Es ist eine gute Übung, bei passender Wetterlage einmal zu versuchen, mit geschlossenen Augen aber voller Konzentration auf die am Kopf gefühlte Windrichtung den Kurs zu halten. Auch der Gleichgewichtssinn ist dabei eine gute Hilfe, denn je nach Kurs zum Wind wird sich die Krängung des Schiffes verstärken oder verringern. Das Spiel funktioniert meist erstaunlich gut und man kann sich als Crew einen Spaß daraus machen, auch längere Zeit blind Ruder zu gehen. Natürlich immer unter der Aufsicht eines erfahrenen Beobachters.

Im Laufe der Zeit, nach vielen Tagen der Übung, entwickelt sich dann langsam das Gefühl für die Schiffsbewegungen relativ zu Wind und Welle. Das Rudergehen allein nach Kompass ergibt sich nach diesen Übungen nach einiger Zeit wie von selbst.

Ob ein Rudergänger am Rad sitzen darf oder besser immer stehen sollte, lässt sich diskutieren: Bei Leichtwind kann es durchaus hilfreich sein, als

Rudergänger auf der Leeseite am Rand des Cockpits zu sitzen, um die optimale Segelstellung der Genua besser prüfen zu können. Bei passend eingestellten Segeln und leichtem Wind von maximal Beaufort 3 ist es ebenfalls vertretbar, auf der Ducht auf der Luvseite zu sitzen. Wenn es aber mit mehr als Beaufort 3 weht und möglicherweise auch noch eine etwas höhere Welle hinzukommt, so kann ein sitzender Rudergänger das Schiff nicht mehr optimal steuern. Am Rad zu stehen ist dann notwendig. Insbesondere auf längeren Raumwind-Schlägen setzt sich manch ein etwas ermüdeter Rudergänger gern hinter das Rad, sofern denn eine Bank vorhanden ist (moderne Schiffe haben meist keine Sitzbank hinter dem Rad). Aber auch das ist unter dem Aspekt, das Schiff optimal zu steuern, nicht akzeptabel.

## Richtungsangaben

Im Laufe eines Segeltages gibt es zahlreiche Situationen, in denen man sich zwischen Crew und Rudergänger über beobachtete Fahrzeuge, Inseln oder Landmarken gegenseitig informiert. Am einfachsten geschieht dies, indem der Winkel zwischen Kielrichtung und beobachtetem Objekt nach Backbord oder Steuerbord genannt wird. Manche Segler haben sich dazu angewöhnt, Winkel vergröbernd in »Uhrzeiten« zu beschreiben: zum Beispiel 60 Grad steuerbord als 2 Uhr oder 90 Grad steuerbord (also querab) als 3 Uhr. Ich halte nicht

viel von dieser Methode, denn es verbessert die Kommunikation in keiner Weise. Es wird nur komplizierter und darum ungenauer.

Besser ist es, als Segler sich früh genug darum zu bemühen, möglichst gut Winkel schätzen zu lernen. Das kann mit einfachen, willkürlich auf Papier gezeichneten und dann mit dem Kursdreieck nachgemessenen Winkeln beginnen und wird fortgesetzt durch Übungen am Handpeilkompass. Mit etwas Training werden die meisten Segler schnell in der Lage sein, mit etwa zehn Grad Messtoleranz einen Winkel zu schätzen. Zur Hilfe: Die am ausgestreckten Arm gesehene Faust deckt etwa einen Winkel von zehn Grad ab.

Oft ist es beim Landfall notwendig, den Rudergänger auf ein Objekt an Land (Hügel, Haus, Antennenmast, Wasserturm, Baumgruppe …) aufmerksam zu machen, auf dass er eine Zeit lang zusteuern soll. Doch ist es meist gar nicht einfach, verständlich zu beschreiben, welche Häusergruppe oder welches Wäldchen genau gemeint ist, weil es mehrere gibt. Auch in diesem Fall hilft wieder die Hand: Man wählt ein eindeutig identifizierbares Objekt – es muss keineswegs das anzusteuernde Objekt sein – und beschreibt mit der Anzahl von Fingern bei ausgestrecktem Arm wie viele Finger breit rechts oder links davon sich das Objekt befindet, auf das der Skipper den Rudergänger aufmerksam machen will. Zum Beispiel: »Die Häusergruppe, auf die du zusteuern sollst, liegt drei Finger breit rechts vom großen Wasserturm«.

# 6.4 Manöver unter Segeln – Die optimierte Wende und Halse

### Die bessere Wende

Sicherlich kennt der Leser den üblichen Ablauf einer Wende. Es gibt jedoch einige Details, die einer nicht eingespielten Crew helfen, die Wende zu optimieren.

Schritt für Schritt:

▶ Der Rudergänger geht auf den Verklicker schauend maximal hoch an den Wind mit dichtgeholter Großschot.

▶ Er gibt das Kommando an die Crew: »Klar zum Wenden!«

▶ Der Vorschoter antwortet: »Ist klar!«, beziehungsweise »Ist nicht klar!« und macht sich klar. Das heißt, er holt die Lose aus der alten Luvschot durch, legt zwei bis drei Turns über die alte Luvwinsch und macht die Leeschot auf der alten Leewinsch klar zum Loswerfen. Erst wenn dies erledigt ist, bestätigt er: »Ist klar!«

▶ Bei dem Ausführungskommando »Ree!« leitet der Rudergänger die Drehung durch den Wind mit entschlossenem Ruderlegen ein, geht zügig mit dem Bug durch den Wind und ruft: »Über die Fock!«, sobald das Vorsegel back steht, also den Wind von der anderen Seite bekommt. Die Großschot bleibt unberührt. Das Groß kommt von allein auf den neuen Bug.

▶ Erst jetzt beim Backstehen der Fock wirft der Vorschoter die alte Leeschot los und holt so schnell er kann die neue Leeschot über die neue Leewinsch durch. Das Dichtholen sollte so zügig geschehen, dass im Idealfall die optimale Schoteinstellung in dem Moment erreicht wird, wenn der neue Kurs hoch am Wind auf dem neuen Bug anliegt. Dies gelingt aber nur, wenn der Rudergänger nicht zu schnell durch den Wind geht beziehungsweise bei sehr gut trainierter Mannschaft.

▶ Der Rudergänger dreht das Schiff nur so weit durch den Wind, bis der neue optimale Amwindkurs anliegt (in den Verklicker schauen!). Jedes weitere Abfallen würde beim Kreuzen einen Wegverlust mit sich bringen und würde es auch der Crew schwerer machen, die neue Leeschot passend dichtzuholen.

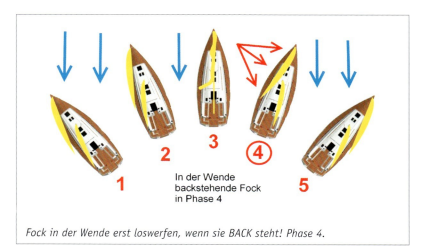

In der Wende backstehende Fock in Phase 4

*Fock in der Wende erst loswerfen, wenn sie BACK steht! Phase 4.*

▶ Der Vorschoter holt über die Winsch die neue Leeschot so weit durch, bis das Segel im Profil optimal steht. Er orientiert sich dabei an den Windfäden am Vorliek (siehe Kapitel 6.5 Segeltrimm).

## Zwei Unsitten

Manche Rudergänger wollen der Crew die Arbeit des Dichtholens der neuen Leeschot leichter machen und fallen nicht vollständig auf den neuen Amwindkurs ab, sondern bleiben während des Dichtholens zu hoch am Wind auf dem neuen Bug. Das Schiff verliert dabei nicht nur viel Fahrt, sondern es wird auch das an den Wanten schlagende Achterliek des Vorsegels schneller verschlissen. Andere Rudergänger fallen über den optimalen Amwindkurs weiter ab, um dem Vorschoter mehr Zeit zu lassen für das Dichtholen der Schot. Auch dies ist nicht sinnvoll, denn der Druck im Segel nimmt ja dabei zu statt ab. Die Yacht verliert so ebenfalls Fahrt und Höhe, und es dauert dann einfach zu lange, bis der optimale neue Amwindkurs anliegt.

## Die bessere Halse

Die Halse ist insbesondere bei viel Wind ein eher unbeliebtes Manöver. Bei schlechter Koordinierung zwischen Rudergänger und Vorsegelcrew kann es schon bei kleinen Fehlern im Ablauf zu Schäden im Rigg und im schlimmsten Fall auch zu Verletzungen der Besatzung kommen.
Der optimal koordinierte Ablauf im Detail:

▶ Das Schiff segelt mit raumem Wind, also mit weit aufgefierten Schoten. Bei kleiner Crew und einer Großschotführung nahe am Rudergänger ist der Rudergänger auch für die Großschot zuständig. Viele moderne Schiffe haben aber eine Großschotführung, die nur bis zum Niedergang reicht und darum für den Rudergänger nicht erreichbar ist. In diesem Fall werden neben dem Rudergänger für die Schotbedienung zwei weitere Leute gebraucht: einer für die Großschot und der andere für die Vorschot.

▶ Der Rudergänger bleibt auf Raumwind-Kurs und ruft: »Klar zum Halsen!«

▶ Der Vorschoter holt – wie bei der Wende – die Lose aus der alten Luvschot durch, legt zwei bis drei Turns über die alte Luvwinsch, belegt diese vorsichtshalber provisorisch und macht die Leeschot auf der alten Leewinsch klar zum Loswerfen.

▶ Gleichzeitig holt der Großschoter seine Schot mittels Großschotwinsch oder Talje maximal so weit durch, bis der Baum etwa auf Amwind-Stellung steht. Falls es nicht der Rudergänger ist, der die Großschot bedient, ruft er dem zuständigen Crewmitglied zu: »Hol dicht die Großschot!« Wichtig dabei ist, dass der Rudergänger währenddessen das Schiff zuverlässig auf Raumwind-Kurs hält, nicht aber auf Vorwindkurs, denn sonst könnte es verfrüht zu einem Überschlagen des Baums kommen (Vorsicht: Gefahr der Patenthalse!).

▶ Erst jetzt kommt vom Vorschoter und vom Großschoter die Meldung: »Ist klar zum Halsen!«

▶ Nun bringt der Rudergänger das Boot zunächst direkt vor den Wind und ruft: »Rund achtern!« als Hinweis darauf, dass der Baum gleich überschlagen wird, und dreht dann das Heck zügig durch den Wind.

▶ Da die Großschot zuvor maximal dichtgeholt wurde, schlägt der Baum nur über einen sehr kleinen Winkel von einer Seite zur anderen und so kommt es nicht zu einer großen Beschleunigung während dieser Drehbewegung. Mit einem kleinen Trick kann darüber hinaus erreicht werden, dass der Schlag des Großbaums auf dem neuen Bug etwas abgefedert wird: Statt die Großschot bei »Rund achtern!« auf der Winsch oder in der Klemme belegt zu lassen, hält sie der Großschoter mit nur zwei Törns auf der Winsch gesichert in der Hand und fiert die Schot ein klein wenig im Moment des überkommenden Baums. Der Schlag wird so abgefedert. Mit einer Talje verfährt man entsprechend: Die Schot wird nicht belegt, sondern aus der Hand gefahren.

▶ Parallel zum Handeln des Großschoters fiert der Vorschoter bei »Rund achtern!« die alte Leeschot und holt die neue Leeschot so schnell er kann durch. Falls der Vorschoter dabei zu langsam handelt, wird die Genua nicht – wie erforderlich – zwischen Vorstag und Mast durch den Wind gehen, sondern sie wird vor dem Bug außerhalb des Vorstags herumschlagen. Das Dichtholen der neuen Leeschot wird dann zur Schwerstarbeit und schadet außerdem dem Segeltuch.

- Ob der Rudergänger dabei wie üblich dem Großschoter »Fier auf die Schot!« zurufen muss, sei dahingestellt, denn es ist ja sachlich bedingt einfach selbstverständlich, dass der Großschoter die Schott auffieren muss, bevor er dichtholen kann.

Die Hauptgefahr bei der Halse besteht darin, dass im Moment »Rund achtern!« der Großbaum unkontrolliert auf den anderen Bug schlägt, eventuell sogar dabei die Großschot ausrauscht und der Baum dann brutal über das Cockpit hinwegfegt. Darum kann nicht oft genug vor dem Einleiten der Halse betont werden: Köpfe runter!

# 6.5 Segeltrimm

Ob eine Yacht schnell segelt, hängt einerseits von Faktoren ab, die auf einem Törn als gegeben akzeptiert werden müssen wie Schiffstyp, Rumpfform, Windrichtung, Windstärke, Art des Seegangs, Fähigkeiten des Rudergängers und andererseits aber auch von Variablen, auf die die Crew entscheidenden Einfluss hat, den Techniken des Segeltrimms.

Ein Segel ist nicht einfach ein Stück Tuch im Wind. Ein Segel wird vom Segelmacher mit einem speziellen Profil für einen definierten Einsatzzweck hergestellt. Es gehört zu den Aufgaben der Crew an Deck, das für die gegebene Wettersituation passende Segel auszuwählen und sein Profil mithilfe der Fallen und Schoten und manchmal auch durch Veränderungen im Rigg optimal zur Wirkung zu bringen. Wie das am besten geschieht, soll im Folgenden beschrieben werden.

Zum Trimmen der Segel steht prinzipiell folgende Ausrüstung zur Verfügung:
- die Fallen von Großsegel und Genua,
- die Schoten von Groß und Genua,
- die Umlenkblöcke zur Holepunktverstellung der Genuaschoten,
- der Großschottraveller,
- der Baumniederholer,
- auf eher sportlichen Schiffen auch ein Achterstagspanner,
- auf Schiffen mit $7/8$-Rigg oder bei einem Kutterrigg auch Backstagen.

Auf den meisten Yachten gibt es heutzutage nur noch drei Segel an Bord: das Groß, die Genua und ein Starkwindsegel, möglicherweise als kleine Sturmfock geschnitten. Somit sind die Auswahlmöglichkeiten recht eingeschränkt. Statt wie auf Regattayachten üblich, der Windstärke entsprechend verschieden große Vorsegel zu fahren, wird auf den meisten Fahrtenschiffen und sicherlich auf Charterschiffen einfach die große Genua durch Einrollen dem zunehmenden Wind angepasst. Auch das Groß wird in letzter Zeit immer häufiger über eine Rollanlage in seiner Fläche dem Wind entsprechend geändert. Details dazu im hier anschließenden Kapitel zum Thema »Reffen«.

Am Großsegel wie am Vorsegel gibt es nur drei Variablen, die der Situation angepasst werden müssen:

► Anstellwinkel,
► Twist,
► Profil.

Segel dürfen weder killen (oder gar schlagen), noch zu dicht gefahren werden. Dies wird erreicht durch einen optimal gewählten Winkel zwischen Segeln und scheinbarem Wind. Dieser Anstellwinkel – am Groß über die Stellung des Baums grob zu beurteilen – variiert je nach Segelprofil und aktueller Windstärke etwa zwischen 10 und 20 Grad. Ein zu dicht geschotetes Segel kann keinen maximalen Vortrieb erzeugen, weil sich auf der Leeseite Turbulenzen bilden.

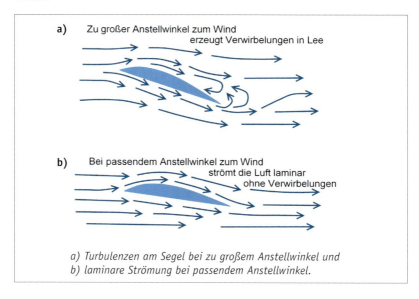

*a) Turbulenzen am Segel bei zu großem Anstellwinkel und*
*b) laminare Strömung bei passendem Anstellwinkel.*

Hingegen wird ein nicht dicht genug gefahrenes Segel zumindest im Vorliek killen, im Extremfall gar auf voller Länge schlagen, sodass sich kein Druck im Segel aufbauen kann. Maximaler Druck im Segel, also maximaler Vortrieb entsteht durch Maximierung des Druckunterschiedes zwischen seiner Luvfläche und der Leefläche. Die Einstellung des Anstellwinkels geschieht am Groß über die Schot und den Niederholer und am Vorsegel über die Schot und den Holepunkt (Details dazu siehe unten).

Der wahre Wind nimmt in der Höhe zu

14 Kn

12 Kn

10 Kn

*Twist im Segel.*

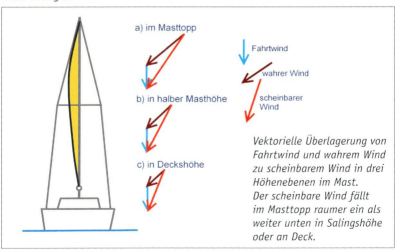

a) im Masttopp

Fahrtwind

wahrer Wind

scheinbarer Wind

b) in halber Masthöhe

c) in Deckshöhe

*Vektorielle Überlagerung von Fahrtwind und wahrem Wind zu scheinbarem Wind in drei Höhenebenen im Mast. Der scheinbare Wind fällt im Masttopp raumer ein als weiter unten in Salingshöhe oder an Deck.*

Der sogenannte Twist beschreibt eine Verdrillung des Segels von unten nach oben, mit dem Ziel, den scheinbaren Wind in allen Höhenbereichen in einem optimalen Winkel in das Segel einfallen zu lassen. Es ist nämlich keineswegs so, dass die Richtung des scheinbaren Windes, die im Verklicker angezeigt

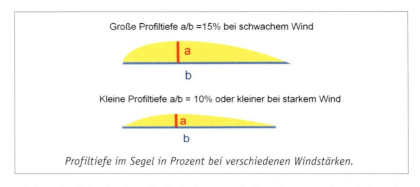

*Profiltiefe im Segel in Prozent bei verschiedenen Windstärken.*

wird, auch diejenige ist, die in halber Masthöhe oder an Deck auftritt. Dies liegt an der Tatsache, dass der wahre Wind in der Höhe deutlich kräftiger bläst als weiter unten näher an der Meeresoberfläche, wo mehr Reibung die Windstärke reduziert. Der scheinbare Wind, der ja schließlich das Boot antreibt, ist aber das vektorielle Überlagerungsergebnis aus wahrem Wind und Fahrtwind. Und während der Fahrtwind in allen Höhenbereichen konstant ist, nimmt der wahre Wind von unten nach oben zu. Die Folge ist, dass der aus der Überlagerung resultierende scheinbare Wind von unten nach oben immer raumer einfällt (siehe Zeichnung). Dieser Tatsache muss Rechnung getragen werden im Trimm der Segel und genau das geschieht über den Twist. Eingestellt wird der Twist im Groß über die Schot und den Niederholer und an der Genua über Schot und Holepunkt an der Genuaschiene an Deck (Details dazu siehe unten). Das Profil des Segels ist gekennzeichnet durch seinen Bauch (auch Profiltiefe genannt) und durch die Lage des Punktes maximaler Tiefe. Je nach Windstärke und Einfallswinkel sollte der Bauch stärker oder schwächer ausgeprägt sein und eventuell auch in seiner Lage verändert werden. Allgemein gilt: Je mehr Wind, umso flacher muss das Segelprofil eingestellt werden.

Auf Schiffen mit Achterstagspanner kann die Profiltiefe des Vorsegels durch Spannen verringert und durch Losegeben vergrößert werden. Bei einem 7/8-Rigg wird mit zunehmender Spannung auf dem Achterstag auch gleichzeitig die Krümmung des Masts nach vorn vergrößert, was in Folge das Großsegel flacher trimmt.

Der Segeltrimm muss natürlich auch den verschiedenen Kursen zum Wind (siehe Kapitel 3.3) angepasst werden. Beginnen wir mit dem Amwindkurs, auf dem das Segel besonders sensibel auf den Trimm reagiert.

### Segeltrimm auf Amwindkurs

Es geht darum, optimale Höhe zu laufen, also einen möglichst kleinen Winkel zum Wind zu segeln, ohne dabei zu viel Fahrt zu verlieren. Welcher Winkel dies ist, muss auf jedem Schiff individuell durch Testfahrten herausgefunden

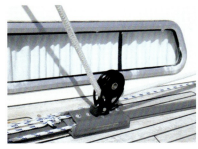
*Holepunkt zu weit vorn.*

*Holepunkt zu weit achtern.*

werden. Er liegt auf den meisten Fahrtenschiffen etwa um die 40 Grad am scheinbaren Wind, also dem Wind, der vom Verklicker angezeigt wird. Grundsätzlich gilt, dass das Segel umso flacher getrimmt werden muss, je stärker der Wind ist. Die Tiefe des Bauchs ist zwar in gewissen Grenzen durch den Segelschnitt vorgegeben, aber sie lässt sich etwas beeinflussen durch die Spannung des Vorlieks. Bei wenig Wind (Beaufort 1 bis 3) wird das Fall nur so weit durchgesetzt bis im Vorliek gerade keine Falten mehr auftreten. Hingegen muss das Fall bei mehr Wind umso härter durchgesetzt werden. Gleiches gilt für das Fall vom Großsegel. Ist das Segel allerdings mit durchgehenden Latten ausgerüs-

*Passender Holepunkt hoch am Wind.*

tet, so ist eine Veränderung der Profiltiefe nur in sehr geringem Umfang möglich. Auf einer Fahrtenyacht wird man diesen kleinen Nachteil gegenüber den Vorteilen des durchgelatteten Segels (besserer Stand, weniger Verschleiß, einfaches Bergen) allerdings akzeptieren.

Hinsichtlich der Schotführung ist auf Amwindkurs Folgendes zu beachten:

Der Holepunkt der Genuaschot muss auf der Genua-Leitschiene so eingestellt sein, dass die Schot etwa in der Richtung der Winkelhalbierenden zwischen Unterliek und Achterliek angreift. Steht der Umlenkblock auf der Leitschiene zu weit vorn, so wird das Achterliek zu dicht geholt, während das Unterliek zu bauchig sein wird. Umgekehrt verhält es sich, falls der Umlenkblock zu weit achtern steht.

In das Segel eingearbeitete Windfäden (auch Telltales genannt, siehe
Foto) geben ab etwa 3 Windstärken
gut Auskunft darüber, ob das Segel
richtig getrimmt ist. Bei optimaler
Anströmung des Profils durch den
Wind müssen alle Fäden in Luv wie
in Lee annähernd waagerecht auswehen. Bei sehr wenig Wind (Beaufort 1 bis 2) hingegen sagen diese
Fäden meist nichts oder sehr wenig
aus, denn sie hängen einfach schlapp
herunter.

*Telltales im Vorliek der Genua.*

Die Schot des Großsegels wird am Wind so dicht geholt, dass der Abwind einer nicht überlappenden Genua keinen Gegenbauch im Vorliek des Groß verursacht. Nur bei einer sehr großen, das Großsegel überlappenden Genua ist am
Wind ein kleiner Gegenbauch oder ein leichtes Einfallen des Vorlieks akzeptabel. Die Überlappung wird üblicherweise in Prozent angegeben. So ist beispielsweise bei einer 120-Prozent-Genua gemeint, dass das Unterliek der Genua mit 20 Prozent des Abstandes zwischen Bugbeschlag und Mastfuß (= 100
Prozent) das Großsegel überlappt.

Eine weitere Trimmmöglichkeit bietet der Großschottraveller: Mit seiner
Hilfe lässt sich der Bauch des Großsegels beeinflussen.

Ist ein bauchigeres Groß erwünscht
(bei wenig Wind, ohne Höhe kneifen
zu wollen), so versetzt man den Traveller über die Mitte hinaus ein wenig nach Luv und gibt gleichzeitig etwas lose auf die Schot.

Soll hingegen maximal Höhe gelaufen
oder bei zunehmendem Wind etwas
Power aus dem Segel genommen werden, so muss das Groß flach getrimmt
werden. Der Traveller wird aus der
Mittelstellung etwas nach Lee versetzt und gleichzeitig wird die Großschot maximal hart durchgesetzt.

Der Baumniederholer hat am Wind
praktisch keine Funktion, denn der

*Bedienung des Großschottravellers.*

*⁷/₈-Rigg mit gekrümmtem Mast.*

Großbaum ist ja bereits durch die dichtgeholte Schot in seine unterste Stellung hinuntergezogen. Hingegen kann man bei einem ⁷/₈-Rigg durch Spannen des Achterstagspanners die Mastkrümmung etwas vergrößern, sodass der Bauch im Großsegel verringert wird.

Windfäden (Telltales siehe oben) am Groß sind durchaus umstritten. Am Vorliek liegen sie ohnehin in Verwirbelungszone direkt hinter dem Mast und können darum keine Information über die Luftströmung geben. Am Achterliek hingegen werden sie zu leicht beim Ein- oder Ausreffen abgerissen, sodass sie ohnehin nicht lange ihren Zweck erfüllen können. Falls am Achterliek des

*Sektor am Verklicker.*

Großsegels dennoch Telltales vorhanden sind, so sollten sie auf Amwindkurs möglichst der waagerechten Profillinie des Segels folgen (laminare Strömung), also weder nach Lee noch nach Luv ausweben.

Als Hilfe zum Steuern eines optimalen Amwindkurses haben gute Verklicker (zum Beispiel Windex) unter dem beweglichen Windpfeil zwei im Winkel einstellbare Begrenzungsstäbe, mit denen der optimale Sektor zwischen Backbord-Hoch-am-Wind und Steuerbord-Hoch-am-Wind dargestellt werden kann. Auf Fahrtenyachten beträgt dieser Sektor etwa 75 bis 90 Grad, während er auf Regattayachten deutlich kleiner sein kann.

Der meistgemachte Fehler auf Amwindkurs besteht darin, die Segel zu dicht zu fahren. Zu dicht geschotete Segel verringern nicht nur die Leistung des Profils, sondern verursachen auch übermäßigen Ruderdruck, sodass zu viel Gegenruder gelegt werden muss. Gegenruder wirkt aber wie eine Bremse im Wasser. Auf einem gut ausbalancierten Schiff sind die Segel hoch am Wind dann richtig getrimmt, wenn im Mittel maximal 5 Grad Gegenruder gelegt werden muss.

## Segeltrimm auf Halbwindkurs

Das Rudergehen bei halbem Wind ist zwar etwas einfacher als hoch am Wind, doch der Segeltrimm erfordert auch auf diesem Kurs erhebliche Aufmerksamkeit. Es kommt nämlich ein neues »Trimmgerät« hinzu: der Baumniederholer. Mit aufgefierter Großschot würde der Baum auf Halbwindkurs aus der Waagerechten etwas aufsteigen und das Achterliek des Großsegels zu weit öffnen, würde nicht der Baumniederholer dieses Ansteigen verhindern. Die Kunst im Trimmen besteht darin, den Baumniederholer so einzustellen, dass das Achterliek des Groß zwar etwas geöffnet wird, doch nur so viel, wie es die Windstärke erfordert. Dabei ist zu berücksichtigen, dass die Windgeschwindigkeit im Masttopp größer ist als in Höhe des Decks (Stichwort »Twist« siehe oben). Eine optimale Anströmung des Segels ist also nur dann möglich, wenn das Groß – anders als ein steifer Flugzeugflügel – von unten nach oben gesehen etwas nach vorn »verdreht« wird. Genau hier ist der Einsatzbereich des Baumniederholers: Mit seiner Hilfe wird der Twist passend eingestellt. Passend heißt dabei, dass die eventuell vorhandenen Windfäden am Achterliek des Großsegels in allen Höhenbereichen etwa geradlinig, waagerecht ausweben. Auch beim Trimm der Genua helfen wieder die Windfäden. Die Genuaschoten werden bei halbem Wind so weit gefiert, dass die Telltales in Luv wie in Lee etwa waagerecht auswehen. Dass dies auf voller Vorliekslänge auch wirklich passt, lässt sich wieder – wie schon auf Amwindkurs – über den Holepunkt auf der Genua-Leitschiene einstellen. Ein zu weit nach hinten eingestellter Holepunkt lässt das Achterliek auswehen und es killt im oberen Bereich. Hingegen führt ein zu weit nach vorn eingestellter Holepunkt zu einem zu dicht geschlossenen Achterliek und einem zu bauchigen Unterliek.

Falls ein Achterstagspanner vorhanden ist, so kann er auf Halbwindkurs leicht gelöst werden.

## Segeltrimm auf Raumschotskurs

Auf Raumschotskurs gilt im Hinblick auf die Einstellung des Baumniederholers und die Stellung der Holepunkte im Prinzip dasselbe wie für den Halbwindkurs. Allerdings muss aerodynamisch berücksichtigt werden, dass nun die Segel weniger als Profil, sondern eher als Widerstandsfläche im Wind wirken. Bei zu weit aufgefierten Schoten kommt es schnell dazu, dass das Großsegel an den Unterwanten und den Salingen scheuert und an diesen Stellen vorzeitig verschleißt.

Ein Fehler, der oft gemacht wird, ist das zu weite Abfallen, sodass die Genua in die Windabdeckung des Großsegels kommt. Dies führt nicht nur dazu, dass das Schiff langsamer wird, sondern beschädigt auch auf Dauer das Vorsegel, denn es schlägt unkontrolliert über dem Vorschiff. Es ist nicht allzu schwierig, dies zu vermeiden: Die achteren Sektorgrenzen des Verklickers, die auf Amwindkurs die Luvgrenze des optimalen Kurses darstellen, zeigen auf Raumschotskurs wie weit maximal abgefallen werden darf, ohne das Vorsegel in die Abdeckung des Groß kommen zu lassen.

Das Achterstag sollte auf Raumschotskurs und auch vor dem Wind entlastet werden.

## Segeltrimm auf Vorwindkurs

Der Baumniederholer kommt auf diesem Kurs voll zum Einsatz, denn er muss wie schon bei raumem Wind hart durchgesetzt werden. Die Kräfte, die auf ihm lasten, sind nun besonders groß und so kann es bei Starkwind durchaus passieren, dass ein zu schwach gebauter Beschlag am Niederholer ausreißt, wenn zu viel Segelfläche im Groß gefahren wird.

Das Vorsegel kann auf diesem Kurs natürlich nicht auf derselben Seite wie das Groß gefahren werden, denn es würde ja vollständig in der Abdeckung vom Großsegel liegen und schlagen. Also muss es auf der dem Groß gegenüberliegenden Seite gesetzt sein (genannt »Schmetterling«). Die Holepunkte der Genuaschoten sind dabei so weit wie möglich nach achtern zu führen. Auf langen Schlägen lohnt es sich, die Schot aus den Umlenkblöcken herauszunehmen

*Ausgebaumte Genua.*

und auf den Heckklampen zu belegen. Leider lässt sich solch eine Segel-anordnung aber nur bei sehr ruhigem Seegang lange aufrechterhalten, denn mit jeder größeren durchlaufenden Welle beginnt das Vorsegel zu schlagen. Schiffe mit kleinem Vorsegel und mehr Fläche im Groß sind hier im Vorteil. Doch auch für dieses Problem gibt es eine Lösung: Die Genua wird ausge-baumt. Das heißt, dass ihr Schothorn über einen Baum fixiert wird, der am Mast seitlich angeschlagen ist.

## Vorsicht Verletzungsgefahr

Das Ausbaumen ist ein recht komplexer Vorgang und verläuft je nach Aus-rüstung des Schiffes mehr oder weniger kompliziert. Am praktischsten ist es, wenn der Baum mit einem Ende auf einem hoch und runter zu fahren-den Schlitten auf der Vorderseite des Masts ständig befestigt ist. Wichtig ist, dass nur erfahrene Crews auf dem Vorschiff den Baum handhaben, denn allzu schnell kommt es bei einer unvorhergesehenen Schiffsbewegung zu einem Unfall mit dem schweren Alurohr, das in der Regel fast halb so lang wie die Yacht ist.

Sämtliche oben beschriebenen Veränderungen des Segeltrimms setzen voraus, dass die Mannschaft mit Schoten auf Winschen richtig umgehen kann. Auf einem 12-Meter-Schiff stehen auf einer dichtgeholten Schot bei viel Wind große Kräfte von bis zu zwei Tonnen, die problemlos einen Finger oder sogar eine Hand abreißen können. Darum ist es wichtig, beim Dichtholen genauso wie beim Fieren der Schoten darauf zu achten, dass nirgendwo ein Finger oder gar eine Hand zwischen Winsch und Schot eingeklemmt werden kann. Niemals darf beim Fieren die Hand, mit der die Schot gefiert wird, zu nahe an die Winsch kommen (siehe Foto). Auch lange, offen fliegende Haare stellen an der Winsch eine Gefahr dar, denn zu schnell verfangen sie sich zwischen Schot und Winsch oder in der Großschot. Beim Fieren kann dann schnell der Kopf der hübschen Mitseglerin brutal an die Winsch gerissen werden. Eine unerfahrene Crew muss darum auf jeden Fall über den richtigen Gebrauch der Winschen durch den Skipper aufgeklärt werden.

*Hand an der Winsch beim Fieren.*

# 6.6 Refftechniken

Etwa bis 4 Windstärken können die meisten Segelyachten die volle Segelfläche einsetzen. Schwere, steife Schiffe sind – abhängig vom Kurs zum Wind – auch oft noch bei Beaufort 5 ohne Reff zu segeln, ohne das Rigg oder die Mannschaft zu überlasten, während sportlich-hochgetakelte, eher leichte Schiffe oft schon bei Beaufort 3 bis 4 gerefft werden müssen.

Um wie viel die Segelfläche verkleinert werden muss, ist abhängig vom Schiffstyp, vom Kurs zum Wind, von der Entwicklung der Wetterlage und von der Belastbarkeit der Besatzung.

## Wann soll gerefft werden?

Unerfahrene Crews reffen oft zu spät. Sie machen den Fehler, erst dann zu reffen, wenn der Wind bereits so stark geworden ist, dass ein Reffmanöver ohne Stress nicht mehr möglich ist. Sobald absehbar ist, dass der Wind deutlich zunehmen und Beaufort 4 überschreiten wird, sollte das erste Reff eingebunden oder eingerollt werden.

Natürlich ist der regionale Wetterbericht, meist mehrmals täglich über UKW-Seefunk ausgestrahlt, eine gute Hilfe. Aber mit offenen Augen und etwas Aufmerksamkeit in der Beobachtung des Geschehens am Himmel kann ein einigermaßen erfahrener Segler häufig die Anzeichen für herannahenden Starkwind aus der Veränderung der Wolken ablesen. So sind zum Beispiel bei instabiler Wetterlage dunkle, tiefhängende Wolken, die vor einem sonst helleren Hintergrund relativ schnell heranziehen, in der Regel ein Hinweis für bald einsetzenden Starkwind. Dabei muss der Luftdruck keineswegs immer kurzfristig fallen.

Wenn auf Amwindkurs die mittlere Krängung auf mehr als 20 Grad zunimmt, so wird es Zeit zum Reffen. Mehr als 20 Grad Krängung hat nichts mit »sportlichem Segeln« zu tun. Es führt lediglich zu mehr Abdrift. Große Krängung steigert keineswegs die Bootsgeschwindigkeit. Das Material wird hingegen

*Wolken-Ankündigung zum Reffen.*

übermäßig beansprucht und der Besatzung fällt jede Bewegung an Bord schwerer. Kochen, essen, schlafen, zur Toilette gehen, alles wird schwieriger, ja in grobem Seegang vielleicht sogar unmöglich.

Ein guter Hinweis auf notwendig werdendes Reffen ist auch die zunehmende Luvgierigkeit des Schiffes am Wind oder auch bei halbem Wind. Der Rudergänger muss immer mehr Gegenruder legen, um das Schiff noch auf Kurs halten zu können. Mehr als 5 Grad Gegenruder sollten als Mittelwert auf einem gut ausgetrimmten Schiff nicht notwendig sein, um den Kurs zu halten.

Auf Kursen mit raumem Wind passiert es leicht, dass der zunehmende Wind nicht früh genug wahrgenommen wird, um noch problemlos das Reff einbinden zu können. Das Schiff wird immer schneller, aber es entsteht keine bedrohlich zunehmende Krängung, denn durch die Fahrt »mit dem Wind« ist die subjektiv wahrgenommene Windgeschwindigkeit etwa Beaufort 1 bis 2 geringer als die wahre Windgeschwindigkeit. Manch ein Baumniederholer ist so bei zunehmendem Wind auf Raumschotskurs schon durch Überlastung gebrochen. Die folgenden Tabellen sollen Richtwerte geben für das Reffen auf verschiedenen Kursen zum Wind bei zunehmender Windgeschwindigkeit. Im konkreten Einzelfall kann es durchaus sinnvoll sein, je nach Schiffstyp und allgemeinen Bedingungen von diesen Werten abzuweichen.

## Orientierungshilfen zum Reffen auf Amwind- und Halbwindkurs

| Windstärke | Großsegel | Vorsegel |
|---|---|---|
| 1 bis 3 | voll | voll bzw. Leichtwindgenua |
| 4 bis 5 | 1. Reff | leicht eingerollt |
| 6 bis 7 | 2. Reff | ein Drittel bis halb eingerollt |
| 8 | 3. Reff | halb eingerollt, besser Sturmfock |

## Orientierungshilfen zum Reffen auf Raumschotskurs

| Windstärke | Großsegel | Vorsegel |
|---|---|---|
| 1 bis 4 | voll | voll bzw. Leichtwindgenua |
| 5 bis 6 | 1. Reff | leicht eingerollt |
| 6 bis 7 | 2. Reff | ein Drittel bis halb eingerollt |
| 8 | 3. Reff | halb eingerollt, besser Sturmfock |

## Refftechniken am Vorsegel

Nicht nur auf Charterschiffen, sondern allgemein auf Fahrtenyachten wird das Vorsegel heutzutage üblicherweise über eine Rollanlage gerefft und im Hafen vollständig eingerollt.

Vorsegel-Rollanlagen arbeiten zuverlässig und sind einfach zu bedienen. Allerdings kann es systembedingt nicht verhindert werden, dass sich das Profil des Segels mit zunehmendem Einrollen stetig verschlechtert. Ein Segel kann nur für eine konstante Fläche ein optimales Profil haben. Hinzu kommt, dass es unmöglich ist, den Bauch des Segels faltenfrei um das geradlinige Vorstag aufzurollen. Stark eingerollte Segel zeigen tiefe Falten an den Lieken, was dazu führt, dass am Wind keine gute Höhe mehr gelaufen werden kann. Eine Allround-Genua sollte im Hinblick auf ein noch brauchbares Profil nicht mehr als maximal 30 bis 40 Prozent ihrer Fläche eingerollt werden. Statt die Genua auf die Hälfte ihrer Fläche einzurollen, ist es sinnvoller, früh genug eine Starkwindfock zu setzen. Sofern denn eine an Bord ist (siehe Kapitel 2 und 3).

Auf Regattayachten, die mit Mannschaft gesegelt werden, ist es üblich, der Windstärke entsprechend verschiedene, unterschiedlich große Vorsegel zu fahren. Allerdings werden auf Einhandrennen selbst in der Rennszene Rollanlagen für Vorsegel eingesetzt, denn einhand geht es auf einem großen Schiff kaum anders.

Praxistipp: Geben Sie zum Einrollen der Genua auf die Schoten nur so wenig Lose wie gerade eben notwendig, damit die für das Einrollen benötigten Muskelkräfte noch ohne Winscheinsatz aufzubringen sind. Zu viel Lose lässt die Schoten schlagen und führt zu großen Falten im aufgewickelten Tuch. Es entsteht dann eine unregelmäßig gewickelte »Rollwurst«, die die Leistung der Restfläche des Segels durch Turbulenzen ruiniert. Beim Einsatz einer

*Rollanlage Vorsegel.*

Winsch zum Einrollen der Genua bei Starkwind sind die wirkenden Kräfte nicht mehr so deutlich zu spüren wie beim Einrollen ohne Winsch. Dadurch könnte die Reibung zwischen Rollprofil und Vorstag so groß werden, dass der Draht des Vorstags überlastet wird, frühzeitig altert und später dann überraschend bricht.

In Vorbereitung auf Schwerwetter ist auf einem gut ausgerüsteten Schiff mindestens eine Starkwindfock mit höchstens der halben Fläche der Genua an Bord. Und zusätzlich eine noch kleinere Sturmfock mit weniger als einem Viertel der Fläche der Genua. Sofern diese Fock auch mit einem Vorliek für die Rollanlage ausgestattet ist, kann sie allerdings nur im Hafen gesetzt werden, denn es wird auf See bei Starkwind so gut wie unmöglich sein, in Böen auf dem stampfenden und rollenden Vorschiff turnend die riesige Genua zu bergen und sie gegen die Starkwindfock zu ersetzen.

Um das Setzen des Starkwindsegels auf See bei schlechtem Wetter möglich zu machen, muss ein zusätzliches mobiles Schwerwetterstag – auch »Fliegendes Vorstag« genannt – vorhanden sein. Es wird auf den meisten Schiffen bei »normalem« Wetter an den vorderen Unterwanten beigebunden und nur zum Schwerwettereinsatz an einem speziellen Beschlag auf dem Vorschiff eingepickt und über eine Spannvorrichtung hart durchgesetzt. An diesem Stag wird dann die Starkwind- oder Sturmfock klassisch mit Stagreitern, also ohne Rolleinrichtung, gesetzt. Separate Schwerwetterschoten gehören natürlich ebenfalls dazu, denn die Genua muss mit ihren eigenen Schoten gegen Ausrollen

*Zwei Rollanlagen.*

gesichert werden. Auf einem Langfahrt orientierten Fahrtenschiff ist es sinn-voll, statt des fliegenden Schwerwetterstags auf dem Vorschiff eine zweite Rollanlage zwischen Genua-Rollanlage und Mast anzubauen. Eine kleine Stark-windfock bleibt daran ständig angeschlagen. Sie muss so klein und aus so fes-tem Tuch sein, dass sie bei Sturm auch noch durch weiteres Einrollen zu einer Sturmfock verkleinert werden kann.

Zum Reffen des Großsegels gibt es verschiedene Systeme. Die meistverbrei-teten sind das Bindereff am Baum und das Rollreff im Mast. Beide Systeme haben ihre Vor- und Nachteile.

Großsegel, die in den Mast eingerollt werden, können keine horizontalen Lat-ten haben, denn sie lassen sich ja nicht einrollen. Ein lattenloses Segel muss aber einen stark konkaven Schnitt aufweisen, um nicht im Achterliek auszu-wehen. Im Vergleich zu einem »normalen« Groß mit Bindereff und Latten hat ein Rollgroß daher etwa 10 bis 15 Prozent weniger Segelfläche und dement-sprechend weniger Leistung. Beim Groß mit Bindereff hingegen können die Latten sogar über die volle Bahnbreite verlaufen (volldurchgelattetes Groß), was das Profil stabilisiert und das Bergen des Segels – insbesondere mit Lazy Jacks – erheblich vereinfacht. Die Segelfläche kann im Vergleich zum einfach gelatteten Groß durch ein konvexes Achterliek um bis zu zehn Prozent vergrö-ßert werden. Allerdings hat ein volldurchgelattetes Groß den kleinen Nachteil, dass zum Setzen das Schiff sehr präzise im Wind gehalten werden muss. Nicht jeder Rudergänger schafft dies zufriedenstellend.

Befürworter des Rollgroß werden nun einwerfen, dass das Bergen eines Roll-groß noch viel einfacher ist als das eines durchgelatteten Segels. Bei gu-tem Wetter ist das Argument zutreffend. Bei Starkwind hingegen passiert es

*Rollanlage Großsegel.*

nicht selten, dass das schlagende Tuch beim Einrollen in den Mast wegen ungünstiger Falten klemmt und dann überhaupt nicht mehr zu bewegen ist.

Das Problem lässt sich allerdings meistens mit etwas Vorausschau vermeiden. Wichtig sind dabei zwei Dinge: Das Rollgroß hat einen festen Drehsinn zum Einrollen. Darum ist es keineswegs egal, auf welchem Bug segelnd das Groß gerefft wird. Es gibt eine »Schokoladenseite«, nämlich die, bei der das Tuch sich nicht um die Schlitzkante am Mast herumarbeiten muss, sondern frei eingezogen werden kann. Welche Seite dies ist, muss konkret an Bord geprüft werden. Der zweite wichtige Punkt: Reffen Sie nicht – wie in manchen

*Großsegel mit Bindereff, ausgerefft.*

Segelschulen gelehrt – im Wind, sondern stattdessen hart am Wind mit dichtgeholter Fock. Das hat zwei Vorteile: Erstens wird das Schiff durch die dichtgeholte, gut stehende Fock stabilisiert auf Kurs gehalten, rollt folglich weniger. Zweitens kann das Groß über seine Schot besser kontrolliert werden und wird daher weniger schlagen, was wiederum das Einrollen erleichtert.

*Großsegel mit Bindereff, eingerefft.*

Die hier beschriebenen Vorteile des Reffens AM WIND statt im Wind gelten aber nicht nur für Rollsegel, sondern erleichtern genauso den Reffvorgang auf einem Schiff mit Latten-Groß und Bindereff.

## Schema zum Verlauf des Reffens am Großsegel mit Bindereff

1. Das Boot geht hoch an den Wind, Großschot und Fockschot dichtholen. Das Boot bleibt auf Amwindkurs.
2. Den Baum mittels Dirk etwas anheben (andirken), um das Achterliek zu entlasten. Falls ein Rodkicker (fester Baumniederholer mit Anschlag) vorhanden ist, muss nicht angedirkt werden.
3. Die Großschot ein wenig fieren, bis kein Druck mehr im Segel steht.
4. Das Großfall loswerfen und so weit fieren, bis das Reffauge des ersten, zweiten oder dritten Reffs (je nach Windstärke) am Reffhaken eingepickt werden kann.
5. Das Großfall nun mittels Fallwinsch wieder hart durchsetzen.
6. Die Reffleine des ersten, zweiten oder dritten Reffs mittels Winsch am Mast oder Winsch an Deck hart durchsetzen und mit Stopper festklemmen.
7. Lose auf die Dirk geben. Nicht notwendig bei vorhandenem Rodkicker (siehe oben).
8. Das frei liegende Tuch mit Reffbändseln entlang des Baums zusammenbinden (überflüssig bei Lazy Jacks).
9. Die Großschot auf neuen Kurs passend einstellen.

## Schema zum Reffen eines Rollgroßsegels

1. Das Boot geht hoch an den Wind auf der »Schokoladenseite« der Rollanlage (siehe oben), Großschot und Fockschot dichtholen. Das Boot bleibt auf Amwindkurs.
2. Den Baum mittels Dirk etwas anheben (andirken), um das Achterliek zu entlasten. Falls ein Rodkicker (fester Baumniederholer mit Anschlag) vorhanden ist, muss nicht angedirkt werden.
3. Die Großschot ein wenig fieren, bis kein Druck mehr im Segel steht.
4. Die Reffleine der Rollanlage so weit durchholen, wie es der Windstärke entspricht.
5. Lose auf die Dirk geben. Nicht notwendig bei Rodkicker (siehe oben).
6. Die Großschot passend zum neuen Kurs einstellen.

Praxistipp: Die Reffleine des Rollgroß beim Einrollen etwas auf Spannung halten, um unkontrolliertes Schlagen des Segels zu verhindern. Manche Groß-Rollreffanlagen sind sowohl vom Cockpit als auch vom Mast aus bedienbar. Falls es bedingt durch die zahlreichen Umlenkungen der Rollleine zu schwierig ist, vom Cockpit aus zu reffen, so muss – von Wetter und Seegang abhängig

– ein Crewmitglied auf Deck zum Mast und von dort einrollen. Den Hebel an der Reffmechanik am Mast grundsätzlich nach Bedienung immer auf »Einrollen« stehen lassen statt auf »Ausrollen«, denn nur so wird sicher verhindert, dass sich das Segel ungewollt ausrollt.

Es gibt auch Rollanlagen für Großsegel, die das Tuch nicht in den Mast, sondern waagerecht am Baum aufrollen. Die Leistungseinbußen im Segel sind dabei jedoch genauso groß wie beim Einrollen im Mast. Beide Versionen sind Kompromisslösungen, bei denen in Kauf genommen wird, dass ein Teil des Vortriebs zugunsten des Komforts an Bord geopfert wird.

# 6.7 Segeln bei Nacht, Wacheinteilungen

Segeln nach Sonnenuntergang bis tief in die Nacht hinein ist nicht nur ein emotional erhebendes Erlebnis. Es erweitert auch den Aktionsradius auf einem Törn erheblich, sodass entferntere Ziele erreicht werden können als bei einem Nur-Tagfahrt-Törn. Wer 24 Stunden durchsegelt, gewinnt praktisch die Distanz eines Segeltages, sodass während eines zeitlich begrenzten Segelurlaubs Häfen, Inseln, Ankerplätze angelaufen werden können, die sonst unerreichbar wären.

Auch ist es gar nicht so selten, dass während der Nacht ein günstigerer Wind weht als am Tag. Dies ist insbesondere dann der Fall, wenn eine stabile Hochdrucklage herrscht und sich durch die unterschiedliche Erwärmung von Wasser und Land thermische Winde aufbauen: Tagsüber Seewind vom Meer in

Richtung Festland und nachts – meist etwa ab Mitternacht – umgekehrt von Land in Richtung See. Der nächtliche ablandige Wind kann keinen hohen Seegang aufbauen wegen der relativ kurzen Wirkungsstrecke (genannt Fetch) über die schmale Wasserfläche zwischen Küste und Schiff. Folglich ist in dieser Situation bei gleicher Windstärke das Segeln bei Nacht ruhiger als am Tag. Woher holt sich aber der Segler die Information darüber, ob mit thermischen Winden zu rechnen ist? In erster Linie aus der Bodenwetterkarte (Internet, Hafenbüro) mit eingezeichneten Isobaren, also der Lage der Hoch- und Tiefdruckgebiete. Eine ausgeprägte Hochdrucklage über einer Küste mit großer Landmasse einerseits und großer Seefläche andererseits erzeugt – zumindest im Sommer – immer thermische Winde. Der Küste vorgelagerte Inseln wie beispielsweise in Griechenland oder in der Türkei oder an der Côte d'Azur in Frankreich erschweren allerdings die Interpretation der Wetterkarte, denn sie erwärmen sich natürlich wie das Festland und erzeugen folglich Turbulenzen, die schwer vorhersehbar sind. Dies ist unter anderem der Grund für die zum Beispiel in der Ägäis oft unangekündigt einfallenden Böen in Küstennähe. Einfacher hingegen zu analysieren ist die Wetterlage an einer klar gegliederten Küste wie der italienischen Adria: auf der einen Seite nur Land, auf der anderen nur Wasser.

Normalerweise werden thermisch bedingte Winde auch in den über Seefunk (UKW) ausgestrahlten Wetterberichten genannt, aber verlassen Sie sich nicht darauf!

Neben der Analyse der Wetterlage gehört in jedem Fall für das Segeln bei Nacht eine systematische Überprüfung der kompletten Ausrüstung des Schiffes dazu.

Folgende Aspekte sind dabei zu beachten:

## Stauen von Ausrüstung unter Deck

In der Nacht noch konsequenter als am Tag müssen alle Dinge so gestaut sein, dass sie nicht herumfliegen können, aber dennoch leicht zu finden sind. Handlampen, Rettungswesten, Lifelines, Schreibutensilien, Thermoskannen mit warmen Getränken, Snacks für die Wache ... alles sollte griffbereit sein. Auf einem längeren Törn ist ein Stauplan dabei durchaus hilfreich.

## Lose Ausrüstung an Deck

Unfallursache Nummer eins an Bord, und natürlich insbesondere bei Nacht, ist das Stolpern oder Ausrutschen auf unachtsam an Deck herumliegenden, unaufgeschossenen Leinen. Alle Stolperfallen müssen beseitigt werden: Leinen, Fender, Bootshaken, Beiboot, Beibootriemen, Klappfahrrad ... Das Deck muss so aufgeklart sein, dass die Crew – falls nötig – auch ohne Beleuchtung vom Cockpit sicher zum Vordeck gehen kann.

Für den sicheren Gang zum Vorschiff – insbesondere bei Nacht – haben viele Skipper ihr Schiff mit Lifelines ausgerüstet, die vom Bug bis zum Heck führen. Das ist durchaus sinnvoll, unter der Voraussetzung, dass die Lifeline nicht selbst zur Unfallursache wird. Das könnte aber insbesondere dann der Fall sein, wenn sie aus Drahtseilen oder Tauwerk besteht, denn durch die runde Form kommt es beim Drauftreten leicht zum seitlichen Ausrutschen durch Abrollen. Besser geeignet ist flaches, an Deck glatt liegendes Textilband.
Und nicht zu vergessen: Auch die am Tag ausgebrachte Schleppangel muss eingeholt werden.

## Feste Ausrüstung an Deck

Die persönlichen Lifebelts der Crew müssen irgendwo eingepickt werden. Auf einem gut ausgerüsteten Schiff gibt es zu dem Zweck für Crew und Rudergänger Augbolzen im Cockpit. Auch am Mast und auf dem Vorschiff sind Einpickhilfen notwendig. Falls das Schiff keine Augbolzen hat, so hilft man sich provisorisch mit der Steuersäule. Die Seereling könnte brauchbar sein, ist aber vorher auf Stabilität zu prüfen. Manchmal sind die Füße der Relingsstützen nicht fest genug verankert.
Eigentlich sollte niemand bei Schwerwetter auf das Vorschiff gehen, schon gar nicht in der Nacht. Aber es kann ja unvorhergesehen dennoch einmal notwendig werden. Prägen Sie sich darum die Position der Handläufe ein, die – hoffentlich stabil genug – an Deck angebaut sind.

## Beleuchtung an Deck

Vor einem Nachttörn muss sichergestellt sein, dass alle Beleuchtungen auch tatsächlich funktionieren. Hier eine Liste der zu überprüfenden Lampen:
▶ Navigationsbeleuchtung, rot und grün am Bug und weiß am Heck und/oder Dreifarbenlaterne im Masttopp,
▶ Dampferlicht, weiß, auf halber Masthöhe für Motorfahrt,
▶ Ankerlaterne, mobil oder fest im Masttopp,
▶ Blitzlampe an der Mensch-über-Bord-Rettungsboje,
▶ Kompassbeleuchtung,
▶ Decksbeleuchtung,
▶ Instrumentenbeleuchtung für Logge, Echolot, GPS-Tochter ...,
▶ Verklickerbeleuchtung.

## Beleuchtung unter Deck und im Cockpit

Auf einer mittelgroßen Yacht gibt es unter Deck sicherlich mehr als ein Dutzend Decken- und Wandlampen. Dazu kommen die Beleuchtungen für den Motorraum und vielleicht auch für einige Stauräume. Speziell auf einem Charterboot können Sie allerdings nicht davon ausgehen, dass alle diese Lampen

*Rotlicht am Kartentisch.*

funktionieren. Darum ist es sinnvoll, mehrere Taschenlampen (und die zugehörigen Ersatzbatterien) an Bord zu haben.

Bei Nachtfahrt ist darauf zu achten, dass die wachhabende Crew im Cockpit nicht durch helles Licht, das aus dem Niedergang kommt, geblendet wird. Zum Erkennen der Positionslaternen anderer Fahrzeuge und zum Auffinden und Identifizieren von Leuchttürmen oder Leuchttonnen muss sich das Auge an die Dunkelheit gewöhnt haben, was bedeutet, dass die Pupillen deutlich geweitet sind. Plötzliches helles Licht lässt die Pupillen rasch verengen und es dauert mehr als eine Minute, bis sie sich wieder ausreichend geweitet haben.

Darum ist es beispielsweise nicht sinnvoll, bei Nacht direkt am Niedergang eine Deckenleuchte zu benutzen. Besser ist es, außerhalb des direkten Sichtwinkels der Crew im Cockpit eine sehr schwach leuchtende Leselampe angeschaltet zu lassen. Am besten geeignet ist eine spezielle, mit roter LED oder rot eingefärbter Glühlampe ausgestattete Deckenleuchte über dem Kartentisch, die neben der mit einem Dimmer versehenen, weiß leuchtenden Kartenleselampe alternativ zur Verfügung steht.

Schließlich und endlich sollte am Kartentisch eine gute, große Lupe nicht fehlen. Einige Details auf der Seekarte (Abkürzungen der Lichterkennungen, Tiefenangaben bei Untiefen) sind schon am Tag nicht immer leicht ablesbar. Wie dann erst bei Nacht?

Und haben Sie an die Reservebrille gedacht?

Manche Yachten sind mit einer separaten Cockpitbeleuchtung in Form von Halogen- oder LED-Strahlern am Brückendeck oder im Großbaum ausgerüstet. Es ist klar, dass diese Lampen auf See bei Nacht nur in Ausnahmefällen benutzt werden sollten, denn sie blenden die Crew erheblich.

Wo sind eigentlich die Schalter für all diese vielen Lampen? Auf jedem Schiff ist gerade für die Nachtfahrt eine Einweisung der Crew in alle Stromkreise und das komplette Elektroschaltpaneel unabdinglich. Dabei sollte auch gleich vom Skipper gezeigt werden, wo sich die Bord-Batterien und der/die Batteriehauptschalter befinden.

## Mobile Lampen und andere Ausrüstung

Mindestens eine stoß- und wassergeschützte – besser wirklich wasserdichte – Handlampe sollte pro Crewmitglied an Bord sein. Dazu Ersatzbatterien und Ersatzglühlampen. Besser natürlich in LED-Ausführung. Ein starker Suchscheinwerfer, mobil oder mit Spiralkabel ans 12-Volt-Netz angeschlossen, ist bei Hafenansteuerungen und auf Ankerreden von großem Nutzen.

*Stirnlampe.*

Auf Charterschiffen gibt es in der Regel nur eine, maximal zwei Taschenlampen in der Standardausrüstung und keineswegs immer wasserdicht. Eine Chartercrew tut gut daran, eigene Lampen mitzubringen. Stirnlampen, bevorzugt in LED-Technik, sind eine praktische Ergänzung und können auch in der Koje als Leselampe genutzt werden, ohne die Person in der Nachbarkoje zu stören.

## Zum Albtraumthema Mensch über Bord (MOB)

Ein Mensch-über-Bord-Manöver bei Nachtfahrt ist wohl mit das Schlimmste, was auf einem Törn passieren kann. Um die Chancen des Wiederfindens der über Bord gefallenen Person zu erhöhen, bekommt am besten jedes Crewmitglied, zumindest jede Wache, auf Nachtfahrt eine eigene wasserdichte Blitzlampe vom Skipper ausgehändigt. Es gibt diese inzwischen auch in LED-

*MOB-Blitzlampe.*

Technik mit einer Leuchtdauer von mehreren Tagen, während die üblichen batteriebetriebenen Blitzlampen oft nach wenigen Stunden ihren Geist aufgeben.

Wer die Ausgaben nicht scheut, kann sich ein persönliches EPIRB zulegen. Das ist ein in der Tasche zu führender kleiner Seenotsender, der GPS-gestützt über Satellit die eigene Position im Seenotfall weltweit an die nächstliegenden Seenotrettungsstationen weiterleitet.

## Bordbatterien, Kapazitätsberechnungen

An Bord einer seegehenden Yacht sollte es zwei Batteriebänke geben: eine Batterie für den Motorstart und eine weitere – besser mehrere parallel geschaltet

– für den restlichen Servicebereich. Die beiden Bereiche sind voneinander unabhängig zu schalten und müssen mit einer elektronischen Trennvorrichtung ausgestattet sein, sodass es unmöglich ist, durch ein zu tiefes Entladen im Servicebereich die Motorbatterie mit zu entladen.

Die Batteriekapazität wird in Amperestunden (Abkürzung Ah) angegeben. Sie ist das Produkt aus Strom (in Ampere (A) gemessen) und Zeit (in Stunden (h)). Die Berechnung des gesamten Stromverbrauches und der damit benötigten Batteriekapazität ist auf den ersten Blick relativ einfach: Man liest den Stromverbrauch am Amperemeter am Elektroschaltkasten ab und multipliziert diesen Amperewert mit der Zeit in Stunden, während derer die Geräte benutzt werden. So benötigt man beispielsweise für ein Radar, das vier Ampere Strom zieht und das eine ganze Nacht lang läuft, 4 A x 12 h = 48 Ah Kapazität in der Batterie. Das würde rein theoretisch bei einer Batterie mit beispielsweise 100 Amperestunden Kapazität für etwa zwei Nächte reichen.

Doch die Praxis ist etwas komplexer:

▶ Nicht auf allen Schiffen gibt es ein Amperemeter am Schaltkasten, das den aktuellen Gesamtstrom misst.

▶ Wohl niemand misst mit einer Uhr die genaue Nutzungsdauer der eingeschalteten Geräte.

▶ Es sind in der Regel mehrere Geräte mit unterschiedlichem Stromverbrauch gleichzeitig angeschaltet.

▶ Bei vielen Geräten kennt der Skipper den tatsächlichen Stromverbrauch nur näherungsweise.

▶ Man sollte eine Batterie niemals vollständig entleeren, denn das führt zu beschleunigtem Altern und Minderung ihrer Kapazität.

Der vorausschauende Skipper erstellt darum eine tabellarische Liste, mit der er den ungefähren Stromverbrauch abschätzt. Als Beispiel mag folgende Aufstellung dienen:

| Gerät | Stromverbrauch | Nutzungsdauer | entnommene Ah |
|---|---|---|---|
| Steuerbordlaterne | 2 A | 10 h | 20 Ah |
| Backbordlaterne | 2 A | 10 h | 20 Ah |
| Hecklaterne | 1 A | 10 h | 10 Ah |
| Salonbeleuchtung | 1,5 A | 4 h | 6 Ah |
| Lampen am Kartentisch | 0,5 A | 6 h | 3 Ah |
| Radar | 4 A | 2 h | 8 Ah |
| Funkgerät | 3 A | 1 h | 3 Ah |
| Kühlschrank | 4 A | 6 h | 24 Ah |
| 3 Kojenlampen | 5 A | 2 h | 10 Ah |
| Autopilot | 6 A | 5 h | 30 Ah |
| **SUMME** | | | **134 Ah** |

Geht man davon aus, dass wir aus Sicherheitsgründen nur 50 Prozent der Batteriekapazität nutzen wollen, so müsste allein für eine einzige durchsegelte Nacht bereits etwa 270 Amperestunden Batteriekapazität ab Bord vorhanden sein. Mittelgroße Charteryachten sind in der Regel mit nicht mehr als zwei 100-Ah-Batterien, also 2 x 100 Ah = 200 Ah ausgerüstet.

Es leuchtet unmittelbar ein, dass unter diesen Bedingungen eine Nachtfahrt elektrisch gesehen nicht möglich ist. Was tun? Es gibt eine Reihe von Möglichkeiten (Reihenfolge nach Stromverbrauch geordnet):

*Batteriebank.*

▶ Autopilot nur selten benutzen,
▶ Kühlschrank ausschalten,
▶ Radarnutzung auf ein wirklich notwendiges Minimum beschränken,
▶ Dreifarbenlaterne anstelle der drei getrennten Positionslaternen einschalten,
▶ Beleuchtung unter Deck auf ein unumgängliches Minimum beschränken,
▶ vorausschauend Navigations- und Innenbeleuchtung auf LED-Technik umbauen.

## Wacheinteilung

»Brauchen wir überhaupt eine Wacheinteilung? Eine Nacht halte ich auch so durch!« Sicherlich, eine einzige Nacht lässt sich zur Not auch ohne Wacheinteilung durchsegeln. Aber am nächsten Morgen ist eine aufmerksame Schiffsführung nicht mehr gewährleistet.

Um dies von vornherein auszuschließen, sollte der Skipper sich mit der Crew schon am Abend auf eine sinnvolle Wacheinteilung einigen. Ich sage bewusst EINIGEN, denn eine diskutierte und von allen Crewmitgliedern als sinnvoll erachtete Wacheinteilung ist für die Bordatmosphäre und somit für den effizienten Einsatz der Crew sicherlich besser als eine vom Skipper aufgezwungene.

Welche Aufgaben hat die Wache?
▶ Rudergehen,
▶ Segelstellung in Bezug zum Wind kontrollieren und gegebenenfalls verändern,
▶ Ausguck gehen, um Kollisionen zu vermeiden,

▶ Schiffsort jede Stunde ins Logbuch eintragen,
▶ einen Snack für die Ablösung bereitstellen.

Wie soll die Wacheinteilung zeitlich organisiert werden?
Zweistündig, dreistündig, vierstündig, rotierend oder mit festen Zeiten, Einzelwachen, Doppelwachen ..., welches Konzept gewählt wird, hängt in erster Linie von der Größe und Kompetenz der Crew und vom Wetter ab.
Ziel der Wacheinteilung sollte es sein, dass parallel zur aufmerksamen Schiffsführung die Freiwache genügend Schlaf bekommt, um selbst einige Stunden später wieder fit zu sein. Dies ist kaum zu erreichen, wenn man nach nur zwei Stunden in der Koje wieder an Deck muss. Darum sollten – sofern es eben machbar ist – am Stück mindestens vier Stunden, besser noch sechs Stunden wachfreie Zeit für jedermann zum Ausspannen und Schlafen zur Verfügung stehen.
Die Frage, ob der Skipper selbst ebenfalls Wache gehen sollte oder nicht, ist abhängig von der Größe der Crew zu beantworten. In einer 2- oder 3-Personen-Crew ist es wohl unvermeidlich, dass auch der Skipper Wache geht. In einer größeren Crew mit vier und mehr Leuten könnte man die Meinung vertreten, dass der Skipper, da er ja ohnehin 24 Stunden lang in jedem Moment bei Bedarf zur Verfügung stehen muss, nicht in die Wacheinteilung einbezogen wird. Die Entscheidung muss natürlich immer auch von der Belastbarkeit der Crew abhängig gemacht werden.

Folgendes Wach-Schema ist ein Vorschlag zur Planung:

| Crewstärke inklusive Skipper | Wachzeit bei gutem Wetter | Wachzeit bei schlechtem Wetter |
|---|---|---|
| 2 | 3 oder 4 Stunden Einzelwache | 2 Stunden Einzelwache |
| 3 | 2, 3 oder 4 Stunden Einzelwache | 2 Stunden Einzel- + 2 Stunden Doppelwache |
| 4 | 2 oder 3 Stunden Einzel- oder Doppelwache | 2 Stunden Doppelwache |
| 5 mit Skipper wachfrei | 2 oder 3 Stunden Einzel- oder Doppelwache | 2 Stunden Doppelwache; evtl. auch mit Skipper |

Über mehrere Tage und Nächte hinweg kann ein Rotationsverfahren sinnvoll sein, doch gibt es auch Segler, die gern regelmäßig einen bestimmten Teil der Nacht Wache gehen. Warum nicht! Es ist mit dem Skipper und dem Rest der Crew zu besprechen. Ein wichtiger Punkt muss noch erwähnt werden: Egal wie müde der Skipper selbst ist, egal wie lange er bereits in der Koje liegt, wenn

*Wache nachts an Deck.*

die Mannschaft sich unsicher ist in der Beurteilung einer Situation, so muss der Skipper geweckt werden.

## Befeuerung auf See

Auch wenn sie in Zeiten des GPS fast überflüssig erscheinen könnten, Leuchttürme und befeuerte Tonnen stehen zum Glück nach wie vor als Navigationshilfen bei Nacht zur Verfügung. Es gehört etwas Übung dazu, die Kennung eines Leuchtfeuers – insbesondere bei hohem Seegang – richtig zu identifizieren. Ein guter Skipper wird seine Crew in den ersten Stunden nach Sonnenuntergang in die »Kunst« des Lichterlesens einführen. Dazu gehört es, einerseits die Blitz- und Blinkzeichen in ihrer Anzahl richtig zu erkennen und andererseits die zeitliche Abfolge über eine Stoppuhr oder routiniertes Mitzählen im Sekundentakt zu messen. Übung lautet auch hier das Schlüsselwort. Mit einer einfachen Taschenlampe lässt sich die Kennung eines Feuers leicht simulieren, sodass der Skipper daraus ein kleines Lernspiel für seine Crewmitglieder machen kann.

Das sogenannte Leuchtfeuerverzeichnis erscheint in nationalen Ausgaben für alle Seefahrt betreibenden Staaten dieser Erde. Hier finden sich die notwendigen Informationen über Position und Kennung aller Leuchttonnen und Leuchtfeuer. Verlassen Sie sich nicht allein auf die Eintragungen in der Seekarte, es sei denn, die Karte ist nachweislich aktuell berichtigt.

Für die Crew recht praktisch ist es, wenn am Kartentisch eine Klebefolie fest angebracht wurde, auf der mit einfacher Symbolik die verschiedenen Kennungen von Feuern auf See dargestellt sind.

# 6.8 Fahrt unter Maschine, Motorsegeln

## Motoren auf See

Unter Puristen und Seglern, die viel Zeit haben und in der Törnplanung flexibel sind, hört man manchmal die Aussage: Ich motore grundsätzlich nur im Hafen! Auf See wird gesegelt! Ob man sich diese Haltung erlauben kann, ist natürlich stark von der zur Verfügung stehenden Zeit abhängig ...

Über längere Zeiträume gemittelt, müssen wohl die meisten Segler zugeben, dass man auf einem Törn etwa ein Viertel der Zeit, manchmal sogar mehr als ein Drittel, die Maschine im Einsatz hat, weil es bisweilen einfach zu wenig Wind gibt. Natürlich ist dies abhängig vom Segelrevier und der Jahreszeit und vor allem von der Bereitschaft der Crew, die Törnplanung zu ändern, wenn man mit 1 bis 2 Knoten Fahrt stundenlang vor sich hindümpelt. Wohl dem, der dann einen Autopiloten hat, denn es gehört mit zu den langweiligsten Aufgaben auf See, bei Flaute motorend Ruder zu gehen.

Moderne Schiffsdiesel laufen in weiten Drehzahlbereichen recht ruhig, aber es kommt vor, dass sie bei bestimmten Drehzahlen vibrieren. Das hat in der Regel mit dem Einbau und dem Schiffstyp zu tun. Muss stundenlang motort werden, so ist es natürlich angebracht, einen Drehzahlbereich zu wählen, bei dem möglichst keine Vibrationen auftreten und die Geräuschbelästigung eher gering ist.

Hinzu kommt allerdings der Aspekt des Dieselverbrauchs: Der Verbrauch ist keineswegs proportional zur Drehzahl beziehungsweise Geschwindigkeit. Er wächst vielmehr deutlich überproportional mit zunehmender Drehzahl. Wenn eine 12-Meter-Segelyacht bei 5 Knoten unter Maschine zwei Liter Diesel pro Stunde verbraucht, so sind dies bei 6 Knoten Fahrt meist schon mehr als drei Liter und bei 7 Knoten können es auch fünf Liter werden. Die meisten Schiffsdiesel auf Yachten haben einen maximalen Drehzahlbereich von etwa 3000 Umdrehungen pro Minute. Niemals sollte man aber in diese Maximalbereiche hineingehen, denn es erhöht den Verbrauch extrem und schadet dem Motor. Auf längerer Strecke muss darum überlegt werden, welches die optimale Drehzahl ist, um mit dem vorhandenen Diesel im Tank möglichst weit zu kommen.

Als Richtwert mag dienen, dass auf einer 12-Meter-Yacht in der Regel mit 1500 bis 2000 Umdrehungen pro Minute motort werden sollte, um einerseits verbrauchs- und geschwindigkeitsoptimiert, andererseits mit möglichst wenig

*Motorsegeln.*

Geräuschkulisse das Ziel zügig zu erreichen. Zwei bis drei Liter pro Stunde sollten auf einem 12-Meter-Schiff als Mittelwert nicht überschritten werden. Dass bei Flaute die Segel eingeholt werden, sollte eigentlich selbstverständlich sein, doch sieht man nicht selten Segelyachten bei Flaute mit gesetztem Groß motoren. Sofern zumindest ein Rest von leichtem Wind das Groß noch im Profil stehen lässt, ist dagegen nichts einzuwenden. Hingegen lassen manche Segler das Groß auch noch bei absoluter Totenflaute stehen. Selbst mit voll durchgesetzter Großschot kann sich das Profil dann nicht mehr stabilisieren, und das Segel schlägt unkontrolliert im Fahrtwind. Dass dies zu beschleunigtem Verschleiß des Segels im Tuch wie in den Nähten führt, müsste eigentlich jedermann klar sein.

## Motorsegeln

Unter gewissen Umständen kann es durchaus sinnvoll sein, mit gesetzten Segeln die Maschine mitlaufen zu lassen. Sobald ein wenig Wind weht, sagen wir bei etwa Beaufort 1 bis 2, lohnt es sich auf manchen Kursen, statt mit nacktem Mast zu motoren, die Segel zum Antrieb hinzuzunehmen. Dies gilt insbesondere auf Amwindkurs.

Angenommen das Tagesziel liegt direkt in Luv und der Wind ist so schwach, dass es einfach zu lange dauern würde, mit sehr geringer Fahrt und etlichen Kreuzschlägen das Ziel anzusteuern. Viele Skipper entscheiden in einem solchen Fall, die Segel zu bergen und geradlinig direkt zum Hafen zu motoren. Bei absoluter Flaute ist dies sicherlich die richtige Wahl. Doch gilt es auch bei sehr schwachem Wind? Das kommt drauf an:

Es kann sich durchaus lohnen, zumindest das Groß gesetzt zu lassen und mit etwa 10 bis 20 Grad Winkel zum Wind sehr spitzwinklig kreuzend schräg gegenan zu motoren. Mit dichtgeholter Großschot wird das Profil des Großsegels etwa ab 20 Grad am wahren Wind schon günstig genug angeströmt, um einen merklichen Vortrieb zu erzeugen. Zwar würde dies zum Segeln allein nicht reichen, aber in Verbindung mit dem Vortrieb des Motors gewinnt das Schiff bei gleicher Motordrehzahl eine Geschwindigkeit, die deutlich größer ist als allein unter Motor.

Nun stellt sich die Frage, ob der Geschwindigkeitsgewinn groß genug ist, um den durch das sehr spitzwinklige Kreuzen hervorgerufenen Weglängennachteil mehr als auszugleichen. In der Regel ist dies sehr wohl der Fall.

Ein Beispiel: 20 Grad Abweichung vom direkten Kurs verursachen sechs Prozent mehr Weglänge (siehe Zeichnung). Das bedeutet, dass der Geschwindigkeitszuwachs durch Motorsegeln größer als sechs Prozent sein muss, um einen zeitlichen Vorteil zu erreichen. Angenommen das Schiff kann ohne Segel mit 5 Knoten direkt gegenan motoren, so würde eine Fahrt von 5,3 Knoten (sechs Prozent mehr) beim motorsegelnden Kreuzen ausreichen, um zur gleichen Zeit am Ziel zu sein. Es ist aber durchaus realistisch, dass der Geschwindigkeitszuwachs bei gleicher Drehzahl der Maschine durch das zusätzlich gesetzte Groß deutlich mehr als sechs Prozent – nämlich etwa 1 Knoten – ausmacht. Das sind aber 20 Prozent mehr Fahrt, gegenüber nur sechs Prozent mehr Weg. Der Vorteil ist offensichtlich. Auf zehn Seemeilen Strecke ergibt dies einen Zeitvorteil von etwa einer Viertelstunde (siehe Zeichnung). Für den Rudergänger ist dies eine besondere Herausforderung, denn er muss das Schiff präzise »an der Kante halten«, im Grenzbereich zwischen schlagenden Segeln und stehendem Profil, um einerseits nicht zu viel Wegstrecke zu verlieren, andererseits das Profil im Segel noch geschwindigkeitssteigernd wirken zu lassen. Oft lohnt es sich, in dieser Situation den Autopiloten einzusetzen.

Somit gilt: Nur bei absoluter Flaute oder zu schwachem, halbem oder raumem Wind ist es sinnvoll auf dem geradlinigen Direktkurs mit geborgenen Segeln zu motoren. Hoch am Wind hingegen lohnt es sich immer, das Groß stehen zu lassen und spitzwinklig motorend zu kreuzen.

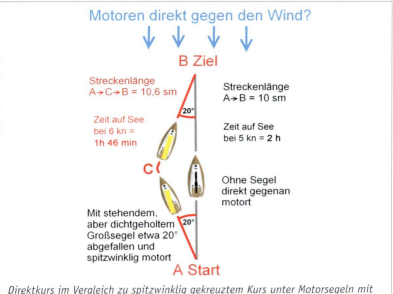

Direktkurs im Vergleich zu spitzwinklig gekreuztem Kurs unter Motorsegeln mit 20 Grad abgefallen.

# 6.9 Einhandsegeln

## Mit Crew an Bord und dennoch allein

Auch wenn man gar nicht die Absicht hat, jemals ohne Crew also einhand zu segeln, ist es dennoch von großem Vorteil – weil sicherheitssteigernd – seine Segelkompetenzen so weit zu entwickeln, dass man nicht auf die Crew angewiesen ist. Viele Yachten werden von Paaren gesegelt. Fällt einer der beiden wegen einer Verletzung oder wegen Seekrankheit aus, wird der andere automatisch zum Einhandsegler. Möglicherweise ist dies einer der Gründe, warum viele Frauen nicht allein mit ihrem Mann einen längeren Törn segeln wollen. Aber selbst mit einer Dreiercrew kommt so manch ein Skipper unter ungünstigen Bedingungen mit einer nicht seefesten Crew in die Zwangslage, ohne Unterstützung das Schiff allein sicher in den Hafen zu bringen, weil die anderen beiden mit einem Eimer neben der Koje unter Deck liegen.

Insbesondere auf Charteryachten trifft man nicht selten Skipper, die zwar eine große Crew an Bord haben, die aber von dieser Crew bei Manövern keine hilfreiche Unterstützung erwarten können. Ein Skipper mit vier Anfängern an Bord ist eine gefährliche Konstellation, wenn es darauf ankommt, in einer Stresssituation schnell und richtig zu handeln. Beispielsweise beim Reffen ist dann ein elektrischer Autopilot vermutlich hilfreicher als ein unerfahrener Rudergänger, der nicht in der Lage ist, das Schiff auch bei größerem Seegang genau genug auf Kurs zu halten.

Nicht jedes Schiff ist von seiner Konzeption her geeignet, auch einhand gesegelt zu werden. Insbesondere die Yachten aus den deutschen und französischen Großserien-Werften werden in erster Linie für den Einsatz in Charterflotten mit einer Grundkonzeption gebaut, die voraussetzt, dass der Skipper über eine Crew verfügt. Auf der großen Mehrzahl dieser Schiffe ist es nicht möglich, als Rudergänger auch die Segel zu bedienen, denn meist sind die Winschen für die Bedienung von Groß und Genua für den Rudergänger zu weit von ihm entfernt. Oft wird inzwischen die Großschot über eine Winsch neben dem Schiebeluk vom Niedergang bedient, weil mit zwei Steuerrädern und offenem Heck keine Befestigungspunkte mehr vorhanden sind für eine Großschot nahe am Steuerrad.

Ob das Zurückführen aller Fallen, Reffleinen und Niederholer ins Cockpit wirklich eine Verbesserung der Bedienungsfreundlichkeit bedeutet, kann durchaus kontrovers diskutiert werden: Zwischen den 3- oder gar 4-fachen Umlenkungen der Leinen mit entsprechend viel Reibung bis zum Cockpit kommt es nicht selten zu Kinken in der Leine, die wie Knoten wirken. Dann muss ohnehin ein Crewmitglied an Deck und die verklemmte Leine lösen. Auch beim Reffen muss auf vielen Yachten trotz Rückführung der Leinen ins Cockpit eine Person zum Mast an Deck, um das Reffauge in den Reffhaken einzusetzen und dort zu halten, während der andere im Cockpit das Fall bedient. Das sogenannte Einleinen-Reff vermeidet diesen Nachteil, doch funktioniert es auf vielen Schiffen nicht sauber, weil einfach zu viel Reibung an den zahlreichen Umlenkpunkten entsteht. So sind leider heute auf den meisten Charteryachten zum Reffen drei Personen notwendig. Bleiben die Leinen hingegen am Mast – so wie man es immer noch auf vielen Fahrtenyachten der Langfahrtsegler sieht – ergeben sich drei Vorteile: Es wird eine Person eingespart, die Leinen sind dank weniger Reibung leichter zu handhaben und es gibt keine »Leinen-Spaghetti« im Cockpit. Sofern ein guter Autopilot eingebaut ist, kann der Skipper alles allein machen und gewinnt dadurch an Sicherheit.

Aber selbst wenn alle Leinen-Rückführeinrichtungen in der Regel funktionieren, bleibt ein starkes Argument für das Leinenhandling am Mast statt im Cockpit: Wenn wirklich einmal etwas an Deck im Rigg oder an den Segeln schieflaufen sollte, dann mit hoher Wahrscheinlichkeit nicht bei eitel Sonnenschein und spiegelglatter See, sondern bei schlechtem Wetter, viel Wind und grobem Seegang. Der Crew, die es gewohnt ist, alles vom Cockpit aus zu bedienen, wird es an Übung und Routine fehlen, unter diesen Bedingungen an Deck zu gehen und dort ihren Job ordentlich zu machen. Dies führt zu einer Stresssituation, in der leicht ein Unfall passieren kann. Ist hingegen der häufige Gang an Deck zum Mast zur Routine geworden, so passt jeder Schritt und jede Handbewegung und das Unfallrisiko ist geringer.

## Selbststeuerungsanlagen

Bei alledem ist ein guter Autopilot natürlich Gold wert. Elektrische Autopiloten sind heutzutage – vorausgesetzt sie wurden zur Yacht passend dimensioniert ausgewählt – sehr zuverlässig. Leider wird jedoch häufig aus Kostengründen ein zu schwacher Autopilot installiert. Auf ein 12-Meter-Schiff gehört ein Autopilot, der seine Kraft direkt unter Deck auf den Ruderquadranten überträgt und nicht ein Gerät, das im Cockpit über Zahnriemen auf das Steuerrad wirkt. Zum Motoren bei Flaute wird die Sparversion ausreichen, doch nicht bei Schwerwetter. Auch für Pinnensteuerung gibt es unterschiedlich starke Varianten. Es sollte grundsätzlich eher ein zu starker als ein zu schwacher Pilot

eingesetzt werden. Wichtig dabei ist, dass die Bedieneinheit zur Kursprogrammierung und Kurskorrektur möglichst nahe am Steuerstand in der Nähe des Rudergängers eingebaut wird.

Auf Charteryachten wohl kaum zu finden, auf Eigneryachten mit Langfahrtpotenzial hingegen sehr geschätzt sind Selbststeueranlagen,

*Autopilot.*

*Windsteuerung.*

die keinen elektrischen Strom benötigen, sondern die Kraft des Windes und des vorbeiströmenden Wassers nutzen, um das Schiff auf Kurs zu halten: sogenannte Windsteuerungen. Die weltweit wohl meistgeschätzte Anlage ist der »Windpilot«, der mit einem Servoruder am Heck arbeitet, das seine Kraft über Umlenkleinen an das Hauptruder im Cockpit überträgt (siehe Foto). Die Hauptvorteile dieser Windsteuerung gegenüber einem elektrischen Autopiloten sind seine Unabhängigkeit von einer bordeigenen Energiequelle, seine mechanische Robustheit und Zuverlässigkeit sowie die Tatsache, dass die entwickelten Steuerkräfte umso kräftiger werden, je mehr Wind weht. Der elektrische Pilot hingegen hat eine konstruktionsbedingt festgelegte Maximalkraft, die bei Schwerwetter möglicherweise nicht mehr ausreichend ist.

## Antizipieren

Vorausschauendes Handeln ist das A und O beim Einhandsegeln! Ob bei Manövern auf See oder im Hafen, immer muss der Skipper sich früh genug überlegen, was passiert wenn ...

Der Skipper ohne einsatzfähige Crew wird eher etwas zu früh das Reff einbinden. Er wird, schon bevor er am Ankerplatz ist, das Ankergeschirr klarmachen zum Einsatz. Die Festmacher und Fender wird er nicht erst kurz vor dem Anlegen im Hafen ausbringen, sondern alles möglichst schon vor der Ansteuerungstonne vorbereitet haben. Er wird sich bei seinen Bewegungen an Deck so vorsichtig verhalten, dass das Verletzungsrisiko klein gehalten wird. Dazu gehört es natürlich auch, eine Rettungsweste zu tragen und bei Bedarf die Lifeline zu benutzen.

Auf längeren Schlägen ohne Crew tritt früher oder später das Problem des Schlafmangels auf. Eine Nacht ohne Schlaf werden die meisten Skipper durchhalten können, wenngleich auch dies schon zu Konzentrationsstörungen und damit höherem Fehlerrisiko führt. Eine zweite Nacht ohne Schlaf schafft wohl kaum jemand. Daraus folgt, dass auch der Schlaf vorausschauend organisiert werden muss. Heißt: Schlafen, sobald die Situation es erlaubt. Rein rechtlich gesehen darf ein Einhandsegler gar nicht schlafen, denn er ist ja nicht in der Lage, ständig Ausguck zu gehen, so wie es nach den international geltenden Kollisionsverhütungsregeln vorgeschrieben ist. In der Segelpraxis gibt es aber dennoch in wenig befahrenen Seegebieten kurze Zeitspannen, in denen sich ein Skipper für einige Minuten aufs Ohr legt. Natürlich nicht beim Durchqueren eines Verkehrstrennungsgebietes oder im Radius von 20 Seemeilen um einen Hafen. Vorsicht: Ein moderner Frachter, der sich mit 22 Knoten Fahrt einer Segelyacht nähert, die selbst mit 6 Knoten in Gegenrichtung unterwegs ist, braucht nur eine Viertelstunde vom Horizont bis zur möglichen Kollision. Daraus folgt, dass sich der Skipper nur unter folgenden Bedingungen schlafen legt:

- Auch wenn die Crew keine Segelerfahrung hat und der Skipper sich dadurch als Einhandsegler versteht, sollte er jemanden als Ausguck ins Cockpit setzen.
- Das besegelte Seegebiet liegt deutlich außerhalb von Schifffahrtslinien.
- Es herrscht gute Sicht und es sind keine Fahrzeuge auf 360 Grad rundum auszumachen.
- Das Radar wurde kurz zuvor eingesetzt, um auch hinter den Horizont zu schauen.
- Auf dem Radar wurde ein Alarmsektor eingestellt und aktiviert.
- Er nimmt einen Wecker – besser zwei – mit in die Koje, der ihn situationsabhängig a) ohne Crew im Cockpit spätestens nach einer Viertelstunde b) mit Crew im Cockpit spätestens nach einer Stunde weckt.
- Es ist nicht mit markanten Wetteränderungen zu rechnen.
- Die Besegelung ist der zu erwartenden Wetterlage vorausschauend angepasst.
- Die Selbststeueranlage arbeitet zuverlässig.
- Er schläft möglichst »auf Reserve« tagsüber in einer Zeitspanne ohne Gefahrenpotenzial.

*Übermüdeter Skipper.*

# 7. Gefahrensituationen

## 7.1 Beurteilung der Notsituation

Angst kann ein echtes Problem an Bord werden. Angst im Sinne eines unbeherrschten Gefühls der Bedrohung führt zu Fehlhandlungen. Der aufmerksame Skipper merkt es früh genug, wenn ein Crewmitglied übermäßig unsicher wird, und greift entsprechend beruhigend ein. Meist ist es der hohe Seegang, der das Schiff in grobe Bewegung bringt, der insbesondere Segelneulingen gefahrvoll erscheint. Aber erst eine wirklich über dem Schiff brechende See ist eine Bedrohung. Eine sieben Meter hohe Dünung mitten im Atlantik mit 200 Meter Abstand zwischen den Wellenbergen wirkt zwar sehr eindrucksvoll, ist aber nicht wirklich gefährlich. Ganz im Gegensatz zu einer drei Meter hohen, steilen, rollend brechenden Welle im Skagerrak bei Wind gegen Strom. Mit dem Lifebelt in ein festes Decksauge eingepickt erscheint aber selbst diese Situation nicht mehr so bedrohlich. Der pädagogisch geschickte Skipper wird es durch behutsam erklärende Worte schaffen, eine verunsicherte Crew zu beruhigen. Nur ein schlechter Skipper nimmt ein verängstigtes Besatzungsmitglied nicht ernst und erzählt vielleicht auch noch Horrorgeschichten.

Zum Glück geschieht es extrem selten, dass Yachten in Seenot geraten und dabei vom Sinken bedroht sind. Die Gefahr des Sinkens ist allerdings die klassische Situation für Fehlhandlungen in Panik. Nicht jede Kollision mit einem Baumstamm oder einem schlafenden Wal führt gleich zum Sinken. Nicht jeder Wassereinbruch durch ein beschädigtes Toilettenventil ist Grund in die Rettungsinsel zu gehen. Nicht jede Welle, die im Sturm die Plicht überflutet und den Niedergang hinunterrollt, lässt die Yacht kentern oder gar sinken.

Und dennoch waren es in der Vergangenheit gerade diese Situationen, in denen immer wieder Segler ertrunken sind. Nicht weil ihr Schiff sank, sondern weil sie in Panik viel zu früh versuchten, in die vermeintlich schützende Rettungsinsel zu gehen. Die Mehrzahl der 1979 im berüchtigten Fastnet-Sturm ertrunkenen Segler verloren ihr Leben, nachdem sie ihre Schiffe verlassen hatten, um in die Rettungsinseln zu steigen. Ihre Yachten wurden am Tag nach dem Sturm zwar manövrierunfähig, aber dennoch schwimmend gefunden. Gebrochene Masten, zerschlagene Ruder, eingeschlagene Niedergangsschotten, ein Kubikmeter Wasser im Schiff ..., alles nicht Grund genug, von Bord zu gehen. Hätten die Segler die Nerven behalten und wären auf ihren Yachten geblieben, hätten sie vermutlich den Sturm überlebt.

Nicht jede Notlage ist bedrohlich! Nicht jede Notlage an Bord erfordert den Einsatz des Seefunkgerätes. Viele Situationen sind mit Bordmitteln zu beherrschen, vorausgesetzt, dass das Schiff, die Crew und der Skipper gut vorbereitet sind. Allzu leichtfertig werden insbesondere in der Hochsaison immer wieder über Funk Notmeldungen abgesetzt. Etwa 80 Prozent aller bei den Seenotrettungsstellen eingehenden Alarme sind weder durch eine akute Gefährdung für Leib und Leben der Besatzung noch durch eine Havarie des Schiffes begründet. Eine Motoryacht, die sechs Seemeilen vor der Küste bei gutem Wetter in tiefem Wasser, weit entfernt aller Untiefen mit leer gefahrenem Dieseltank treibt, ist nicht in einer akut bedrohlichen Lage, sondern benötigt lediglich Diesel oder einen Schlepper. Es müssen dafür nicht sämtliche Rettungskreuzer der nächstgelegenen Küstenwachen alarmiert werden.

In Kurzform hier ein paar grundlegende Erklärungen zum Einsatz des Seefunkgerätes (UKW = VHF):

Es gibt im Seefunk drei Mitteilungsebenen: die Sicherheitsmeldung, die Dringlichkeitsmeldung und die Notfallmeldung.

Die erste Stufe ist die sogenannte SÉCURITÉ-Stufe (sécurité, frz. = Sicherheit), am UKW-Gerät konkret 3-mal gesprochen mit: SÉCURITÉ – SÉCURITÉ – SÉCURITÉ.

Eine SÉCURITÉ-Meldung wird über Funk abgesetzt, wenn eine Situation auftritt, die möglicherweise gefährlich werden könnte, aber der Gefahrenfall noch nicht aktuell eingetreten ist. Ein paar Beispiele: ein auf See treibender Container, ein Schlepper, der an einer sehr langen Schlepptrosse einen manövrierunfähigen Frachter zieht oder eine Starkwind-Warnung.

Die zweite Stufe, die sogenannte Dringlichkeitsmeldung, wird über 3-maliges Wiederholen PAN PAN – PAN PAN – PAN PAN (la panne, frz. = der Schaden) über UKW abgesetzt. Hierbei muss es sich zwar um eine gefahrbergende Lage handeln, bei der jedoch weder Mensch noch Fahrzeug akut hochgradig bedroht sind. Ein typischer Fall für PAN PAN ist beispielsweise ein wegen Ruderbruchs manövrierunfähig gewordenes Segelschiff oder ein schwer erkranktes Crewmitglied (Beinbruch, Nierenkolik).

Die dritte und höchste Alarmstufe betrifft die akute Seenotsituation, am UKW 3-mal gesprochen mit: MAYDAY – MAYDAY – MAYDAY (m'aidez, frz. = helfen Sie mir). Diese Notfallmeldung wird nur dann abgesetzt, wenn die akute Gefahr des Sinkens des Schiffes und/oder akute Gefahr für das Leben der Besatzung besteht. Ein Piratenüberfall, schwere Kollision mit starkem Wassereinbruch, Strandung mit drohendem Sinken, Feuer an Bord, Mensch über Bord in grober See bei kaltem Wasser sind Beispiele für eine MAYDAY-Situation. Hingegen muss nicht zwingend ein MAYDAY abgesetzt werden, wenn im Sommer bei wenig Wind und warmem Wasser ein Besatzungsmitglied ins Wasser fällt. Selbst ein Mastbruch ist kein Grund für ein MAYDAY, so lange niemand

UKW-Gerät mit Distress-Taste.

GPS mit Positionsangabe auf drei
Kommastellen genau.

schwer verletzt wurde oder das Schiff einen starken Wassereinbruch hat. Aus rein juristischen Gründen könnte man allerdings durchaus die Meinung vertreten, dass unabhängig von den Rahmenbedingungen im MOB-Fall immer eine MAYDAY-Meldung abgesetzt wird und bei UKW-DSC-Geräten (siehe unten) die Distress-Taste gedrückt wird. Nicht vergessen: Nach der Bergung der über Bord gefallenen Person muss die MAYDAY-Meldung über CANCEL DISTRESS aufgehoben werden!

Alle drei Stufen dieser UKW-Mitteilungen haben Priorität vor anderen Anrufen am UKW. Sie werden immer auf Kanal 16 abgesetzt und bei MAYDAY auch auf Kanal 16 fortgeführt. Bei SÉCURITÉ und PAN PAN wird nach der Ankündigung auf Kanal 16 in der Regel auf einen anderen Arbeitskanal gewechselt, um Kanal 16 für akute Seenotfälle freizumachen. Der Skipper entscheidet, ob und welche Meldung über UKW abgesetzt wird. Es ist eine normierte Funkgesprächsroutine einzuhalten, die international gültig ist und in der Ausbildung zum sogenannten SRC (Short Range Certificate, verpflichtend für Skipper, früher das UKW-Sprechfunkzeugnis) gelernt wird.

Seit einigen Jahren sind in der Berufsschifffahrt UKW-Geräte mit einem sogenannten DSC-Controller (Digital Selective Call) gekoppelt an ein GPS verpflichtend eingeführt. Diese Geräte senden – ausgelöst über eine spezielle Distress-Taste – ohne Sprachunterstützung automatisch den Schiffsnamen, den MMSI-Code (Maritime Mobile Service Identity), die Uhrzeit und die Position nach GPS sowie die Art der Notlage (von Hand eingegeben) des in Seenot geratenen Schiffes an alle Seefunkstellen im Empfangsradius von UKW-Strahlen, also je nach Antennenhöhe und Übertragungsbedingungen etwa zwischen 15 und 50 Seemeilen. Zwar setzen sich auch in der Freizeitschifffahrt diese DSC-Geräte immer mehr durch, aber die Geräte der alten Generation sind überwiegend nach wie vor im Einsatz.

Bei über das UKW in Worten gesprochener Positionsübermittlung sollte die Genauigkeit nicht übertrieben werden. Auch wenn das GPS bis auf tausendstel Minuten genau die Position angibt, ist es keinesfalls sinnvoll oder notwendig, mehr als eine Dezimale hinter dem Komma anzusagen. Drei gesprochene Stellen hinter dem Komma verlängern lediglich das Durchgeben der Position und es vergrößert das Risiko von Missverständnissen. Zum Orten einer Yacht reicht eine Genauigkeit von 180 Metern (= $1/10$ Seemeile) voll aus.

# 7.2 Seenotausrüstung und Notrollen

Jedes seegehende Schiff muss entsprechend seines Fahrtgebietes eine einsatzbereite Ausrüstung für mögliche Unfälle und Havarien an Bord haben. Der Umfang dieser Ausrüstung wird natürlich für ein Inselhopping zwischen den Inseln in Kroatien ein anderer sein als für eine Atlantiküberquerung. Im Folgenden eine Liste der Seenotausrüstung für kurze Küstentörns und anschließend eine Ergänzungsliste für den Hochseetörn.

**Minimal-Notausrüstung für küstennahe Segelreviere**
▶ UKW-Handgerät mit Reserveakku,
▶ mobiles GPS,
▶ Notantenne für fest eingebautes UKW-Gerät, nutzbar auch für mobiles UKW,
▶ Rettungsweste und Lifebelt für jedes Crewmitglied,
▶ Küsten-Rettungsinsel,
▶ 2 MOB-Rettungskragen,
▶ 2 Trillerpfeifen,
▶ wasserdichte Blitzlampen für jedes Crewmitglied,
▶ Signalmittel wie Handfackeln, Signalraketen, Wasserfärbungsmittel, Rauchbomben,
▶ Trinkwasser in Kanistern,
▶ mehrere wasserdichte Taschenlampen,
▶ Notproviant,
▶ Verbandskasten,
▶ Medikamentenvorrat,
▶ 2 Lenzpumpen,
▶ 2 Eimer mit Tampen,
▶ Leckpfropfen in unterschiedlichen Durchmessern,
▶ Werkzeuge wie verschiedene Zangen, Bolzenschneider für die Wanten, Handbohrer,
▶ Feuerlöscher,
▶ Feuerlöschdecke,
▶ Reserveanker mit Reservekette,

- ▶ Nebelhorn,
- ▶ Werkzeugkasten mit Zangen, Schraubenziehern, Maulschlüsseln, Bohrern, Sägen ...,
- ▶ Ersatzteile für das Rigg wie Schäkel, Drahtseil, Seilklemmen, Ersatztauwerk, Spannschrauben ...,
- ▶ Ersatz-Winschkurbeln,
- ▶ Weithalskanister für Bootspapiere, Ausweise, Führerscheine, Geldbörsen, Kreditkarten,
- ▶ Ersatzbrillen, Ersatzsonnenbrillen,
- ▶ Sonnenschutz.

### Zusätzliche Ausrüstung für den Hochseeeinsatz

- ▶ EPIRB (Sarsat-Cospas)-Seenotsender,
- ▶ größere Rettungsinsel,
- ▶ MOB-Signalschwimmer mit langer Flaggenstange mit Blitzlicht,
- ▶ mobiler Kompass,
- ▶ Handpeilkompass,
- ▶ Reserve-Uhr, wasserdicht,
- ▶ Reserve-Fernglas,
- ▶ mobiles GPS,
- ▶ weiteres mobiles UKW-Handgerät inklusive Reserveakku,
- ▶ mehr Trinkwasser in Kanistern,
- ▶ mehr Notproviant,
- ▶ Reservebatterien für alle mobilen elektrischen Geräte,
- ▶ mobile Arbeitstalje für verschiedene Einsätze,
- ▶ größere Werkzeugkiste,
- ▶ Reserveblöcke,
- ▶ große Schraubensammlung,
- ▶ mehrere Weithalskanister für mehr persönliche Dinge,
- ▶ wärmende Ersatzkleidung in Weithalskanistern,
- ▶ Sonnenschutz, Kappen, Handtücher.

Alle hier genannten Dinge sollten bei einem Hochseetörn auf mehrere Weithalskanister verteilt sein und dort gut aufbewahrt werden. Nur so ist sichergestellt, dass im Notfall möglichst wenig vergessen wird.

### Notrollenverteilung

Auf längeren Törns ist es durchaus sinnvoll, die Aufgabenbereiche im Seenotfall auf einige Mitglieder der Crew zu verteilen. Der Skipper kann nicht alles selbst machen. Insbesondere ist dies wichtig für den Fall, dass das Schiff verlassen werden muss, sei es, um in die Rettungsinsel zu gehen, sei es beim Abbergen auf ein zu Hilfe gekommenes, anderes Schiff. Die zu verteilenden Aufgabenbereiche betreffen:

▶ die Bedienung des Funkgerätes, Kommunikation mit der Küstenfunkstelle,
▶ das Klarmachen der Rettungsinsel,
▶ das Stauen der persönlichen Dinge in Weithalskanister,
▶ das Klarmachen des Beibootes, zusätzlich zur Rettungsinsel, sofern es bereits aufgeblasen einsatzbereit an Deck liegt.

Um sicherzustellen, dass tatsächlich im Ernstfall keine Pannen passieren, ist es wichtig, dass der Skipper diese Aufgaben detailliert mit jedem betreffenden Crewmitglied in Ruhe durchspricht und die einzelnen Abläufe tatsächlich unter Deck und an Deck übend durchgespielt werden.

# 7.3 Ausfall der Maschine oder der Elektrik

Heutzutage sind Schiffsdiesel so zuverlässig, dass Motorausfälle – entsprechende Wartung vorausgesetzt – äußerst selten auftreten. Auch auf einem Charterschiff sollte ein Skipper davon ausgehen können, dass der Motor der Yacht zur Übergabe ordentlich gewartet und uneingeschränkt einsatzbereit ist. Es kann jedoch sogar bei gutem Service einmal passieren, dass der Jockel auf See stehen bleibt. Insbesondere in warmen Revieren liegt das Problem nicht selten an Schmutz, Bakterien oder Wasser im Diesel.

Zur Schnelldiagnose hier eine kurze Übersicht der am häufigsten auftretenden Motor-Probleme und deren Beseitigung in Kurzform:

▶ Alarm bei zu geringem Ölstand: Motor sofort abstellen! Ölstand kontrollieren und gegebenenfalls nachfüllen.
▶ Alarm wegen fehlender Motorkühlung: Motor sofort abstellen! Kühlwassereinlass kontrollieren. Plastiktüte verstopft den Einlass? Kühlwasserpumpe ausgefallen? Keilriemen gerissen? Seewasserfilter verstopft?
▶ Motor abgewürgt, Drehzahl schlagartig auf null: Leine im Propeller. Mit Tauchmaske und Brotmesser ins Wasser, Propeller freischneiden.
▶ Anlasser dreht beim Starten nicht durch: Motorbatterie leer oder defekt. Batterie laden oder neu kaufen. Zweite Möglichkeit: defekter Anlasser; mit Hammer beim Startversuch leicht auf das eventuell verklebte Relais klopfen.
▶ Anlasser dreht beim Starten normal durch, Motor startet aber nicht: Vermutlich keine Dieselzufuhr; leerer Tank oder Dieselfilter verstopft oder

Wasser im Diesel oder Luft in der Dieselzufuhr. Diesel nachfüllen, Filter wechseln, Dieselleitungen entlüften, eventuell mit frischem Diesel durchspülen.

▶ Motor läuft unregelmäßig, stottert und bleibt dann stehen: gleiche Diagnose wie beim vorherigen Punkt.

Problematisch wird der Ausfall der Maschine erst bei Flaute und/oder starker Strömung mit anderen Fahrzeugen in der Nähe, beispielsweise beim Queren eines Verkehrstrennungsgebietes. In diesem Fall muss sofort über UKW eine Warnung an die Fahrzeuge in der Umgebung abgesetzt werden mit dem Hinweis auf Manövrierunfähigkeit. Da Yachten nicht verpflichtet sind, die Laternen und Tageszeichen für Manövrierunfähigkeit zu führen (zwei rote Rundumlichter bei Nacht im Mast und zwei schwarze Bälle am Tage), bleibt also für die meisten nur das UKW-Gerät. Wichtig ist dabei die klar verständlich gesprochene Nennung der eigenen Position nach Länge und Breite in Grad und Minuten (mit nur einer Stelle hinter dem Komma!). Falls die Situation es erfordert, kann zusätzlich zur UKW-Warnung eine weiße Leuchtkugel geschossen werden. Zwar führen die meisten Yachten heutzutage keine Signalpistole an Bord (Waffenscheinpflicht), aber es gibt im Fachhandel kleine Trommelschussgeräte, die mit weißen, roten und grünen Leuchtkugeln bestückt werden können und die ohne Waffenschein zu erwerben sind. Sie ersetzen

*Leine in der Schraube.*

allerdings nicht die vorgeschriebenen pyrotechnischen Seenotsignalmittel. Nicht nur durch einen Defekt in der Maschine oder in der Dieselzufuhr kann es zu einem Ausfall kommen. Mindestens ebenso häufig ist – zumindest in Küstennähe – ein Ausfall hervorgerufen durch einen Tampen oder ein treibendes Netz oder eine große Plastikfolie. Leider gibt es auch heute noch einige Fischer und andere Seefahrer, die unachtsam mit Ausrüstungsresten umgehen. In dem Fall hilft leider nichts anderes, als mit einem scharfen Messer und Neoprenanzug ins Wasser zu springen und die Schraube freizuschneiden. Nachts wird natürlich dafür zusätzlich eine kleine wasserdichte Handlampe benötigt, die ohnehin immer in Reichweite des Steuerstandes liegen sollte. Vorsicht beim Arbeiten unter dem Heck. Im Seegang wird das Heck vermutlich stampfen und kann dem tauchenden Skipper hart an den Kopf schlagen.

Die Maschine kann auch dadurch ausfallen, dass sie gar nicht gestartet werden kann wegen eines elektrischen Fehlers. Der Fehler kann folgende Ursachen haben:
▶ defekte Starterbatterie,
▶ defektes Zündschloss (Kontakte durch Seewasser oxidiert),
▶ Wackelkontakt an den Zuleitungen (Vibrationsschaden),
▶ defekter Anlasser.

Zur Prüfung des Fehlers ist es hilfreich, wenn der Skipper mit einem sogenannten Multimeter umgehen kann und damit die elektrische Spannung und Stromstärke misst, doch nicht jeder Skipper hat ausreichende Kenntnisse in Elektrik (siehe Literaturliste im Anhang).
Auf Langfahrt ist es eine gute Maßnahme, vorsorglich eine neue, an keine Geräte angeschlossene Batterie in Reserve zu haben, die nur von Zeit zu Zeit nachgeladen wird (Spannungsabfall), denn nur unangeschlossen ist es sicher, dass sie im Notfall voll zur Verfügung steht.
Eine separate Werkzeugkiste für Elektroreparaturen mit Kabeln, Steckern, Schaltern, Lötkolben, Lötzinn und Klemmzange ist ebenfalls auf einem längeren Törn angesagt.

*Multimeter im Einsatz.*

# 7.4 Manövrierunfähigkeit, Ruderbruch

Beginnen wir mit einer Beispiel-Situation, die auf jedem Küstentörn mit nicht geringer Wahrscheinlichkeit auftreten kann: Wir segeln bei gutem Wetter und stetigem Wind von Beaufort 4 unweit der Küste, kein Problem in Sicht. Plötzlich wird der Rudergänger unruhig, versucht das Ruder hin und her zu drehen, denn er stellt einen ungewöhnlichen Widerstand fest. Die Fahrt des Schiffes nimmt ebenfalls deutlich ab. Ein Blick ins Heckwasser klärt die Lage: Eine daumendicke Leine geht vom Heck aus schräg hinunter ins tiefe Blau ... eine Fischerleine. Am Rumpf rumpelt zudem etwas Hartes. Es ist die Boje, mit der der Fischer sein Fanggeschirr gekennzeichnet hat. Der Rudergänger hatte sie einfach nicht gesehen. Offensichtlich hängt unten am Meeresboden irgendetwas Schweres an der Leine, schwer genug, um die 10-Tonnen-Yacht abzustoppen. Was tun? Der Skipper hat bereits die Tauchmaske, Flossen und Schnorchel aus dem Staukasten auf dem Achterdeck geholt und sucht nur noch ein scharfes, solides Messer. Die Segel werden geborgen, die Badeleiter ausgeklappt und der Skipper springt am Heck ins Wasser. Das Schiff – inzwischen ohne den Winddruck in den Segeln – rollt und stampft recht grob im Seegang. Nur die Leine hinter dem Heck durchzuschneiden reicht nicht, denn sie hat sich fest hineingezogen in den schmalen Spalt zwischen Ruderoberkante und Rumpf. Einfaches Herausziehen ist auch mit grober Gewalt unmöglich. Es bleibt dem Mann im Wasser nichts anderes übrig, als unter das Heck zu tauchen und zu versuchen, die Leine direkt an der Klemmstelle zwischen Ruder und Rumpf durchzuschneiden. Leichter gesagt als getan, denn das Schiff bewegt sich manövrierunfähig im groben Seegang wie ein wilder Gaul. Mehrere Versuche sind notwendig, bis die verflixte Leine direkt am Ruder endlich durchgeschnitten ist und auch die eingeklemmten Reste herausgeschnitten sind. Und dann passiert das Fatale: Der Job ist fast erledigt, als eine höhere Welle plötzlich das Heck besonders stark anhebt und der Rumpf im nächsten Moment hinunterkracht auf den Kopf des Skippers. Er schafft es noch, auf die erste Stufe der Badeleiter zu kommen, fällt dann aber bewegungslos zurück ins Wasser. Den anderen Crewmitgliedern ist klar, dass er offensichtlich Hilfe benötigt. Ein weiterer Mann geht mit einer fingerdicken Rettungsleine ins Wasser, bindet dem Skipper die Leine mit einem Palstek um die Brust und gibt Anweisung zum Bergen des Mannes. Über die Badeplattform sind Skipper und Retter ohne größere Schwierigkeiten bald an Bord zurück. Der Skipper hat eine beängstigend blutende Platzwunde am Hinterkopf. Ihm ist schwindelig und es wird ihm übel ... Gehirnerschütterung. Der nächste Hafen ist etwa zehn Seemeilen entfernt, zum Glück in Lee, also ohne Kreuzen in etwa zwei Stunden zu erreichen. Fazit: fünf Nadelstiche in der Kopfhaut und eine Nacht im örtlichen Krankenhaus. Er hat noch einmal Glück gehabt. Nicht auszudenken, wenn dies nachts passiert wäre. Und glücklicherweise kam der Schlag erst, nachdem das Ruder schon freigeschnitten war.

Schlussfolgerungen:
▶ Der Rudergänger muss ständig auf der Hut sein, um eventuell auftretende Hindernisse, Leinen, Bojen im Wasser zu umfahren. Problematisch bei Nacht!
▶ Bei unter Wasser notwendig werdenden Arbeiten unbedingt eine Sicherungsleine anlegen.
▶ Die Besatzung VOR dem Einsatz unter Wasser informieren über möglicherweise auftretende Komplikationen.
▶ Immer Maske, Flossen und Schnorchel an Bord bereithaben.
▶ Möglichst jemanden in der Crew haben, der fit genug ist, auch Probleme unter Wasser tauchend zu beheben.

## Ruderbruch

Zwar kommt es selten vor, aber es ist nicht völlig auszuschließen: Durch Kollision mit Treibgut ist das Ruder weggebrochen. Auf modernen Yachten mit schmalem, tiefen Kiel und Spatenruder ist dies leichter möglich als auf traditionellen Yachten mit einem Skeg vor dem Ruder, denn der Skeg hält das Ruder in voller Länge, während das lange, schmale Spatenruder allein innerhalb des Rumpfes gelagert ist.

Ruderbruch muss aber nicht unbedingt durch Kollision mit Treibgut verursacht werden. Das Ruder kann auch dadurch brechen, dass das Schiff bei viel Wind in schwerer See durch ein verpatztes Wendemanöver achteraus treibt und möglicherweise von einem großen Brecher hart nach achtern beschleunigt wird. Dann wird das Ruder von der falschen Seite angeströmt und schlägt mit brachialer Gewalt quer. Nur extrem gut gebaute Ruder werden einen solchen Schlag ohne Bruch überstehen. Wenn das Ruder selbst in seiner Lagerung nicht bricht, so werden vermutlich die Steuerseile reißen. Was tun?

Sind tatsächlich »nur« die Steuerseile gerissen, so hat man großes Glück, sofern ein elektrischer Autopilot – mit Schubstange direkt auf den Ruderquadranten geführt – an Bord installiert ist, denn damit ist das Schiff wieder steuerbar. Wenngleich nur noch durch Knopfdruck auf der Bedienungstastatur.

**Tipp:** Reserve-Steuerseile mit auf Langfahrt-Törn nehmen.

Ist hingegen die Ruderlagerung oder das Ruderblatt selbst gebrochen, so hilft auch kein Autopilot mehr. Zuerst einmal muss die Schiffsbewegung einigermaßen im Rahmen des Möglichen gedämpft werden. Das erreicht man am besten durch Bergen des Großsegels bei dichtgeholten Fockschoten. Die meisten Schiffe werden so einen zwar sehr unregelmäßigen, aber dennoch akzeptablen Raumschotskurs auch ohne Ruder segeln. Des Weiteren muss überlegt werden, ob es möglich ist, mit Bordmitteln ein Notruder nach Art der schräg außenbords angebrachten Ruder der Wikingerschiffe improvisierend zu bauen. Hierzu ist viel in Segelzeitschriften und Ausbildungsbüchern geschrieben worden: Die ausgebaute Klotür am Spibaum befestigt als Ruder einsetzen, Treibanker einseitig ausbringen, eine Pütz nachschleppen, das Schiff wie eine Jolle durch geschickten Segeltrimm auf einen einigermaßen konstanten Kurs bringen, alles am Schreibtisch leicht formuliert, aber an Bord bei Schwerwetter kaum oder gar nicht praktikabel. Bei wenig Wind und Welle sind solche Vorschläge vielleicht – je nach Bootsgröße – noch machbar, aber ein Ruderbruch tritt äußerst selten bei wenig Wind und Welle auf. Manch eine Crew hat in einer solchen Situation zum Funkgerät gegriffen und sich abbergen lassen. Als Alternative zum Aufgeben des Schiffes wäre es auf hoher See fernab vom Land denkbar, zuerst einmal abzuwarten, bis die Wetterlage sich gebessert hat (möglicherweise erst nach ein bis zwei Tagen?), um dann tatsächlich ein Notruder aus dem Spibaum und einer geeigneten Holzplatte zu bauen. Das Hauptproblem wird dabei sein, das Brett am Spibaum belastbar zu fixieren. Sofern Bohrmaschinen, Sägen, Schrauben, Bolzen und genügend Reserveleinen an Bord sind, müsste es binnen einiger Stunden machbar sein, ein Notruder zu konstruieren, dass dann am Pütting des Achterstags angelascht wird. Ist der Wind nicht zu stark, so sollte es möglich sein, einen akzeptablen Kurs zu steuern. Ob das dann ein Amwind-, Halbwind-, oder Raumschotskurs sein wird, muss ausprobiert werden. Hoffen wir, dass in der Richtung ein Hafen liegt und genügend Lebensmittel an Bord sind ...

Im Extremfall hilft sonst nur noch das Seefunkgerät weiter. Über Kanal 16 um Schlepphilfe bitten! Sofern kein Wassereinbruch mit dem Ruderbruch verbunden ist und es nach Lee genügend Seeraum zum Warten auf die Hilfe gibt (keine Felsen, Riffe, Sandbänke), handelt es sich aber NICHT um einen Seenotfall. Am VHF-Gerät ist also keine MAYDAY-Meldung zu geben, sondern lediglich PAN PAN (siehe Beginn dieses Kapitels).


# 7.5 Mastbruch, Schäden im Rigg und an den Segeln

Das Material der heutzutage verarbeiteten Segeltuche ist in der Regel so gut, dass kaum eine Crew selbst bei Starkwind mit zerrissenen Segeln rechnen muss. Wenn Schäden an den Segeln auftreten, so liegt das meist daran, dass Nähte aufplatzen. Meist ist es eine Folge von Nachlässigkeit der Crew, die nicht darauf geachtet hat, dass die Segel am Mast oder an den Wanten scheuern oder hin und her schlagen dürfen. Die grundsätzlich lange Haltbarkeit der

*Gebrochener Mast. Foto von Pantaenius*

Segel wird drastisch verkürzt durch zu langes Schlagen im Wind beim Setzen und Bergen oder beim Motorsegeln.

Häufiger als beschädigte Segel kommt ein Defekt der Rollanlagen von Groß oder Genua vor. Ein Charterskipper tut gut daran, zu Törnbeginn im Hafen die Leichtgängigkeit beider Rollsysteme zu prüfen. Wenn die Anlage draußen auf See bei 6 Windstärken oder mehr klemmt, ist es zu spät.

Es gibt einige immer wieder auftretende Fehler bei der Bedienung der Rollanlagen:

Wichtig ist es, die »Schokoladenseite« der Großsegelrollanlage zu kennen und zu benutzen. In Kapitel 6.6 (siehe oben) wurde ausführlich über die richtige Refftechnik gesprochen. Beim Einrollen sollte das Großsegel so wenig wie eben möglich im Wind schlagen. Ferner sollte es unbedingt auf dem Bug eingerollt werden, der dem Drehsinn der Rollanlage entspricht, sodass das Tuch sich nicht um die Schlitzkante am Mast herumarbeiten muss, sondern frei eingezogen werden kann. Nicht nur bei Starkwind passiert es sonst schnell, dass das schlagende Tuch beim Einrollen in den Mast wegen hinderlicher Falten klemmt und dann überhaupt nicht mehr zu bewegen ist.

Der Hauptfehler bei der Bedienung der Vorsegel-Rollanlage ist ein nicht hart genug durchgesetztes Genuafall. Bei zu wenig Spannung auf dem Genuafall kann es passieren, dass sich das Fall beim Einrollen oben am Mastbeschlag um das Vorstag herumwickelt und dann nach drei bis vier Drehungen kein

*Angerissene Drähte an einem Pressterminal.*

weiteres Einrollen mehr möglich ist. Die Folge ist ein kaum eingerolltes Vorsegel, das nicht mehr weiter gerefft werden kann. Wenn dann der Wind weiter zunimmt, ist das Schiff gefährlich übertakelt und die Crew kann auf den Starkwind nicht mehr mit weiterer Verkleinerung der Segelfläche reagieren. Das kann fatale Folgen haben, denn ein übertakeltes Schiff ist in seinen Bewegungen schwer zu kontrollieren.

Es kommt auch – zum Glück selten – vor, dass Vorsegelrollanlagen mangels Wartung klemmen oder gar ihre Kugeln aus den Kugellagern verlieren. Ob dies zu befürchten ist, lässt sich schon im Hafen untersuchen, indem man die Anlage auf Leichtgängigkeit und angemessenes Spiel prüft.

Der schlimmste Fall: Mastbruch. Die Wahrscheinlichkeit, dass der Mast einer gut gewarteten Yacht bricht, ist sicherlich nicht größer als die, auf der Anreise einen Autounfall zu haben. Bevor ein Mast tatsächlich bricht, zeigen sich in der Regel Vorwarnungen im Rigg in Form angerissener Wantendrähte an den Pressungen der Terminals (siehe Foto). Im Falle eines angerissenen Wants wird die Segelfläche verkleinert und man läuft den nächsten Hafen an, es sei denn, es gibt das notwendige Reparaturmaterial an Bord (Stahlseilklemmen, Reserve-Wantendraht, Kettenglieder, schraubbare Terminals). Der Mast wird nicht gleich wegen eines angerissenen Wants brechen. Sollte dennoch der Extremfall des Mastbruchs eintreten, so bleibt nur die Möglichkeit, die gebrochenen Teile irgendwie mit Leinen am Schiff zu sichern oder sie mit einem schweren Bolzenschneider abzutrennen und außenbords zu werfen. Anschließend wird versucht, unter Motorkraft den nächsten Hafen anzulaufen.

Vorsicht: Ein gebrochener Mast, der außenbords hängt, kann den Rumpf schwer beschädigen. Möglicherweise hängen auch noch Leinen im Wasser, die in die Schraube geraten können und das Schiff manövrierunfähig machen. Bei Mastbruch gilt, dass es sich in der Regel nicht um einen Seenotfall im Sinne von MAYDAY handelt, sondern nur um eine PAN-PAN-Situation.

*Begegnung im Nebel.*

# 7.6 Nebel

### Beinahekollision im Nebel

Eine erlebte klassische Nebelsituation: Wir sind im Frühsommer auf einem Überführungstörn im Ärmelkanal unterwegs von Den Helder nach Brest. Unsere 12-Meter-Yacht ist mit der neuesten Navigationselektronik ausgerüstet: GPS, Radar, AIS, DSC-Seefunk, Kartenplotter. Dazu natürlich die klassischen Hilfsmittel wie Kompass, Echolot, Logge ... alles funktionsfähig. Vor dem Auslaufen in Cherbourg hören wir natürlich den Wetterbericht auf UKW und schauen uns auch die Großwetterlage im Internet an. Auf der Vorderseite eines Tiefs westlich von Irland strömt feuchtwarme Luft von Nordspanien über Westfrankreich nach Südengland, Wind Südwest Beaufort 2 bis 3, Sicht drei bis vier Seemeilen, zeitweise Nebelfelder. Da die Zeit drängt, können wir nicht auf die Rückseite des Tiefs mit günstigerem (und trockenerem!) Nordwestwind warten und entscheiden uns auszulaufen. Die Planung: mit einem ersten Kreuzschlag nach Westnordwest bis an den Rand des Verkehrstrennungsgebietes nördlich der englischen Kanalinseln und dann auf dem anderen Bug mit günstigem Gezeitenstrom runter nach Süden zwischen Alderney und dem Festland hindurch in Richtung Jersey.

Die erste Hälfte des Plans lässt sich ohne Probleme umsetzen. Nach etwa zwei Stunden sehen wir die ersten Frachter auf dem Dampfertrack recht voraus, wenden und segeln mit neuem Kurs in Richtung Jersey. Fahrt durchs Wasser 6 Knoten, über Grund 10 Knoten, denn der Tidenstrom schiebt nun mit mehr als 4 Knoten. Allerdings setzt die Strömung gegen den Wind, sodass sich eine

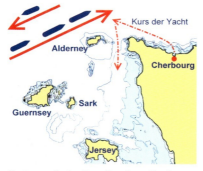

*Karte englische Kanalinseln – Cherbourg.*

sehr grobe See aufbaut. Gleichzeitig verschleiert sich der Horizont voraus in einem sich verdichtenden Hellgrau: Nebel voraus. Eine Viertelstunde später – der Wind hat inzwischen deutlich nachgelassen – motoren wir durch eine feuchte Nebelsuppe mit einer Sicht von maximal 200 Metern. Auf dem AIS-Display erscheinen zwei Fahrzeuge etwa drei Seemeilen voraus, die unverständlicherweise nicht von unserem Radar erfasst werden. Nach einigem Überlegen stellt unser Skipper fest, dass jemand die Seegangsenttrübung (Sea Clutter, siehe Kapitel 6.2) wegen des starken Seegangs zu hoch eingestellt hatte und damit sämtliche schwächeren Echos ausgefiltert wurden. Nach einer Reduzierung des Sea-Clutter-Filters erscheinen die zwei Fahrzeuge nun auch auf dem Radar. Doch plötzlich ertönt ein Nebelhorn irgendwo beängstigend nahe von Steuerbord voraus. Das Radar steht auf »Range« fünf Seemeilen – völlig falsch eingestellt, um im Nahbereich von wenigen 100 Metern Echos klar auf dem Display anzuzeigen. Doch noch bevor das Radar auf den kleineren »Range« von einer halben Seemeile umgestellt ist, kommt Steuerbord voraus, erst schemenhaft, dann immer klarer erkennbar, eine dunkle Silhouette aus der grauen Suppe schräg auf uns zu. Kollisionsgefahr! Wir sind ausweichpflichtig, also Ruder hart steuerbord. Mit weniger als 40 Metern Abstand wird die Kollision vermieden. Das »Geisterschiff« entpuppt sich als hölzerne Segelyacht, ebenfalls mit Radar ausgerüstet, allerdings mit einem Radarreflektor im Mast, der seinen Namen nicht verdient. Eines dieser kleinen zylindrischen »Spielzeuge«, deren Radar-Echo nicht größer ist als das einer fliegenden Ente ...

Den entscheidenden Fehler haben wir allerdings selbst gemacht: Das Radar wurde nicht wechselnd, mal im Nahbereich und mal im Fernbereich eingestellt, sodass wir das ohnehin schwache Echo des hölzernen Schiffes in unmittelbarer Nähe nicht erfassen konnten.

Auf den letzten Meilen vor Jersey – immer noch in dichtem Nebel – dürfen wir Radar-Lektion Nummer drei lernen: Auf Range fünf Seemeilen erscheint recht voraus etwa zwei Seemeilen entfernt ein dickes Echo auf dem Radar-Display, das sich auf uns zu bewegt. Das AIS hingegen bleibt blind. Nach AIS geurteilt, befindet sich zwei Seemeilen vor uns kein Fahrzeug. Das Echo wird mit abnehmendem Abstand immer deutlicher, immer größer und im Nahbereich auf Range von einer halben Seemeile wird klar, dass es sich um ein recht großes Fahrzeug, vermutlich aus Stahl handeln muss. Die Sicht hat sich inzwischen etwas verbessert und wenige Minuten später passiert uns an Backbord im Abstand von etwa 200 Metern ein etwa 30 Meter langer Fischtrawler. Berufsfahrzeuge dieser Größe sind verpflichtet, einen AIS-Transponder zu benutzen, also selbst kontinuierlich ein AIS-Signal mit ihrer Kennung, Position, Kurs und Fahrt zu senden. Offensichtlich hält sich der Reeder oder der Wachführer des Trawlers nicht an die international geltenden Vorschriften der IMO (International Maritime Organisation), denn entweder hat er gar kein AIS an Bord oder er hat es nicht in Betrieb. Beides wäre rechtswidrig.

*Radarreflektor Firdell Blipper.*

*Zu kleiner Radarreflektor.*

Die Erfahrungen dieses Segeltages lassen sich folgendermaßen zusammenfassen:

▶ Bei Einsatz des Radars die Filter für Seegangsenttrübung (Sea Clutter) und Regenenttrübung (Rain Clutter) auf angemessene Einstellung überprüfen und auch nicht der Automatik vertrauen.

▶ Das Radar wechselnd im Nahbereich und im Fernbereich einsetzen und mit unterschiedlichem »Gain« (siehe Kapitel 6.2) die Sendeleistung variieren.

▶ Dem AIS nicht blind vertrauen, denn nicht jedes ausrüstungspflichtige Berufsfahrzeug benutzt tatsächlich AIS.

▶ AIS ersetzt kein Radar!

Segler müssen ferner wissen, dass ein Radargerät bei mehr als 25 Grad Krängung aufgrund des kleinen Abstrahlwinkels der »Radarkeule« nach Backbord und Steuerbord querab keine Echos mehr erfassen kann. Um von anderen Radars erfasst werden zu können, gehört ein möglichst großer Radarreflektor ins Rigg. Das mobil gefahrene, zusammensteckbare Aluminium-Oktaeder ist nach wie vor eines der wirksamsten Reflektoren, gemeinsam mit den zylinderförmig gekapselten, am Mast fest installierten. Doch nur wenn sie groß genug sind, mindestens 30 Zentimeter Durchmesser. Im Handel findet man auch aktive Radarreflektoren, sogenannte Radartransponder, die aus einem Strom sparenden Stand-by-Betrieb in einen Sendemodus wechseln, sobald sie von einem fremden Radarstrahl erfasst werden. Dann senden sie ein elektronisch verstärktes Radarecho aus, das auf dem Display des Empfängers so groß wie das eines großen Stahlschiffes erscheint.

Nicht jede Yacht ist mit Radar ausgerüstet. Die meisten Freizeitskipper segeln in nebelarmen bis nebelfreien Revieren, doch was tun, wenn man dennoch einmal überraschend vom Nebel eingehüllt wird?

▶ Die Fahrt des Schiffes so weit verringern, dass jederzeit aufgestoppt werden kann.

▶ Stille an Bord! Gut Ausguck halten, auf Schallsignale achten.

▶ Selbst Nebelschallsignale geben: mindestens alle zwei Minuten drei aufeinander folgende Töne – lang, kurz, kurz. Segelfahrzeuge unter zwölf Meter Länge brauchen dieses Signal nicht zu geben, müssen aber alle zwei Minuten ein anderes kräftiges Schallsignal ertönen lassen.

▶ Rettungswesten anlegen.

▶ Radarreflektor setzen, falls nicht fest angebaut.

▶ Bei akuter Gefahr einer möglichen Kollision über UKW/VHF auf 1 Watt Leistung (Nahbereich) andere Schiffe auf Gefahrenlage aufmerksam machen. Nicht 25 Watt!

▶ Auch bei Flaute Großsegel gesetzt lassen (bessere Erkennbarkeit).

- ▶ Navigationslichter anschalten.
- ▶ Bei Fahrt unter Maschine von Zeit zu Zeit Motor abschalten und nach Schallsignalen hören.
- ▶ Ständig Position überprüfen und ins Logbuch eintragen.
- ▶ Ständig Kartentiefe mit Echolotangabe vergleichen.
- ▶ Das Fahrwasser der Großschifffahrt verlassen, eventuell in flachem Wasser ankern und auf bessere Sicht warten.
- ▶ Niemals ein Fahrwasser queren, sondern möglichst am Rand bleiben.

# 7.7 Feuer

### Feuer im Schiff

Die Ursache für Feuer an Bord einer Segelyacht liegt in den allermeisten Fällen in der Pantry. Viele Yachten sind in warmen bis sommerlich heißen Revieren unterwegs. Wird an Bord gekocht, so kommt es insbesondere in der Pantry schnell zu einem Wärmestau. Wenn nun zum Beispiel Steaks oder Fische gebraten werden sollen, kann das Öl in der Bratpfanne und die Luft in der Umgebung so heiß werden, dass es zu brennen beginnt. Der größte Fehler, der dann gemacht werden kann, ist es, Wasser auf den Brandherd zu schütten. Es entsteht binnen Millisekunden eine verheerende Stichflamme, mit der das brennende Öl in der Umgebung verspritzt wird. Schnell entzünden sich weitere brennbare Dinge wie Handtücher und Topflappen in der Nähe. Aufgrund der Enge an Bord und der guten Sauerstoffzufuhr kann sich solch ein Brand rasch ausbreiten. Die einzig richtige und schnellste Reaktion ist im Falle eines Ölbrandes in der Bratpfanne, mit einer Löschdecke den Brand zu ersticken, also die Sauerstoff-

zufuhr zu stoppen. Sofern ein passender Pfannendeckel schnell genug zur Hand ist, reicht es meist sogar, einfach den Deckel auf die Pfanne zu legen.

Eine Feuerlöschdecke gehört in jede Pantry. Falls keine an Bord ist, kann im Notfall ein Schlafsack oder ein Kissen genommen werden. Auf jeden Fall ein flexibler

*Brandschaden Elektrobrand. Foto von Pantaenius*

Gegenstand, der groß genug ist, den brennenden Bereich abzudecken, ohne dabei die Person, die den Brand bekämpft, selbst zu gefährden. Natürlich ist auch der Einsatz eines Feuerlöschers, beispielsweise eines CO -Löschers oder Schaumlöschers sinnvoll, doch ist die Reaktion mit der Löschdecke schneller und darum effektiver.

Auf den meisten Yachten wird der Herd in der Pantry mit Gas betrieben. Die Gasanlage muss mindestens an drei Stellen abzusperren sein: an der Gasflasche, an einem Ventil in der Nähe des Herdes und am Herd selbst. Auf vielen Schiffen gibt es auch einen Durchflussmengenbegrenzer, sowie Gas-Alarmeinrichtungen. Um zu verhindern, dass bei geöffneten Ventilen nach Verlöschen der Flamme (zum Beispiel durch einen Windzug) weiterhin Gas ausströmt, haben alle guten Gasherde direkt an den Brennern Thermofühler. Es ist diesen redundanten Sicherheitssystemen zu verdanken, dass heutzutage Gasexplosionen an Bord extrem selten geworden sind. Wichtig ist natürlich, dass nicht nur der Smut, sondern auch alle anderen, die sich mal kurz einen Kaffee machen wollen, die Funktion des Gasherdes perfekt beherrschen. Somit ist hier wieder der Skipper gefragt, denn er muss bei der Schiffseinweisung die Crew auch über die Gasanlage detailliert informieren.

Eine weitere mögliche Feuerursache sind Basteleien an den Stromkreisen des Schiffes. So dürfen beispielsweise niemals durchgebrannte Sicherungen einfach überbrückt werden. Es kommt sonst rasch zu einem Kabelbrand, der wiederum in seiner Umgebung schnell anderes Plastik oder Holz entzünden kann. Auch das Vertauschen der Polung von Plus und Minus kann bei einigen Geräten einen Elektrobrand auslösen. Elektrobrände werden am besten mit einem Schaum- oder CO -Löscher bekämpft.

Was hingegen wirklich extrem selten brennt, ist der Dieselmotor. Ausgelaufener Diesel brennt nur bei sehr hohen Temperaturen, die im Motorraum einer Yacht aber nicht auftreten. Erst in zerstäubtem Zustand und bei hohem Druck lässt er sich leicht entzünden, nämlich in den Zylindern des Motors. Ein Motordefekt ist darum auf einer Yacht praktisch niemals eine Brandursache. Allerdings gibt es ja im Motorraum nicht nur den Motor selbst, sondern auch seine Anbauteile wie Starter und Lichtmaschine. Hier kann es bei einem Defekt in der Tat unter Umständen zu einem Elektrobrand kommen. Darum gehört ein Feuerlöscher auch in die Nähe des Motorraums.

# 7.8 Leckbekämpfung bei Wassereinbruch

Wann sinkt ein Schiff? Nach dem Gesetz von Archimedes erfährt ein Körper, der in eine Flüssigkeit eingetaucht wird (das Schiff bis zur Wasserlinie unter Wasser) einen Auftrieb, der genauso groß ist wie das Gewicht der verdrängten Flüssigkeit.

So verdrängt also beispielsweise eine neun Tonnen schwere Yacht neun Tonnen Wasser. Dies bedeutet, dass ihr Unterwasserschiff neun Kubikmeter Volumen hat. Nebenbei: Der Begriff »Verdrängung« hat hierin seinen Wortursprung. Bei Salzwasser verändert sich der Wert um etwa drei Prozent, da Salzwasser eine größere Dichte hat als Süßwasser.

Dringt nun durch ein Leck Wasser in den Rumpf, so wird – einfach gesprochen – das Schiff um das Gewicht dieses Wassers innerhalb des Rumpfes schwerer. Sind schließlich die neun Kubikmeter Wasser in den Rumpf eingedrungen, die vorher bei »normaler« Wasserlinie von ihm als Unterwasserschiff verdrängt wurden, so ist die Grenze erreicht und die Yacht sinkt.

Ein Wassereinbruch kann vielfältige Ursachen haben:
Rein statistisch ist die Ursache Nummer eins die falsche Bedienung der Toilette. Auf den meisten Schiffen müssen die Seeventile für den Seewassereinlass und den Schmutzwasserauslass vor der Benutzung geöffnet und danach wieder verschlossen werden, denn fast immer sind die Toiletten unter der Wasserlinie eingebaut. Auch eine Schlauchführung in Form eines Schwanenhalses ist nicht immer ausreichend, um sicherzustellen, dass das Schiff nicht über die Toilette vollläuft. Ein Schwanenhals funktioniert nur, wenn er an seiner höchsten Stelle belüftet ist. Eine sorgfältige Einweisung der Crew in die Bedienung der Toilettenpumpe ist daher unabdinglich.

Die zweithäufigste Ursache für ein Leck ist das Platzen oder Reißen irgendwelcher Schläuche. In erster Linie sind hier die Kühlwasserschläuche und der Auspuff des Motors zu nennen. Eine Segelyacht sollte zwar so gut gewartet sein, dass dies nicht passieren kann, aber auch hier gilt Murphys Gesetz. Der vorausschauende Skipper hat dazu immer eine Rolle von elastischem, aber reißfestem Tape dabei, das speziell für solche Einsätze gedacht ist. Eine provisorische Reparatur ist damit meist machbar.

Auch Kollisionen mit Treibgut, einem Baumstamm, einem Fass, auf Langfahrt auch mit einem an der Oberfläche schlafenden Wal können einen Wassereinbruch verursachen. Die Mehrzahl der Yachten ist aus Polyester gebaut. Dieser Werkstoff ist bei ausreichender Rumpfstärke sehr schlagfest, sodass die Kollision zum Beispiel mit einem Baumstamm im vorderen Rumpfbereich in der Regel kein Leck hervorrufen wird. Das Problem entsteht an anderer Stelle, nämlich am Ruder. Moderne Schiffe haben ein schmales, tiefes, hydrodynamisch sehr effektives Spatenruder, das aber auf manchen Großserienschiffen nicht ausreichend, nicht stabil genug im Rumpf verankert ist, um einer schweren Kollision standhalten zu können. Ein solches Leck am Übergang des Ruders in den Rumpf lässt sich mit Bordmitteln nicht beheben. Man kann bestenfalls versuchen, die Menge des eintretenden Wassers mit Lappen, Pfropfen und Keilen zu verringern.

In den Köpfen vieler Segler schwirrt häufig die Angst vor einer Kollision mit einem verloren gegangenen Container herum. Tatsächlich ist die Zahl dieser knapp an der Oberfläche lauernden »Kollisionsgegner« so verschwindend gering, dass man aus statistischen Gründen jedes weitere Nachdenken darüber einstellen kann. Wer dieses Risiko dennoch minimieren will, muss in sein Schiff im vorderen Bereich wasserdichte Kollisionsschotten einbauen.

Wahrscheinlicher ist da schon eher ein von innen abgerissenes Seeventil oder ein weggeschlagener Logge- oder Echolotgeber. Sofern nicht alles an Bord ordentlich gestaut wurde, kann es in schwerem Seegang durchaus passieren, dass eine Werkzeugkiste, ein Reserveanker oder eine Tauchflasche so ungünstig gegen einen Borddurchlass schlägt, dass dieser abreißt. Durch einen abgeschlagenen Loggegeber, der etwa einen Meter unter der Wasserlinie eingebaut ist, strömen pro Sekunde etwa drei bis vier Liter Seewasser. Das sind in der Minute etwa 200 Liter, in einer Stunde also etwa zwölf Kubikmeter Wasser. Eine 12-Meter-Yacht wird also mit einem abgerissenen Loggegeber nach etwa einer Stunde sinken, sofern nicht gelenzt wird.

Die meisten in mittelgroße Yachten eingebauten elektrischen Bilgepumpen sind nicht in der Lage, diese Wassermenge aus dem Schiff zu pumpen. Auch die eingebauten mechanischen Lenzpumpen reichen dazu nicht aus, zumal sogar ein gut trainierter Mann sie nicht stundenlang bedienen kann. Ein provisorisches Abdichten des Lecks ist daher absolut notwendig. Zu diesem Zweck gehören auf jedes seegehende Schiff ein Dutzend verschieden großer Leckpfropfen (konische Weichholzpflöcke), die in ihren Durchmessern der Größe der Seeventile und Rumpfdurchbrüche entsprechen. Bei Schiffsübernahme ihr Vorhandensein kontrollieren!

*Seeventil mit Leckpfropfen.*

Es besteht allerdings ein anderes Problem, das auf den meisten Serien-Schiffen auftritt: Manche der zahlreichen Seeventile sind so ungünstig eingebaut, dass sie im Falle eines Lecks schlecht zugänglich sind. Darum gehört auch ein schweres Beil an Bord einer Langfahrtyacht, um gegebenenfalls Holzeinbauten, Teile von Schotten wegschlagen zu können, um so das Leck ausreichend abzudichten.

Nicht alle Seekarten sind zuverlässig! In der Karibik und im Pazifik gibt es auch heute noch Seegebiete, in denen nicht alle Korallenriffe kartografiert sind. Grundberührungen sind darum – insbesondere in der Nacht – nicht ausgeschlossen. Im schlimmsten Fall kann es dabei zu einem Leck an der Rumpf-Kiel-Verbindung kommen, das meist nur sehr schwer abzudichten ist. Kissen und Polster, die mit Brettern und Bohlen fixiert werden, können helfen, die eindringende Wassermenge zu reduzieren, aber woher die Bretter und Bohlen so schnell nehmen? Das schwere Beil (siehe oben) kommt wieder zum Einsatz, denn damit können Bodenbretter, Türen, irgendwelche Einrichtungsgegenstände im Fall des Falles passend zerschlagen werden, um damit ein Verkeilen von Kissen oder Schlafsäcken über dem Leck zu ermöglichen.

Sofern das Leck in der Nähe der Wasserlinie ist, kann man sich recht schnell – wenigstens vorübergehend – helfen, indem das Schiff auf den anderen Bug gebracht und dann hoch am Wind so gesegelt wird, dass sich das Leck deutlich über der Wasserlinie befindet. So wird Zeit gewonnen für eine provisorische Reparatur des Rumpfes von innen.

Noch ein Wort zum Thema Bilgepumpen: Das, was in viele Serien-Schiffe als »Bilgepumpe« eingebaut wird, hat eher Spielzeugcharakter und ist meist nicht ausreichend, einen kollisionsbedingten Wassereinbruch in den Griff zu bekommen. Die Sicherheitsvorschriften für den Betrieb von Freizeityachten sind an dieser Stelle recht mangelhaft. Gerade der Chartersegler kann daran natürlich nichts ändern. Er kann lediglich die Konsequenz daraus ziehen, möglichst Situationen zu vermeiden, die eine erhöhte Gefahr eines Wassereinbruchs mit sich bringen:

▶ nicht die Toilette ohne Kenntnis der Bedienungsanleitung benutzen,
▶ möglichst alle Seeventile auf See schließen,
▶ nicht ohne detaillierte, zuverlässige Seekarten segeln,
▶ den Eigner/Vercharterer nach der letzten Motorinspektion fragen,
▶ nichts unbefestigt in den Stauräumen oder unter den Bodenbrettern herumliegen lassen,
▶ die Kollisionsverhütungsregeln (KVR) im Kopf haben,
▶ auf See gut Ausschau halten und die KVR auch wirklich respektieren,
▶ die Bilge sauber halten, um ein Verstopfen der Bilgepumpe zu vermeiden,
▶ bei Zweifeln an der Gefahrenlage möglichst darauf verzichten, nachts zu segeln.

# 7.9 Kollision

Die allermeisten Kollisionen zwischen Yachten passieren zweifellos innerhalb des Hafens beim An- oder Ablegen. Zum Glück geht es dabei in der Regel lediglich um abgerissene Relingsstützen, verbogene Bugkörbe, kleine Polyesterschäden am Rumpf oder zerstörte Positionslaternen. Manchmal kommt es

*Kollisionsrisiko mit einem anderen großen Schiff.*

jedoch auch im Hafen zu schwereren Kollisionsschäden, wenn zum Beispiel der Rudergänger den Vorwärtsgang mit dem Rückwärtsgang verwechselt. Das passiert insbesondere auf Schiffen, bei denen der Schalthebel nicht in Kielrichtung, sondern quer dazu eingebaut ist. Zum Glück ist dies selten der Fall. Das Problem gerade auf Charteryachten ist, dass sich der Rudergänger auf jedem Schiff immer wieder neu an die Schaltwege und die Gasdosierung gewöhnen muss. Jedes Schiff ist anders ...

Auf See hingegen haben Kollisionen meist ihre Ursache in der Missachtung der Ausweichregeln. Es gibt in Europa etliche Staaten, in denen für Segelyachten keine Führerscheinpflicht besteht (unter anderem in Frankreich). Vor allem im Mittelmeer muss man darum davon ausgehen, dass keineswegs alle Skipper und schon gar nicht ihre Crews die Ausweichregeln beherrschen. Darum im Zweifelsfall lieber selbst früh genug ausweichen oder mit dem Nebelhorn Aufmerksamkeit erregen. Der Skipper sollte keine Gelegenheit auslassen, seine Crew in die Regeln zur Kollisionsverhütung einzuweisen. Die Kollisionsverhütungsregeln (KVR) – offiziell »Internationale Regeln von 1972 zur Verhütung von Zusammenstößen auf See« – stellen internationales Seeverkehrsrecht dar.

Eine besondere Form des Kollisionsrisikos gibt es mit Fischern. Sofern der Fischer den Doppelkegel gesetzt hat als Zeichen dafür, dass er ein Netz schleppt und somit manövrierbehindert ist, muss selbstverständlich jeder Segler ausweichen. Doch häufig halten sich die Fischer nicht an die international vereinbarten Regeln und bringen ihr Netz achtern aus, ohne den Doppelkegel gesetzt zu haben. Oder sie haben zwar den Doppelkegel gesetzt, fischen aber gar nicht. Es gibt sogar Fischereifahrzeuge, die den Doppelkegel aus Stahl fest über dem Deckshaus angeschweißt haben, Kommentar überflüssig. Nicht wenige Fischer handeln aus der Haltung heraus: »Wir Fischer arbeiten hier auf See, Ihr Freizeitseefahrer vergnügt Euch nur!« und zeigen alles andere als ein freundliches Verhalten, wenn es um das Respektieren der Ausweichregeln geht. Autopilot und Vollgas ... Wer ist der Stärkere? ...

Kommt es tatsächlich zu einer Kollision bei mehr als 2 bis 3 Knoten Fahrt, so sind schwere Schäden am Rumpf und/oder im Rigg zu befürchten. Möglicherweise haben sich auch Besatzungsmitglieder durch den plötzlichen Aufprall verletzt. Aus versicherungsrechtlichen Gründen sollte dann wie folgt vorgegangen werden:

▶ Sofern ein Wassereinbruch entstanden ist (Rumpfschaden an der Wasserlinie), erste Maßnahmen zur Leckabdichtung einleiten (siehe Kapitel 7.8).

▶ Verletzte an Bord versorgen.

▶ Fotos vom Kollisionsgegner und von allen Schäden und Verletzungen machen.

▶ Sofern die Manövrierfähigkeit des Fahrzeugs eingeschränkt oder gar die Schiffssicherheit erheblich beeinträchtigt ist, die nächste Küstenfunkstelle benachrichtigen.

▶ Registrier- und Versicherungsdaten der beteiligten Schiffe austauschen.

▶ Skippernamen, Adressen, Führerscheindaten, Haftpflicht-Versicherungsdaten schriftlich austauschen.

▶ Zeugendaten schriftlich festhalten.

▶ Kollisionshergang schriftlich im Logbuch schildern und von Zeugen unterschreiben lassen.

▶ Keine Schuldanerkennungen unterschreiben.

▶ Die eigene Versicherung anrufen und/oder E-Mail schicken.

▶ Bei Verständigungsproblemen den Hergang über Seefunk auf Englisch an die nächste Küstenfunkstelle übermitteln mit der Bitte um Registrierung.

▶ Auf einer Charteryacht den Vercharterer benachrichtigen.

▶ Bei Schlepperhilfe immer eine EIGENE Schleppleine benutzen (Bergungsrecht).

# 7.10 Mensch über Bord (MOB)!

Der Albtraum, die Frau des Skippers ist gerade allein unter Deck, als sie einen Schrei hört, der schnell von gurgelndem Wasser verschluckt wird …

Bei einer frischen Brise von 5 Windstärken im Frühjahr auf der Ostsee, hoch am Wind mit 7 Knoten Fahrt und bei nur 8 °C Wassertemperatur – sonst niemand an Deck – rutscht der Skipper auf einem nachlässig gestauten Festmacher an Deck aus und stürzt in Lee über die Seereling. Zwar am Lifebelt gesichert, aber viel zu lang angeleint. Wie ein Cowboy, der vom Pferd gefallen, aber im Steigbügel hängen geblieben ist, wird er außenbords an der Bordwand hängend durch das kalte Wasser mitgerissen, den Kopf häufiger unter als über Wasser. Seine Frau – zwar als Mitseglerin nicht völlig unerfahren, aber dennoch in dieser Situation im Stress überfordert – gerät in Panik und versucht, natürlich vergebens, ihren Mann hochzuziehen. Endlich versteht sie, was ihr Mann immer wieder schreit: Schoten los! Sie wirft die Schoten von Groß und Genua los und endlich lässt die Fahrt im Schiff nach. Nun allerdings, ohne den Druck der Segel, gerät das Schiff in schweres Rollen, was das Bergen des Mannes im Wasser nicht gerade erleichtert. Zum Glück ist der Skipper noch in der Lage zu schwimmen, wenngleich durch die aufgeblasene Rettungsweste,

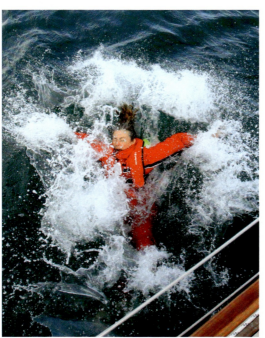

die nasse Kleidung und das Ölzeug stark behindert. Aber nachdem seine Frau den immer noch auf Zug belasteten Lifebelt mit einem scharfen Messer durchschnitten hat, schafft er es schließlich, zum Heck zu kommen, wo seine Frau die Badeleiter inzwischen heruntergeklappt hat. Sie wirft ihm als Steighilfe eine Leine mit einem Palstek zu und zieht selbst, was das Zeug hält. Er schafft es, an Bord zu klettern …

Was war falsch gelaufen? Das Deck muss auf See und auch im Hafen grundsätzlich so aufgeräumt sein, dass ein Stolpern oder Ausrutschen auf der Ausrüstung weitgehend ausgeschlossen ist. Der lose Festmacher an Deck war im oben geschilderten Fall der Auslöser für den Unfall. Wenn es nötig wird, bei Krängung auf das Vordeck zu gehen, so möglichst immer in Luv! Wenn man fällt, so fällt man nach Lee auf Deck und nicht außenbords. Ferner sollte der Lifebelt immer so kurz eingepickt sein, dass es möglichst ausgeschlossen ist, außenbords zu fallen.

Zum Glück musste der Skipper nicht zu lange im Wasser bleiben. Nicht selten dauert die Bergung eines Über-Bord-Gefallenen so lange, dass er infolge von Unterkühlung nicht mehr selbst handlungsfähig ist. Folgende Werte geben für einen jungen, gesunden Menschen eine Wahrscheinlichkeit von 50 Prozent an, in kaltem Wasser zu überleben: bei 15 °C Wassertemperatur etwa sechs Stunden, bei 10 °C etwa zwei Stunden und bei 5 °C nur noch etwa eine Stunde.

### Ursachen der meisten MOB-Fälle

- ▶ statt zur Toilette zu gehen, geht der Mann an Deck in Lee an die Reling ...,
- ▶ ungesichertes Arbeiten in grober See an Deck zum Beispiel beim Reffen,
- ▶ nicht angeleintes seekrankes Crewmitglied beim Erbrechen am Süllrand,
- ▶ rutschiges oder nicht aufgeklartes Deck oder schlechte Schuhe,
- ▶ Schlag an den Kopf durch Patenthalse,
- ▶ unkontrollierter Alkoholkonsum auf See,
- ▶ Arbeiten an Deck bei Nacht außerhalb der Plicht.

### Was ist im MOB-Fall zu tun?

Vor Allem muss schnell und in geringem Abstand zum Über-Bord-Gefallenen gehandelt werden! Aus diesem Grund ist die früher in Segelschulen häufig gelehrte Rettungsmethode »Q-Wende« ausgesprochen ungeeignet, denn sie dauert erstens zu lange und man entfernt sich zweitens zu weit von der Person im Wasser. Die Gefahr, den Sichtkontakt zum Verunglückten zu verlieren, ist zu groß. Die Q-Wende ist wohl eher geeignet, in der Prüfung nach der Jollenausbildung festzustellen, ob der Segler sein Boot beherrscht. Auf hoher See ist sie als Rettungsmanöver schlicht fehl am Platz.

In der Praxis hat sich der sogenannte Quick-Stop aus zwei Gründen besser bewährt: Die Yacht ist in der Regel erheblich schneller am Über-Bord-Gefallenen, weil sofort beigedreht wird, und das Schiff wird durch den Winddruck in der backstehenden Fock stabilisiert. Es schlagen also keine Segel und Schoten wild herum. Mehr Ruhe, weniger Stress.

Der Ablauf der dabei notwendigen Segelmanöver ist folgender:

▶ Nach dem Ruf »Mensch über Bord!« wird sofort eine Rettungsboje über Bord geworfen und der Rudergänger legt Luvruder, ohne dass an der Segelstellung etwas geändert wird. Falls kursbedingt die Großschot viel Lose hat, dann Großschot dichtholen, um späteres Schlagen zu vermeiden.

▶ Eine Person in der Plicht wird bestimmt, einzig und allein auf die Person im Wasser zu achten und mit dem ausgestreckten Arm auf sie zu zeigen.

▶ Der Rudergänger geht mit dem Bug voll durch den Wind, ohne – wie in der Wende sonst notwendig – die Fockschoten zu bedienen.

▶ Das Schiff geht also mit backstehender Fock durch den Wind, was dazu führt, dass sich die Fahrt drastisch verringert und man somit nahe am Über-Bord-Gefallenen bleibt.

▶ Nun muss entschieden werden, ob das Schiff allein unter Segeln oder durch Motorunterstützung an den Verunglückten herangefahren wird.

▶ Vorsicht: Bei Motorunterstützung wegen der Verletzungsgefahr unter Wasser unbedingt darauf achten, nicht mit der drehenden Schraube zu dicht an den Über-Bord-Gefallenen heranzufahren. Nah am Verunglückten Schaltung in Leerlauf stellen.

▶ Bei Annäherung ohne Motorunterstützung kann mithilfe der Großschot die Stellung des Großsegels so verändert werden, dass man sich dem Über-Bord-Gefallenen vorsichtig nähert, ohne ihn zu überfahren. Das Schiff sollte mit dem Verunglückten längsseits an der Bordwand im Wind stehen oder leicht nach Lee treiben.

▶ Dem Verunglückten wird nun eine Rettungsleine zugeworfen und die Bergung beginnt.

Zusatzbemerkungen:

Es kann je nach zuvor gesegeltem Kurs und der herrschenden Windstärke schwierig werden, trotz backstehender Fock genügend langsam auf den Über-Bord-Gefallenen zuzufahren. Eventuell muss – bevor man durch den Wind geht – etwas abgefallen werden, um einen passenden Winkel zwischen Windrichtung und Verunglücktem zu bekommen. Der passende Driftwinkel kann mit Motorunterstützung korrigiert werden. Umstritten ist die Frage, ob die Person im Wasser auf der Luvseite oder der Leeseite aufgenommen werden soll. Für die Luvseite spricht, dass damit völlig ausgeschlossen wird, dass das Schiff über die Person hinwegtreibt. Andererseits besteht dabei die Gefahr, dass das Schiff selbst schnell nach Lee treibt und so einen zu großen Abstand zum Verunglückten bekommt. Für die Leeseite hingegen spricht, dass dort das Deck

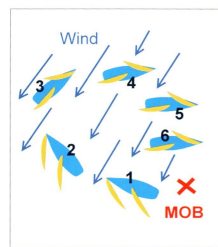

Das Quick-Stop-Manöver
Position 1: Mann über Bord!
Position 2: Anluven, ohne die Schoten zu berühren.
Position 3: Mit backstehender Fock durch den Wind.
Position 4: Weiter mit backstehender Fock quer zum Wind treiben lassen.
Position 5: Beigedreht auf den Verunglückten treiben lassen, eventuell mit Motorunterstützung korrigieren.
Position 6: Über-Bord-Gefallenen an der Leeseite aufnehmen, ohne an den Segeln etwas zu verändern.

wegen der Krängung näher an der Wasseroberfläche liegt und darum das Bergen erleichtert wird.

Wichtig ist auf jeden Fall, dass das Schiff nicht mit schlagenden Segeln im Wind steht. Ein Bergen der Segel würde vermutlich zu lange dauern und den Rumpf in schweres Rollen und Stampfen versetzen. Darum ist es notwendig, dass die Fock während des Manövers konstant back stehen bleibt, was die Schiffsbewegungen erheblich beruhigt.

Folgende Grundregeln sollten bei jedem Mensch-über-Bord-Manöver beachtet werden:

▶ Der Unfallort wird sofort mit einer MOB-Boje, Rettungsringen usw. markiert, und ein bestimmtes Crewmitglied hat nur die eine Aufgabe: den Verunglückten ständig im Auge zu behalten und auf ihn zu zeigen.

▶ Am GPS wird sofort die MOB-Taste gedrückt.

▶ Über UKW wird mindestens eine PAN-PAN-Meldung abgesetzt. Bei weniger als 20 °C Wassertemperatur und/oder schwerer See oder sonst wie ungünstigeren Bedingungen eine MAYDAY-Meldung. Am DSC-VHF wird die Distress-Taste gedrückt.

▶ Es muss ein erfahrener Rudergänger das zur Rettung geeignete Manöver fahren.

▶ Das Manöver muss so nah wie möglich am Verunglückten eingeleitet werden.

- ▶ Es sollte schnell, aber überlegt und ohne Hektik oder gar Panik gehandelt werden.
- ▶ Niemand darf ohne Grund die Plicht verlassen; niemand ist auf dem Vorschiff.
- ▶ Das Schiff muss sich bei der Bergung in Ruhe befinden; keine schlagenden Segel, kein hin und her pendelnder Großbaum (Gefahr der Patenthalse), möglichst keine oder nur sehr geringe Fahrt. Also am besten mit backstehender Fock.
- ▶ Der Über-Bord-Gefallene sollte dort an Deck geholt werden, wo die geringste Bewegung im Schiff ist.

Wer seine Chancen erhöhen möchte, als Über-Bord-Gefallener auch in hoher See wiedergefunden zu werden und das nötige Geld dafür ausgeben will, der kauft sich eine persönliche EPIRB-Rettungsboje, die im Notfall die eigene Position mit GPS-Genauigkeit über Satellit an die Rettungsstationen übermittelt. Sofern die Wassertemperatur ein mehrstündiges Überleben zulässt, wird man mit sehr großer Wahrscheinlichkeit innerhalb weniger Stunden auch dann gerettet, wenn die eigene Yachtcrew einen in der hohen See nicht mehr wiederfindet.

MOB-Suchstrategie

x MOB ?

Suchlinien fahren zum Wiederfinden eines verlorenen Über-Bord-Gefallenen, rechtwinklig zur Verbindungslinie zum MOB-Ort, dann 180 Grad wechselnd.

Alternativ dazu gibt es im Ausrüstungshandel ein MOB-Rettungssystem, das aus einem oder wahlweise mehreren mobilen Sendern für die Mannschaft und einem an Bord fest anzubauenden Empfänger besteht, die auf UKW-Frequenzen arbeiten. Sobald der Sender, als Armband vom wachhabenden Crewmitglied getragen, einen gewissen Maximalabstand (zum Beispiel 30 Meter) zum Empfänger überschreitet, wird ein Alarmton an Bord ausgelöst. Einige Geräte zeigen sogar die Richtung zum Alarm auslösenden Sender an.

## MOB ist nicht zu finden. Was tun?

Sofern die MOB-Taste am GPS gedrückt wurde, ist es relativ einfach, den Verunglückten wiederzufinden, indem man den Kursanweisungen des GPS folgt. Dabei muss aber berücksichtigt werden, dass der Über-Bord-Gefallene durch Einfluss von Wind und Wellen inzwischen eine gewisse Strecke nach Lee getrieben ist.

Ohne GPS wird es schwieriger: Es muss eine Suchstrategie festgelegt werden. Je nachdem wie viel Zeit seit dem Über-Bord-Gehen vergangen ist, werden am besten rechtwinklig zur Verbindungslinie zum Unfallort Suchlinien nach dem Schema abgefahren wie es in der Zeichnung dargestellt ist.

## Wie wird der MOB geborgen?

Das eigentliche Bergen des Verunglückten stellt ein besonderes Problem dar, denn es ist auf einer Yacht in der Regel unmöglich, die Person im Wasser mit ein oder zwei Helfern über die Seereling an Deck zu ziehen. Sofern die Befestigung der Relingsdrähte aus Leine besteht, kann man diese durchschneiden, doch meist sind die Drähte angeschraubt. Es gibt zwei Alternativen: Die erste ist, die Person nicht an der Seite, sondern am Heck an Bord zu ziehen. In ruhiger See ist dies zweifellos eine gute Idee, aber wenn ein Mensch über Bord fällt, ist die See in der Regel alles andere als ruhig. Bei grobem Seegang ist es sehr gefährlich, den Verunglückten über das Heck an Deck zu holen, denn noch bevor er überhaupt an der Badeleiter angekommen ist, kann er bereits vom brutal stampfenden Heck erschlagen werden.

Die beste Chance, wieder heil an Bord zu kommen, hat der Verunglückte, wenn er eine Rettungsweste mit einem stabilen Stahlring an der Begurtung trägt, in den man eine Rettungsleine einpicken oder einknoten kann. Praktisch alle Rettungswesten haben heutzutage einen solchen Ring. Aber hatte der Ins-Wasser-Gefallene zuvor die Rettungsweste angelegt? Wenn nicht, so muss er sich selbst die Rettungsleine mittels Palstek um die Brust binden. Wichtig ist, dass es wirklich ein Palstek ist und kein Knoten, der sich zuziehen kann, denn sonst stirbt der Verunglückte nicht durch Ertrinken, sondern durch Ersticken. Es lohnt sich also, seine Knoten nicht nur für die Segelprüfung zu üben, sondern sie auch in einer Stresssituation zu beherrschen.

*Rettungstalje an der Großbaumnock.*

Falls der Verunglückte im Wasser ohnmächtig ist, muss unausweichlich ein weiteres Crewmitglied als Helfer ebenfalls ins Wasser, aber angeleint! Das eigentliche Bergen kann nun am besten mit dem Spinnakerfall oder einem Reservefall über eine Winsch geschehen. Manche Skipper haben in ihrer Ausrüstung eine spezielle mobile Talje, die an den weit ausgestellten Großbaum angeschlagen dann wie ein Kran eingesetzt werden kann (siehe Foto).

Manchmal liest man von der Idee, den Verunglückten mittels eines an zwei Enden angeschlagenen Segels wie in einer Hängematte aus dem Wasser hochzuwinschen. Dies ist schon bei wenig Seegang völlig unrealistisch und dauert viel zu lange. Bei viel Welle ist es in der Handhabung praktisch unmöglich. Auch das Aufblasen des Beibootes dauert zu lange. Wenn es hingegen schon aufgeblasen an Deck liegt, so kann es durchaus sinnvoll eingesetzt werden. Ob die Rettungsinsel zu diesem Zweck ins Wasser geworfen werden sollte, ist situationsabhängig zu entscheiden. Bei viel Wind und schwerer See wird sie kaum eine Hilfe sein.

# 7.11 Seekrankheit, Verletzungen

## Seekrankheit

Es gibt Segler, die behaupten von sich, niemals seekrank zu werden. Ich wage die Behauptung, dass diese Segler in ihren bisherigen Seglerkarrieren entweder noch nicht genügend Ozeane überquert haben oder die Wirklichkeit verleugnen. Zwar gibt es in der Tat Menschen, denen diese Bewegungskrankheit unbekannt ist, aber das liegt dann meist an den fehlenden Erfahrungsmöglichkeiten in Extremsituationen. Es ist eine Frage der Rahmenbedingungen. In Laboruntersuchungen zur Seekrankheit im Charing Cross Hospital bei London ließ sich mit speziell dazu angefertigten Bewegungsmaschinen ausnahmslos jeder Proband in den Zustand der ausgeprägten Übelkeit bringen.

Die Seekrankheit ist eine in ihren Ursachen und in ihren Ausprägungsformen individuell recht unterschiedlich verlaufende Krankheit. Von leichter Übelkeit bis hin zu Selbstmordabsichten ist alles möglich. Manche Segler leiden schon bei sanften Rollbewegungen, andere beginnen ihr »Neptunsopfer« erst bei grober See und wild stampfendem Schiff. Der erfahrene Skipper sieht es seiner Besatzung schon recht früh an, ob bald ein Magen entleert wird.

Man kann den möglichen Verlauf in vier Phasen beschreiben:

Bei allen beginnt es mit leichter Müdigkeit. Die Gespräche an Bord werden immer kürzer, lassen schließlich ganz nach. Es wird mehr gegähnt als geredet. In der zweiten Phase wird das Gesicht zunehmend fahler, und im Mund entsteht ein schleimiges Gefühl, der Kopf fühlt sich neblig-dumpf an.

Erstes Erbrechen leitet die dritte Phase ein. Etwa nach einer halben Stunde Ruhe kommt ein zweites Erbrechen und etwa nach einer weiteren halben Stunde Pause das dritte Erbrechen bis zur Magenentleerung.

Die vierte Phase, die Endphase, ist von völliger Erschöpfung, Magenschmerzen, Kopfschmerzen und mehr oder weniger starken Kreislaufproblemen gekennzeichnet. Bei manchen Menschen kann diese Phase bis hin zu einer zwar vorübergehenden, aber dennoch schweren Depression, ja bis zu Selbstmordgedanken führen.

Der Erkrankte wird in der Regel nicht daran denken, einen Lifebelt anzulegen. Darum sollte der Skipper oder ein anderes Besatzungsmitglied schnell dafür sorgen, dass der

*Seekrank in der Koje.*

»Spuckende« angeleint ist. Sofern er keinen Lifebelt trägt, muss man ihn zumindest temporär mit dem Ende einer Schot festbinden, bis ein Lifebelt geholt wurde. Gerade bei viel Wind sollte sich der Erkrankte natürlich möglichst auf der Leeseite übergeben, aber wenn es nicht anders geht, sollte lieber an Deck gespuckt werden als zu riskieren, auch noch zusätzlich ein Mensch-über-Bord-Manöver fahren zu müssen. Mehr oder weniger lustig gemeinte Bemerkungen über Seekrankheit oder Essen der nicht seekranken Mitsegler sollten vermieden werden.

Auslösendes Element für die Seekrankheit ist in allen Fällen die Schiffsbewegung: Der eine verträgt kein kurzes Stampfen (Bewegung des Bootes in Längsrichtung), der andere leidet eher bei Rollbewegungen (periodisch wechselndes Neigen des Bootes zu beiden Seiten). Glücklicherweise ist die Seekrankheit keineswegs eine bei jeder Bootsbewegung zwingend auftretende Erscheinung. Es macht keinen großen Unterschied, ob man ein Anfänger oder ein erfahrener Segler ist. Was hingegen durchaus eine Rolle spielt, ist die Frage, ob man regelmäßig segelt oder nur kurz 1- bis 2-mal im Jahr. Regelmäßiges Segeln auf langen Törns wirkt in der Tat weitgehend immunisierend.

Die Anfälligkeit für Seekrankheit ist stark abhängig vom mehr oder weniger zufälligen Tagesbefinden. Förderlich für das Eintreten der Übelkeit sind erfahrungsgemäß neben der Schiffsbewegung Schlafmangel, Zecherei am Vorabend, schwer verdauliche Nahrung, scharfe Gewürze, viel Kaffee und – nicht zuletzt – mangelndes Vertrauen in das Schiff und/oder die Schiffsführung. Verunsichernde Faktoren wie Wetterverschlechterung oder navigatorisch problematische Gewässer fördern ebenfalls die Wahrscheinlichkeit der Opfergabe an Neptun.

Medizinisch wird allgemein eine mangelnde Übereinstimmung zwischen haptisch-mechanischer und visueller Wahrnehmung als Ursache für die Seekrankheit genannt. In einem stampfenden Boot unter Deck gibt das Gleichgewichtsorgan im Mittelohr und die Muskeln im sich anspannenden Körper das Signal einer groben Bewegung, während die Augen die Gegenstände der Umgebung zueinander in Ruhe erleben. In der Tat erkranken Segler besonders leicht unter Deck am Kartentisch, auf der Toilette oder beim Anziehen des Ölzeugs. Allerdings hilft es auch manchem kranken Segler, sich bei Übelkeit in der Salonkoje auf der Leeseite komfortabel hinzulegen und die Augen zu schließen. Ein Eimer neben der Koje erspart den Gang zur Toilette.

Eine relativ sichere Methode, die Übelkeit im Anfangsstadium zu bekämpfen, ist es, das Ruder zu übernehmen. Der Blick auf den Horizont in Verbindung mit einer wichtigen Aufgabe an Bord lässt bei vielen Seglern die Übelkeit verschwinden beziehungsweise gar nicht erst auftreten. Wenn Sie wissen, dass Sie empfindlich sind, so bitten Sie den Skipper, das Ruder übernehmen zu dürfen. Kauen Sie dazu ein paar Kekse und trinken Sie hin und wieder einen Schluck Wasser.

Medikamentöse Hilfen existieren in verschiedenen Formen: Ein weitverbreiteter Wirkstoff ist Cinnarizin, der eigentlich zur Behandlung von Kreislaufstörungen entwickelt wurde, sich aber in Tablettenform an Bord zur Vorbeugung gegen Seekrankheit bewährt hat. In Deutschland sind Medikamente mit diesem Wirkstoff allerdings nur noch über internationale Apotheken zu beziehen. Verbreitet ist auch ein kleines Medikamentenpflaster hinter dem Ohr, das seinen Wirkstoff Scopolamin langsam über die Haut eindringen lässt. Mögliche Nebenwirkungen sind Schläfrigkeit und leichte Sehstörungen. Eine zu hohe Dosis von Cinnarizin führt zu schnellem Einschlafen. Vorsicht also, sofern Sie navigatorische Entscheidungen zu treffen haben oder als Ausguck eingesetzt sind.

Neuere Studien belegen, dass der in manchen Lebensmitteln enthaltene Stoff Histamin bei vielen Menschen das Auftreten der Seekrankheit begünstigt. Vermeiden Sie darum bei bekannter Empfindlichkeit zum Beispiel Wurst, Bergkäse, Thunfisch, Spinat, Sauerkraut und vor allem auch alkoholische Getränke. Hingegen scheint die hoch dosierte Einnahme von Vitamin C das Auftreten von Seekrankheit bei vielen Menschen zu hemmen oder gar zu vermeiden. Ob Akkupressur-Armbänder die Seekrankheit verhindern können, ist umstritten. Hingegen ist die vorbeugende Einnahme von Ingwerpräparaten allgemein empfohlen und verdient individuell ausprobiert zu werden.

Ein paar Tipps, um zumindest das Auftreten der Seekrankheit nicht zu begünstigen:

▶ gut ausgeschlafen auf Törn gehen,
▶ keine kreislaufstimulierenden Getränke zu sich nehmen wie zum Beispiel Kaffee,
▶ auf Alkohol und Zigaretten verzichten,
▶ scharf gewürzte Speisen vermeiden,
▶ die Aufenthaltszeiten unter Deck kurz halten,
▶ nicht versuchen, sich durch Lesen abzulenken.

So schnell wie die Seekrankheit kommt, so schnell verschwindet sie auch wieder sobald die Bootsbewegung deutlich nachlässt. Nach Einlaufen in den Hafen schlafen schwer Seekranke in der Regel erst einmal eine oder zwei Stunden und wachen dann – etwas geschwächt – ohne jegliche Beschwerden erleichtert auf.

Ein kleiner Trost: Es gibt einen Gewöhnungsprozess! Viel Segeln hilft! Es hört sich nach Rosskur an, aber nach drei Tagen und drei Nächten an Bord bei ständiger Bewegung auf See hat so gut wie jeder seekranke Segler seine kritische Phase überwunden und ist für den Rest des Törns gegen die Seekrankheit immun.

## Schwere Verletzungen an Bord

Unfallursache Nummer eins an Bord sind an Deck herumliegende Leinen, auf denen jemand ausrutscht oder in denen jemand mit einem Fuß hängen bleibt. Ein Sturz an Deck hat meist schlimme Folgen, denn praktisch überall stehen irgendwelche Teile der Decksausrüstung hervor, die schnell eine Prellung oder gar einen Bruch hervorrufen können.

Besonders gefährlich ist es, in der Plicht auf einer Sitzbank oder gar auf dem Süllrand stehend, sei es beim Reffen oder anderen Tätigkeiten am Groß, unter Segeln auf See am Baum zu arbeiten. Ein Moment mangelnder Konzentration des Rudergängers, eine unerwartet hohe Welle und schon ist es passiert, man verliert das Gleichgewicht und stürzt in die Plicht. Und wenn es der Teufel will, mit dem Rücken auf eine Winsch. Rippenbruch garantiert, und erheblich mehr, falls es die Wirbelsäule trifft …

Eine ähnliche Situation kann beim Raumwind-Segeln entstehen: Die Schoten sind weit gefiert, der Großbaum steht weit draußen, aber ist nicht mit einem Bullenstander gesichert. Querab zieht majestätisch ein wunderschöner alter Gaffelschoner vorbei und schon steht die gesamte Crew mit Fotoapparaten an Deck. Auch der wenig routinierte Rudergänger wird vorübergehend abgelenkt und bemerkt nicht, dass sein Schiff mit dem Heck durch den Wind geht, während die Fotoapparate klicken. Die Patenthalse ist unvermeidlich, der Baum schlägt mit brachialer Gewalt über und trifft einen der Fotografen am Kopf. Wenn es nur mit einer Platzwunde und Gehirnerschütterung abgeht, kann man von Glück reden. Ein Schädelbruch ist wahrscheinlicher ...

Eine andere mögliche Unfallursache ist Unachtsamkeit beim Ausbringen des Ankers und seiner Kette. Auf den meisten Schiffen ist es notwendig, den Anker erst aus seiner Befestigung zu lösen, bevor er gefiert werden kann. Dazu muss zuerst auf die Kette an der Winsch etwas lose gegeben werden. Schon dabei kann man sich schnell die Finger einklemmen. Schlimmer wird es, wenn mehrere Besatzungsmitglieder gleichzeitig und unkoordiniert am Ankergeschirr herummanipulieren, denn wenn die Kette erst einmal ausrauscht, werden die Kräfte auf einer 12-Meter-Yacht so groß, dass sie sogar eine Hand abreißen können. Auch ein im Ankerbeschlag eingeklemmter Fuß ist, wenn man nicht aufpasst, vorstellbar.

Dass die Bordapotheke gut mit Verbandsmitteln bestückt sein sollte, versteht sich von selbst. Ob das auf jedem Charterschiff gewährleistet ist, sei allerdings dahingestellt. Es kostet nicht viel, sich in der Törnvorbereitung darauf einzustellen.

Vorkehrungen zur Unfallverhütung:
- ▶ Darauf achten, dass das Deck immer aufgeklart und so gut es geht rutschsicher ist.
- ▶ Insbesondere keine Leinen unordentlich an Deck herumliegen lassen.
- ▶ Keine Leinen zu lang aufgeschossen an Deck so festbinden, dass die Buchten unten an Deck aufliegen.
- ▶ Beim Ankern darauf achten, dass nur ein einzelnes Crewmitglied, und nur eines das die Technik kennt, das Ankergeschirr bedient.
- ▶ Beim Fieren der Ankerkette darauf achten, dass die Kette kontrolliert langsam kommt und nicht unkontrolliert ausrauscht.
- ▶ Auf Raumwind- und Vorwindkurs immer einen Bullenstander oder eine Baumbremse einsetzen.
- ▶ So selten wie eben notwendig sich in der Plicht auf die Sitzbänke oder gar auf den Süllrand stellen.

## 7.12 Sturm

Wer kennt nicht die Geschichten von Mitseglern, die stundenlang in stürmischer See bei fünf Metern Seegang und in vom Windmesser gemessenen Beaufort 10 gekämpft haben? Gibt es ein einziges Buch von einer Atlantiküberquerung, in dem nicht von mindestens einem schweren Sturm berichtet wird? Das Wort »Sturm« weckt die Fantasie und lässt sich auch gut verkaufen ...

Tatsächlich gibt es mit Sicherheit erheblich weniger echte Stürme als Geschichten über sie. Oft wird das Wort Sturm etwas leichtfertig benutzt und das Wort »Starkwind« wäre angebrachter.

Was kennzeichnet einen wirklichen Sturm? Der meteorologische Begriff Sturm beschreibt eine mittlere Windstärke von Beaufort 9, was etwa 80 Stundenkilometer oder 43 Knoten entspricht. In der englischen Meteo-Fachsprache ist das Wort »storm« sogar der Windstärke 10 (etwa 100 Stundenkilometer Windgeschwindigkeit) zugeordnet. Eine Segelyacht kann bei solchen Windgeschwindigkeiten nur noch einen Raumwind-Kurs steuern, sofern man dann noch von »steuern« sprechen kann, denn im freien Seeraum sind die Wellen bei Beaufort 9 derartig hoch, dass ein einigermaßen genaues Kurshalten nicht mehr möglich ist. Windstärke 9 baut in offener See Wellen von etwa sechs bis sieben Meter Höhe auf, die in ihrer oberen Hälfte rollend brechen.

## Kriterien für die Entscheidung, trotz Schwerwetter auszulaufen

Eine eindeutige Vorbemerkung: Sofern vermeidbar, wird nicht im Sturm gesegelt! Respekt vor dem Meer ist trotz aller moderner Technik an Bord unabdingbar. Für eine mittelgroße Freizeit-Yacht von etwa zwölf Metern Länge sollten etwa 7 Windstärken die Grenze sein, bis zu der gesegelt wird. Raumschots mögen Beaufort 8, kurzzeitig in Böen 9 in Lee einer Küste mit erfahrener Crew vertretbar sein. Hoch am Wind sind bereits 7 Windstärken für die meisten Freizeit-Crews zu viel.

Die Entscheidung, ob bei schlechtem Wetter gesegelt wird – sofern man es sich denn aussuchen kann –, sollte nicht allein von Skipper getroffen werden. Schwerwettersegeln ist anstrengend und risikoreich. Die Crew sollte dafür motiviert und gut vorbereitet sein. Schließlich segelt man in der Regel zum Spaß. Darum ist es wünschenswert, dass die Entscheidung gemeinsam nach einem Gespräch über die möglichen Schwierigkeiten getroffen wird. Eine Crew, die selbst mitentschieden hat auszulaufen, wird motivierter und belastbarer sein, als eine Crew, die lediglich der Entscheidung des Skippers folgt.

Darum sollte der Skipper alle Aspekte mit der Crew durchsprechen, die im Laufe eines Schwerwetter-Segeltages von Bedeutung sein werden: zu erwartende Wetterentwicklung, mögliche Schutzhäfen unterwegs, Schiffsbewegung im Seegang, Art der Ernährung, notwendige Besegelung, Reffen, zu erwartende Großschifffahrt, Peilmöglichkeiten an Land und auf See, Untiefen, allgemeine Verhaltensregeln zur Sicherheit an Deck.

Bei aller Bereitschaft zum Gespräch mit der Crew muss aber schließlich doch betont werden, dass es am Ende der Skipper ist, der die Entscheidung auszulaufen, zu verantworten hat.

Im Falle eines Unfalls, einer Havarie, eines beliebigen Problems mit juristischen Folgen ist es immer der Skipper, der zur Rechenschaft gezogen wird.

Die Entscheidung, trotz Starkwindwarnung auszulaufen, ist davon abhängig zu machen, ob auf folgende Fragen eine positive Antwort gegeben werden kann:

▶ Ist absehbar, dass die Windstärke nicht mehr als Beaufort 7 sein wird?
▶ Ist das Schiff technisch (Rigg, Segel, Rumpf, Ruder, Motor) in jeder Hinsicht in gutem Zustand?
▶ Ist die Crew in der Handhabung des Schiffes (Reffen, Rudergehen, Navigation) erfahren genug? Gibt es jeweils mindestens zwei Crewmitglieder, die Rudergehen können und die die Refftechnik beherrschen?
▶ Ist die Crew körperlich, gesundheitlich den Anstrengungen gewachsen?
▶ Ist der zu segelnde Kurs auch bei einer ungünstigen Winddrehung noch zu halten?
▶ Gibt es unterwegs navigatorische Alternativen zum geplanten Kurs?
▶ Besteht die Gefahr in eine Wind-gegen-Strom-Situation mit schwerem Seegang zu kommen?
▶ Gibt es schwerwettergeeignet vorbereitete Speisen und Getränke?
▶ Ist das Schiff gut vorbereitet? Sicherheitsausrüstung komplett funktionsfähig, unter Deck alles seefest gestaut, das Deck aufgeklart, funktionierende Reffeinrichtungen, Batterien geladen, alle Luken dicht, Karten und Seehandbücher vorhanden und gelesen, Wegpunkte im Plotter festgelegt, Fäkalientank geleert, Lenzpumpen einsatzbereit ...

## Im Schwerwetter auf See

Auf einem Segeltörn vor der Küste hat im Prinzip jede Crew dank moderner Wettervorhersage die Chance, eine Sturm-Situation auf See zu vermeiden, sofern denn alle Informationsmöglichkeiten genutzt werden. Nicht auszuschließen hingegen sind durch Regionaleffekte hervorgerufene kurze Sturmböen, die von Meteorologen nicht immer vorhergesehen werden. Dabei handelt es sich oft um Fallböen aus den Bergen unter einer hohen Leeküste oder auch um Gewitterböen. Aufgrund der Tatsache, dass diese Böen aber selten länger als eine Viertelstunde andauern, kann sich kein hoher Seegang aufbauen. Es reicht also, früh und schnell genug zu reffen, eventuell das Groß ganz wegzunehmen und die Genua so weit einzurollen, dass nur noch ein »Handtuch« stehen bleibt. Das tut zwar dem Segeltuch nicht besonders gut und es wird auch kein effizientes Segelprofil einstellbar sein, aber um das Schiff auf Raumwind-Kurs beherrschbar zu halten, ist es kurzfristig die einzig richtige Reaktion. Was die Belastbarkeit des Materials angeht, so kann man wohl davon ausgehen, dass in den meisten Fällen, das Schiff stärker ist als die Crew. Wichtig ist einfach, so wenig Segelfläche wie gerade noch notwendig zu fahren und wenn möglich Schutz unter einer Küste zu suchen.

Zusammengefasst hier die wichtigsten Maßnahmen zum Verhalten bei Starkwind oder gar Sturm:

▶ Drei Reffs ins Groß, eventuell Groß ganz wegnehmen.
▶ Genua einrollen und – sofern vorhanden – Sturmfock setzen, eventuell am »fliegenden Vorstag« (siehe Kapitel 6.6).
▶ Falls keine Sturmfock an Bord ist, Genua trotz schlechtem Profil sehr weit einrollen.
▶ Besatzung mit Rettungswesten und eingepickten Lifebelts sichern.
▶ Den dem Wetter am besten angepassten Kurs segeln, in der Regel raumschots.
▶ Prüfen, ob sicher anzulaufende Häfen in realistischer Zeit erreichbar sind.
▶ Prüfen, ob Schutz unter der Leeküste einer Insel erreichbar ist.
▶ Niemals einen Hafen bei auflandigem Wind anlaufen, dessen Einfahrt durch Flachwasser führt. Gefahr von Grundseen!
▶ Eventuell vor dem Wind ablaufen, sofern genügend freier Seeraum nach Lee vorhanden ist.
▶ Alle Luken- und Staukastendeckel gut verriegeln, Winschkurbeln sichern.
▶ Deck aufklaren. Anker und Kette sichern. Keine Segel in Segelsäcken an Deck liegen lassen.
▶ Unter Deck so gut es geht alles verstauen, verzurren, sichern. Leesegel an den Kojen spannen.
▶ Außenlautsprecher vom VHF anschalten und Kanal 16 abhören, um keinen Wetterbericht zu verpassen.
▶ Gezielt Ruhepausen organisieren. An den Kojen Leesegel hochbinden. Möglichst wenig Leute an Deck lassen. Maximal zwei Mann Sturmwache.

- ▶ Nur einen erfahrenen Rudergänger einsetzen.
- ▶ Falls Rudergehen nicht mehr möglich ist, beidrehen unter Sturmfock.
- ▶ Regelmäßig die Bilge auf eventuell eingedrungenes Wasser kontrollieren.
- ▶ Logbucheintragungen zu: Wetter, Seegang, Zustand des Schiffes, Einweisung der Crew.

Falls der Wind so stark wird, dass selbst raumschots in der brechenden See nicht mehr Kurs gehalten werden kann, bleibt nur noch die Möglichkeit »beizuliegen«: Dazu wird mit minimal verkleinertem Groß und backstehender Sturmfock das Schiff mit nach Lee festgelaschtem Ruder in eine weitgehend stabilisierte Lage etwa quer zum Wind gebracht. Auf manchen Yachten und bei mehr als Beaufort 9 ist es notwendig, das Groß völlig zu bergen. Manche Schiffe, je nach Bauart, werden dabei – statt quer zum Seegang zu treiben – leicht raumschots abfallen, was aber kein Nachteil sein muss. Entscheidend ist, dass durch die backstehende Sturmfock mit dem Ruder nach Lee fixiert eine Drift durchs Wasser nach Lee entsteht, die auf der Luvseite der Yacht einen Luftblasenteppich entstehen lässt, in dem die Gewalt der heranrollenden Brecher gedämpft wird.

Ob Treibanker im Sturm eingesetzt werden sollten, ist sehr umstritten. Die Erfahrungen bekannter Weltumsegler zeigen eher, dass ein schräges Ablaufen vor der Welle, beziehungsweise das Beiliegen, zur Not ganz ohne Besegelung, für die meisten Schiffe die beste Taktik darstellen.

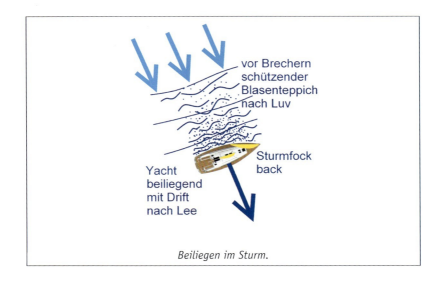

*Beiliegen im Sturm.*

# 8. Tiden, Gezeitenströme und Seegang

## 8.1 Wasserstandsberechnungen in Tidengewässern

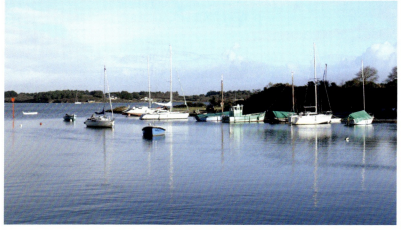

Es wird im Folgenden davon ausgegangen, dass der Skipper sich in seiner theoretischen Ausbildung bereits die grundlegenden Kenntnisse über die Entstehung der Gezeiten erworben hat. Eine ausführliche Behandlung des Themas Gezeiten füllt ein eigenes Buch (siehe Literaturliste). Pragmatisch praxisorientiert wollen wir hier eine Methode zur Gezeitenrechnung beschreiben, die zwar im deutschsprachigen Raum nicht sehr verbreitet ist, aber nichtsdestotrotz eine wertvolle Planungshilfe bietet: die Zwölferregel.

Bei der sogenannten Zwölferregel handelt es sich um eine Vereinfachung des Ablaufs einer halben Tide über sechs Stunden. Dabei ist es egal, ob den Rechnungen die Ebbe oder die Flut zugrunde gelegt wird.

Die untenstehende Zeichnung stellt die sich innerhalb von sechs Stunden verringernde Wassertiefe vom Hochwasser zum Niedrigwasser dar. Das ist insofern eine Vereinfachung, als sich die reale Ebbe durchaus im Einzelfall über einen Zeitraum zwischen fünfeinhalb und sechseinhalb Stunden erstrecken kann.

Ferner wird vorausgesetzt, dass die Wasserstandsänderung annähernd sinusförmig verläuft. Dies ist in den meisten Häfen durchaus der Fall, es sei denn, es mündet ein wasserreicher Fluss in der Nähe wie bei Cuxhaven die Elbe.

Mit der Zwölferregel kann zweierlei berechnet werden:

a) Bestimmung der Wassertiefe über Kartennull zu einem beliebigen Zeitpunkt zwischen Hoch- und Niedrigwasser.

b) Bestimmung des Zeitpunktes, zu dem eine bestimmte Wassertiefe über Kartennull gegeben ist.

Zwischen dem Hochwasser und dem Niedrigwasser fällt das Meeresniveau keineswegs linear. Vielmehr fällt das Wasser in der ersten Stunde der Tide nach HW um nur $1/12$ (ein Zwölftel) des Tidenhubs. In der zweiten Stunde fällt es $2/12$, in der dritten Stunde um $3/12$, in der vierten Stunde ebenfalls um $3/12$, in

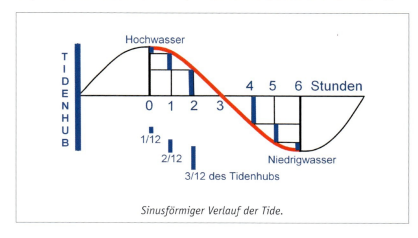

*Sinusförmiger Verlauf der Tide.*

der fünften Stunde wieder um $^2/_{12}$ und in der sechsten Stunde schließlich nur noch um $^1/_{12}$ des gesamten Tidenhubs.

Die folgende Tabelle gibt eine Übersicht:
Wir vereinfachen hierbei die Realität, indem wir die Dauer einer Tide pragmatisch mit sechs Stunden annehmen. Hierdurch bedingte Ungenauigkeiten werden später durch einen Sicherheitszuschlag berücksichtigt.

| Zeit | Wasserstandsänderung in Bruchteilen des Tidenhubs |
|------|---------------------------------------------------|
| 1. Stunde | $^1/_{12}$ |
| 2. Stunde | $^2/_{12}$ |
| 3. Stunde | $^3/_{12}$                     jeweils des Tidenhubs |
| 4. Stunde | $^3/_{12}$ |
| 5. Stunde | $^2/_{12}$ |
| 6. Stunde | $^1/_{12}$ |

Man teilt somit den Tidenhub (entnommen aus dem Tidenkalender) durch 12, multipliziert anschließend entsprechend der Stundenzahl und addiert dann die erhaltenen Werte. So ist zum Beispiel zwei Stunden nach HW die Tide um $^1/_{12} + {}^2/_{12} = {}^3/_{12}$ des Tidenhubs gefallen.

Bei angenommenen drei Meter Tidenhub entspricht $^1/_{12}$ dem Wasserstandsdifferenzwert von 25 Zentimeter. Folglich ist das Wasser nach zwei Stunden $^1/_{12}$ entsprechend 25 Zentimeter + $^2/_{12}$ entsprechend 50 Zentimeter, also summiert 75 Zentimeter gefallen.

Zwischenwerte werden linear interpoliert, was einem Mathematiker die Haare zu Berge stehen lassen wird, denn auch dies ist wieder eine grobe Vereinfachung. Doch ist sie pragmatisch gesehen zulässig, denn am Ende addieren wir als Sicherheitsreserve einen »Lotsenfuß« mit 30 Zentimeter zum grob berechneten Tidenstand.

Der so errechnete Stand der Tide muss natürlich zum Wasserstand des Niedrigwassers (entnommen aus dem Tidenkalender) addiert werden, bevor er auf die Kartentiefe bezogen wird.

Ein Aspekt, der in den meisten deutschsprachigen Büchern zur Segelausbildung ignoriert wird, ist der Einfluss des Luftdrucks auf den Tidenstand:

Luft hat eine Masse von etwa 1,3 Gramm pro Liter und wird wie jeder andere Körper von der Erde durch Gravitation angezogen. Eine Hochdrucklage von 1040 Hektopascal drückt das Wasser etwa 30 Zentimeter tiefer als bei 1013 Hektopascal Normaldruck. Hingegen kommt die Meeresoberfläche unter einem Tiefdruckgebiet von 980 Hektopascal etwa 30 Zentimeter höher als mit Tidenrechnung vorhergesagt. Die folgende Tabelle gibt eine Übersicht:

| Luftdruck in Hektopascal | 963 | 973 | 983 | 993 | 1003 | 1013 | 1023 | 1033 | 1043 |
|---|---|---|---|---|---|---|---|---|---|
| Korrekturwert in Zentimeter | +50 | +40 | +30 | +20 | +10 | 0 | −10 | −20 | −30 |

Neben dem Luftdruck wirkt sich auf den Wasserstand auch der Wind aus, sofern er längere Zeit und ausreichend stark aus derselben Richtung bläst.

Segler aus der Deutschen Bucht kennen den Effekt nur allzu gut: Bei mehrtägigem Wind aus Nordwest wird die Ebbe in ihrem Abfließen im Bereich der Elbmündung behindert, während die Flut durch den auflandigen, somit schiebenden Wind begünstigt wird und dadurch höhere Wasserstände entstehen als über Tidentabellen berechenbar. Details dazu veröffentlicht der Deutsche Wetterdienst in seinen Vorhersagen zum Seewetter.

## 8.2 Dünung, Seegang, Brecher

Wellen werden durch unregelmäßige Reibung des Windes an der Wasseroberfläche erzeugt. Man unterscheidet zwischen Windsee und Dünung. Die Windsee ist die kurzzeitig, simultan mit dem Wind aufgebaute Welle, während die Dünung die Welle beschreibt, die auch nach Abflauen des Windes zeitlich verzögert nachläuft. Beide Wellentypen können je nach Windgeschwindigkeit und Fetch höher oder niedriger ausgeprägt sein. Der Wind mag sich legen, aber die Dünung läuft trägheitsbedingt manchmal mehrere Tage lang weiter.

So kann ein Starkwind von Beaufort 8 vor der irischen Südküste eine Welle aufbauen, die noch zwei Tage nach dem Abflauen des Windes mit drei Metern Höhe Hunderte von Seemeilen weiterläuft bis nach Biarritz in die südliche Biskaya, wo sich die Wellensurfer in den Brechern austoben, ohne auch nur einen Hauch von Wind zu haben.

Im Prinzip ist Dünung nicht weiter störend für den Segler. Im Gegenteil: Es kann durchaus angenehm sein, von den lang gezogen heranrollenden, flach ansteigenden Wellen langsam angehoben und nach dem Durchlaufen des Wellenberges unter dem Kiel ebenso langsam wieder abgesenkt zu werden. Doch gilt dies nur, sofern die Wellenlänge, also der Abstand zwischen benachbarten Wellenbergen ausreichend groß ist, mindestens etwa 100 Meter.

Hingegen kann die Dünung gefährlich werden, wenn sie in Küstennähe auf dem Festlandsockel in flacheres Wasser läuft. Verringert sich die Wassertiefe in Küstennähe derart, dass sie geringer wird als etwa die halbe Wellenlänge, so werden die Wellenkämme steiler und steiler und beginnen bei weiter abnehmender Wassertiefe schließlich zu brechen.

Eine Dünung von beispielsweise vier Meter Höhe und 150 Meter Wellenlänge auf hoher See kann bei mehr als 100 Meter Wassertiefe durchaus ungefährlich sein, während dieselbe Dünung bei nur 15 Meter Wassertiefe bedrohliche Brecher verursachen wird, die im Abstand von weniger als 50 Meter steil heranrollen.

Beim Übergang von der Tiefsee auf den flacheren Festlandsockel bildet sich so aus einer zwar hohen, aber lang gezogen, sanft heranziehenden Dünung eine manchmal gefährlich brechende Welle, die leicht das Cockpit einer Yacht vollständig überflutet. Man spricht in diesem Zusammenhang auch von Grundseen. Sie können beispielsweise in deutschen oder holländischen Revieren im Übergang vom tiefen Wasser ins Wattenfahrwasser auftreten. Oft spielt dabei auch die Tide eine Rolle (detaillierte Erklärungen dazu im nächsten Kapitel). Viele Hafeneinfahrten vor der portugiesischen und marokkanischen Küste sind Grundsee-gefährdet, denn dort verringert sich die Wassertiefe aus der Tiefsee sehr plötzlich bis auf wenige Meter vor der Hafeneinfahrt.

Bei Nacht ist besondere Vorsicht geboten, denn die Höhe einer heranrollenden See kann nicht früh genug erkannt werden, und so kann es in flacher werdendem Wasser in einer hohen Dünung zu bösen Überraschungen durch plötzlich über Deck brechende Seen kommen.

Aber nicht nur in Küstennähe kommt es zu Brechern. Auch über isoliert weiter draußen vor der Küste liegenden Untiefen und Sandbänken können schwere Brecher selbst bei Flaute entstehen. Untiefen sind bei Dünung immer eine Gefahrenquelle, selbst dann, wenn sie auf der Karte mit einer Wassertiefe eingezeichnet sind, die im Prinzip bei ruhiger See ein Befahren ermöglichen würden. Läuft auf hoher See bei sonst ruhigem Wetter eine lang gestreckte, etwa drei bis vier Meter hohe, aber nicht rollende, gefahrlose Dünung, so wird sich diese Welle über einer beispielsweise zehn Meter unter Wasser liegenden Sandbank (zum Beispiel auf der Doggerbank in der Nordsee) zu schweren Brechern mit mindestens fünf bis sechs Metern Höhe aufbauen. Eine kleinere Yacht kann darin kentern. Gleiches gilt über felsigen Untiefen, die aus großer Tiefe wie Hochhäuser bis wenige Meter unter die Meeresoberfläche hinaufragen. Die bretonische und galizische Atlantikküste ist gespickt mit solchen Gefahrenstellen. Um zu vermeiden, über diesen Untiefen in Brecher zu kommen, genügt es, den Kurs so abzusetzen, dass genügend Abstand gewahrt ist, um in tiefem Wasser zu bleiben. Detaillierte Seekarten sind dazu natürlich unentbehrlich. Bei der Törnplanung ist es somit wichtig, dass die Wassertiefe auf den geplanten Kursen im Hinblick auf die im Wetterbericht eventuell angekündigte Dünung beachtet werden muss.

Aus der Fracht fahrenden Segelschifffahrt des 19. Jahrhunderts wird von Schiffen berichtet, die bei Flaute auf hoher See Mastbruch erlitten, weil sie in extrem hoher Dünung derartig ins Rollen gerieten, dass das Rigg OHNE Winddruck

in den Segeln den rhythmisch wechselnden Belastungen nicht standhalten konnte. Moderne Segelyachten werden zwar in hoher Dünung bei wenig Wind nicht ihren Mast verlieren, aber es kann sein, dass es trotz 3 bis 4 Windstärken unmöglich sein wird zu segeln. Weniger auf Amwindkurs, aber umso ausgeprägter auf Halbwind- oder gar Raumschotskurs ist es oft in hoher Dünung mit den Wellenbergen parallel zum Kiel nicht mehr möglich, die Segel zum Stehen zu bringen. Die Rollbewegung des Schiffes lässt die Segel unkontrollierbar schlagen. Motoren mit geborgenen Segeln ist dann die einzige Alternative, sofern der Kurs nicht auf Amwind geändert werden kann. Auf Transatlantikreisen in der Passatzone passiert dies gar nicht selten, wenn nämlich vorübergehend der Passatwind durch ein nördlich durchziehendes Tief deutlich abgeschwächt wird, gleichzeitig aber die alte Passat-Dünung weiterläuft.

## 8.3 Gezeitenströme, Wind gegen Strom

In Tidengewässern gibt es eine besondere Konstellation, die das Auftreten von Brechern – selbst in tiefem Wasser – verursacht: Wind gegen Strom.
In der Nordsee, dem Ärmelkanal oder an der französischen Atlantikküste tritt dieses Phänomen im sechsstündigen Wechsel regelmäßig auf. Sofern der Tidenstrom in dieselbe Richtung setzt, in der auch die Windsee läuft (Wind mit Strom), kommt es zu einer Streckung der Wellenlänge und zu einem angenehmen Abflachen der Wellenberge. So bringt eine bei Westwind von Westen

kommende Dünung zusammen mit der ebenfalls von West nach Ost laufenden Flut im Ärmelkanal keine Probleme mit sich. Mit der Flut beispielsweise von Cherbourg nach Dover ostwärts zu segeln, macht auch bei steifem Westwind keine Probleme, denn die Wellenkämme werden lang auseinandergezogen. Hingegen gestaltet sich die Situation völlig anders, wenn einige Stunden später auf der gleichen Strecke bei gleichem Wind gegen die nun westwärts laufende Ebbe gesegelt wird (Wind gegen Strom). Der Ebbstrom steht dem Wind und somit auch der Windsee und Dünung entgegen, und es kommt zu einer Stauchung, einer Verkürzung der Wellenlänge bei gleichzeitigem Anschwellen der Wellenhöhe. Die Welle wird kurz und steil und baut rollende Brecher auf. Das Boot arbeitet schwer in der groben See und kommt wegen der Stampfbewegung nur noch langsam oder gar nicht mehr voran.

Berüchtigte Beispiele für Wind-gegen-Strom-Gefahrenstellen sind die Passagen zwischen Cherbourg und Alderney (Raz Blanchard), zwischen Jersey und Guernsey (Little Russel, Great Russel) und die Passage zwischen der Westspitze der Bretagne (Pointe du Raz) und der vorgelagerten Insel Sein (Raz de Sein). Im sechsstündigen Rhythmus wechselt hier der Seegang regelmäßig zwischen gefährlichen Brechern und »Ententeich«. Auch im Skagerrak, vor Land's End, zwischen Schottland und den Orkneyinseln und bei Gibraltar kann dieses Phänomen insbesondere bei Springzeit zu einem Problem werden.

Vorausgesetzt der Skipper verfügt über alle Informationen über den Verlauf der Tide (Gezeitenkalender, Strömungsatlas) und er kennt die Wetterlage mit den zu erwartenden Windrichtungen und Windstärken, dann lassen sich diese Passagen durchaus gefahrlos durchsegeln, sofern lange genug gewartet werden kann bis Wind und Strom etwa in die gleiche Richtung setzen. Ist absehbar, dass die Wartephase zu lang sein wird und nicht mehr in die Törnplanung

Süd-England

Tidenströme im
Ärmelkanal
2 h vor HW Dover

Bretagne

*Motorsegler stampfend in der See.*

hineinpasst, so gibt es bei relativ kurzen Passagen von weniger als etwa acht Seemeilen Länge noch eine Alternative: Der Tidenstrom ist in der letzten halben Stunde vor Hoch- oder Niedrigwasser und in der ersten halben Stunde nach Hoch- oder Niedrigwasser selbst bei Springzeit schwach bis null. Bei sehr präzisem Timing unter Benutzung eines Strömungsatlasses lässt sich somit etwa eine ruhige Stunde um das Stillwasser herum nutzen, um die Passage hinter sich zu bringen.

Bestehen Zweifel oder Unklarheiten bei der Beurteilung der Strömungssituation, so kann der Skipper an diesen Gefahrenstellen jederzeit über UKW Kanal 16 von französischen und englischen Marinestationen an Land Beratung erbeten.

Grundsätzlich sollte – wenn irgend möglich – eine Wind-gegen-Strom-Situation vermieden werden, sofern der Wind mit mehr als Beaufort 5 bläst und ein Strom von mehr als 2 Knoten dagegensteht. Um diese Situationen in die Planung mit einbeziehen zu können, sollten auf jeden Fall in Gezeitengewässern ein Tidenkalender und ein Strömungsatlas für das zu befahrende Seegebiet an Bord sein.

# Anhang

## Weiterführende Literatur

**Cornells Atlas der Ozeane,** Wind- und Strömungskarten für alle Ozeane der Welt; Jimmy und Ivan Cornell, Cornell Sailing Ltd. 2011
**Dieselmotoren für Sportboote,** Pat Manley, Delius Klasing Verlag 2010
**Die Winde des Mittelmeers,** Juan Rigo, Delius Klasing Verlag 2014
**Ebbe und Flut,** Wolfgang Glebe, Delius Klasing Verlag 2010
**Handbuch für den Atlantischen Ozean,** Jane Russell, Edition Maritim, 2013
**Funkdienst für die Klein- und Sportschifffahrt,** BSH; erscheint jährlich neu
**Kollisionsverhütungsregeln,** Axel Bark, Delius Klasing Verlag 2014
**Mittelmeerwetter,** Lothar Kaufeld, Klaus Dittmer, Rolf Doberitz, Delius Klasing 2008
**Notfall-Tafeln,** Hans Donat, Edition Maritim 2006
**Praxiswissen für Chartersegler,** Wilfried Krusekopf, Delius Klasing Verlag 2015
**Psychologie an Bord,** Michael Stadler, Delius Klasing Verlag 2007
**Reed's Nautical Almanac,** erscheint jährlich bei Thomas-Reed-Publications
**Schwerwettersegeln,** Adlard Coles, Peter Bruce, Delius Klasing Verlag 2014
**Seemannschaft:** Handbuch für den Yachtsport, Delius Klasing Verlag 2013
**Seewetter,** Das Autorenteam des Seewetteramtes, DSV-Verlag 2009
**Segeln bei Dunkelheit,** Wilfried Krusekopf, Pietsch-Verlag 2010
**Theorie und Praxis der Bordelektrik,** Jens Feddern, Delius Klasing Verlag 2012
**Watt, Volt und andere Schikanen,** Alexander Worms, Delius Klasing Verlag 2013
**Wetter auf See,** Ralf Brauner, Boris Herrmann, Hans-Jörg Nafzger, DSV-Verlag 2014

## Informative Websites

www.dwd.de – Deutscher Wetterdienst; Wetterberichte, Statistiken, u.v.m.
www.esys.org – vielseitiges Seglerportal mit Revierinfos, Wetter, Ausrüstung
www.hansenautic.de – Vertrieb von Seekarten, Hafenhandbüchern, Seehand-bücher, Pilotcharts, Yachtfunkdienst usw.
www.noonsite.com – Sachinfos für die Weltumsegelung, Häfen usw.
www.wetterzentrale.de – Informationsplattform für Wetter- und Klimadaten, weltweit; 9-Tage-Vorhersagekarten, ozeanographische Daten usw.
www.windguru.cz – gute, aktuelle Wetterinfos in Tabellenform, weltweit

# Stichwortverzeichnis

# EXPERTENTIPPS FÜR SEGLER

Wilfried Krusekopf
**Praxiswissen für Chartersegler**
Band 137

**ISBN 978-3-87412-187-3**

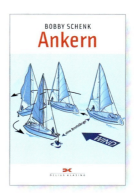

Bobby Schenk
**Ankern**
Band 135

**ISBN 978-3-87412-184-2**

Tim Davison
**Aktiv mitsegeln**
Band 138

**ISBN 978-3-87412-189-7**

Peter Schweer
**Das optimal getrimmte Rigg**
Band 86

**ISBN 978-3-87412-127-9**

Im Handel oder unter www.delius-klasing.de

# WEITERE TIPPS UND TRICKS FÜR DIE PRAXIS

Erich Sondheim
**Knoten – Spleißen – Takeln**
Band 9

**ISBN 978-3-667-10171-6**

Harald Schultz / Walter Stein
**Wetterkunde**
Band 8

**ISBN 978-3-87412-116-3**

Dietrich von Haeften
**Sturm – was tun?**
Band 100

**ISBN 978-3-87412-194-1**

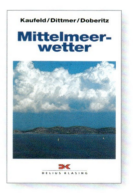

R. Doberitz/K. Dittmer/L. Kaufeld
**Mittelmeerwetter**
Band 106

**ISBN 978-3-87412-147-7**

Im Handel oder unter www.delius-klasing.de

# TIPPS FÜR ALLE SKIPPER

Alexander Worms
**Watt, Volt und andere Schikanen**
Band 139

**ISBN 978-3-87412-190-3**

Moritz Schult
**Bootspflege selbst gemacht**
Band 128

**ISBN 978-3-667-10175-4**

Axel Bark
**Kollisionsverhütungsregeln**
Band 92

**ISBN 978-3-87412-111-8**

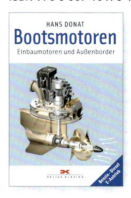

Hans Donat
**Bootsmotoren**
Band 55

**ISBN 978-3-87412-185-9**

Im Handel oder unter www.delius-klasing.de

DELIUS KLASING